KB273960

세상에서 가장 아름다운
선물

김인자 지음

가림출판사

어느 시인이 쓴 두 딸의 이야기

세상에서 가장 아름다운 선물

김인자 지음

가림출판사

딸에게 하는 37가지 당부

1. 하루 시작은 30분쯤 앞당겨라.

2. 침구는 자리에서 일어나는 즉시 정리해라.

3. 욕실거울은 맑게 닦고 젖은 신발을 그대로 두지 마라.

4. 볼일이 끝난 뒤엔 화장실에 어떤 냄새도 남기지 마라.

5. 화장을 하면 주변은 처음처럼 정돈해라.

6. 눈을 맑게 닦고 몸은 청결하게 가꾸어라.

7. 자신에게 맞는 건강법을 찾아라.

8. 일주일에 한 번 이상 치마를 입어라.

9. 앉을 때는 가지런히 다리를 모아라.

10. 기쁠 땐 목젖이 보이도록 웃어라.

11. 적을 만들지 말고 자신을 아끼고 어여삐 여겨라.

12. 집은 오늘 가장 귀한 손님이 오시는 것처럼 정돈해라.

13. 외출에서 돌아오면 신발을 정리해라.

14. 남보다 조금 더 밥을 잘할 수 있는 기술을 익혀라.

15. 20대가 시작되면 평생 서재에 둘 몇 권의 책을 결정해라.

16. 그 외엔 일주일 이상 같은 책을 머리맡에 두지 마라.

17. 책상 위에는 컴퓨터만을 고집하지 말고 시집도 두어라.

18. 하루에 한 번은 자신을 정직하게 투시해라.

19. 끝까지 함께 갈 친구를 찾아라.

20. 어른들 말씀 중에는 몸과 눈을 낮추어라.

21. 마음이 시키는 것은 용기 있게 도전해라.

22. 귀는 열어두되 혀는 아껴라.

23. 일상 속에 예술적 감각을 끌어들여라.

24. 열등감을 무기로 삼아라.

25. 세상이 가르쳐준 손익계산서에 집착하지 마라.

26. 완전한 어른을 기대하지 마라.

27. 마음의 병은 자연으로 치료받아라.

28. 지식은 머리에만 두지 말고 몸으로 끌어내라.

29. 부자를 꿈꾸되 많이 가지지 마라.

30. 부정을 긍정으로 바꾸어라.

31. 남는 것으로 베풀지 말고 지금 가진 것으로 나누어라.

32. 높은 것만을 고집하지 말고 때로는 즐겁게 낮추어라.

33. 큰 것을 지향하되 작은 실천을 놓치지 마라.

34. 교과서를 탐독해라. 그리고 버려라.

35. 결과에 집착하지 말고 마음 안에 신을 모셔라.

36. 자신에게 맞는 것을 찾아라.

37. 하루의 끝은 감사기도로 마쳐라.

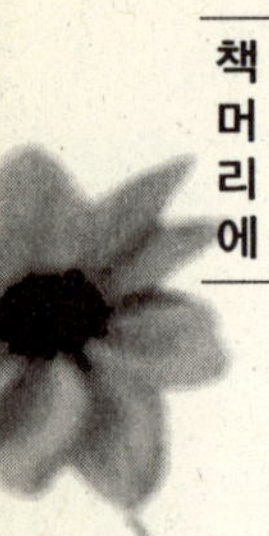

나는 두 딸을 이렇게 키웠다.

바라기는 나는 딸을 성공한 여자로 만들고 싶은 게 아니라

행복한 사람으로 살게 하고 싶다.

돌아보니, 나는 말도 많고 탈도 많은 촌지 한 번 생각하지 않았고, 사교육비 한푼 쓰지 않은 지극히 당연한 기록을 세우며 두 딸을 대학에 보냈다. 사교육, 그것은 애초 내가 원하지 않았고 아이들 또한 원하는 일이 아니어서 가능했다.

나는 다 못 믿는 이 땅의 교육체제를 믿고 선생님을 믿으며 학교수업에 충실하면 된다는 이 진부한 정공법에 한 번도 흔들려 본 적이 없다. 당연히 교육은 그렇게 되어야 한다고 믿었고 지금도 마찬가지다. 이렇게 말하고 있는 나도 실은 이 땅의 입시생을 둔 보통의 어머니들처럼 적잖은 고민과 실수를 거쳐 오늘에 이르렀다.

나는 내 아이에게만은 "공부하라."는 말을 하지 않은 유일한 어미로 남고 싶었다. 나는 딸들에게 최선을 간청한 적은 있지만, 점수를 다그치며 최고를 강요한 적은 없었다. 그리고 특별한 대학을 목표로

하지도 않았고, 아이들이나 나나 대학 가는 일이 생의 목표가 되어본 적은 더욱 없었다. 아이들이 학교 가기 싫어할 때, 나는 음악회에 데리고 가거나 영화를 보면서 충분히 놀고 생각할 수 있도록 배려했다. 잠이 안 오면 잠 잘 수 있는 만화책을 권했고, 머리가 아프다고 하면 여행을 권했다. 아이들이 공부를 했으면 싶을 때 나는 책을 읽었고, 아이들이 보다 학교생활에 잘 적응해주었으면 싶을 때 작지만 사회에 봉사하며 삶은 어차피 혼자는 살 수 없고 크거나 작거나 공동체를 이루며 서로 돕고 살아야 한다는 것을 몸으로 실천해 나갔다.

두 아이들은 결코 좋은 두뇌를 가졌거나 그렇다고 특별한 혜택을 누린 것도 아니었다. 이 땅의 교육체제는 아직도 개인의 개성이나 창의력보다는 획일적인 틀을 강요하지만 내가 부모로서 아이에게 확신을 가지고 실천했던 것은 '자율'이다. 그 결과 내 아이들은 책임이 따르지 않는 자율을 상상하지 못한다.

두 아이들은 너무나 건강하여 꿈도 많고, 해야 할 일도 많은, 그래서 고민이 많은 건강한 20대다. 나는 좌충우돌하는 아이들의 평범한 일상을 흐뭇하게 바라본다. 어차피 그것은 스스로 겪어내야 할 세상의 공부가 아닌가.

이 책에는 우등생이 되기 위한 십계명 같은 건 없다. 그리고 두 딸을 대학에 보냈다는 사실을 말하고자 함은 더욱 아니다. 하지만 딸을 키우면서 느낀 잔잔한 행복과 자유로운 교육법이 아이들을 건강하게 키울 수 있었다는 소박한 위로를 나누고자 하는 마음까지 부정하진 않겠다.

바라기는 이 글이 이 땅의 많은 어머니들에게 본인의 능력이나 의

사와는 상관 없는 1등 지향주의보다는 아이가 스스로 만족을 느낄 수 있는 적성에 맞는 전공을 찾고, 자신에게 맞는 삶을 찾는데 도움이 되었으면 한다. 그때 어른의 역할은 흔들리지 않는 믿음과 다양한 경험을 제공하며 선택의 폭을 넓혀주는 것이다. 나는 다양한 경험을 딸들에게 줄 유산의 첫 번째 품목으로 확정한 지 이미 오래다. 무엇을 하든 선택은 전적으로 아이들 몫이다.

안타까운 일은 모두가 이 같은 교육을 원하고는 있지만 아직도 절대다수의 어머니들이 내 아이만은 '예외'를 고집한다는 것이다. 아이들이야기를 쓰고 보니 '내가 반성문을 쓰고 있었구나' 하는 생각이 들기도 했다. 그러나 내 인생이 아이의 인생이 될 수 없듯, 아이의 생 또한 내 생이 될 수는 없다. 무엇이 되는 것보다 중요한 것은 어떤 마음가짐으로 지금 무엇을 하느냐이다.

조금 시간이 걸려도 낚시를 들려 바다로 보내야지 평생 고기를 잡아 입에 넣어주는 부모가 되어서야…… 지금 나는 그런 심정으로 두 딸을 바라보고 있다.

이제 24살, 그리고 20살, 건강하게 자라주어서 고맙구나.
딸들아! 날아보거라. 이제 세상은 너희들의 것이다!

2005. 봄

망포마을에서 김 인 자

차
례

제1부 │ 미리 주는 유산

제4부 | 다른 것이 옳은 것이다

제7부 | 네 인생도 봄이다 – 큰딸 지현에게

문학, 아무리 어렵고 고통스러운 싸움일지라도 창작의 큰 틀은 즐거움이다. 그렇다면 나는 단지 내 딸이 조금 더 쉽고 가볍게 살기만을 바라 창작을 만류해 온 것은 아닐까? 아이가 문학을 결심한 후 적지 않은 시간이 흘렀지만 아직도 나는 창작의 고통은 말하되 창작의 즐거움은 아이에게 말해줄 수가 없다. 이건 얼마나 이기적이고 이율배반적인가!

아버지의 바다

아버지
나는 지금 옛날 아버지가 등 떠밀어 준
강 앞에 서 있어요
위에서도 바닥에서도
아니 그보다 깊은 지하에서도
흘러가는 것 모두 강이라면
아버지가 원치 않았던 초라한 상처를 안고
이곳까지 흘러온 지금 내 인생도 강이겠네요
그러나 아버진 내 손을 뿌리치고
굽이치는 긴 강을 지나
이미 바다에 이르셨군요 아버지
아버지를 바다에 데려다 준 것이 강이라면
나를 이 강에 오래 두는 건
아버지가 주신 꿈이겠네요
시간이 짜 놓은 그물에 걸린 고기들이
허연 배를 드러내고 떠오른 강가에서
나는 이제 무엇으로 힘을 얻어 바다로 흘러가죠
지금도 나는 아프도록 바다에 닿고 싶었던
아득한 그 날의 아침을 잊지 않고 기억해요
얼마나 간절했던 아버지와 나의 약속이었나요
그러나 이제 묻고 싶어요 아버지
아버지가 바다일 때
나도 바다일 수는 없는지

1. 잠시 일상을 비켜서며

🍎 7년 전 두 딸과 유럽을 여행한 적이 있습니다. 그때 초등학생 응석받이였던 막내는 어느 새 18살 예비숙녀로 대학생활을 눈앞에 두고 있습니다. 나는 새내기대학생이 되는 아이에게 언젠가 물려줄 유산(遺産)의 일부를 미리 나누어 상속하고자 합니다. 유산이란, 아이에게 다른 세상을 만날 수 있는 여행의 기회를 부여하는 것입니다. 이 여행은 그간 힘든 학교생활에 적응하느라 애쓴 막내에게 졸업과 더불어 입학 선물로 마련한 티켓입니다. 이번에는 막내와 둘이 지난번 서유럽 여행 때 가보지 못한 동유럽 몇 곳, 독일·오스트리아·헝가리·슬로바키아·폴란드·체코를 둘러볼 참입니다. 가장 가보고 싶은 곳은 중세의 분위기가 그대로 살아 있는 '프라하 성'이나 '아우슈비츠'이지만, 하고 싶은 일을 꼽으라면 '비엔나 요한 스트라우스 음악회'에서 막내의 손을 잡고 봄의 왈츠에 흠뻑 취해 보는 것입니다. 아무에게도 인사하지 못하고 떠나는 이 특이체질을 세상의 모든 당신들은 용서해주시리라 믿습니다. 딸아이의 손을 잡고 부다페스트를 걸을 수 있다니!

2003년 2월 초, 드디어 막내 지희가 최종적으로 모 대학 어느 학부를 결정하고 나니 두꺼운 겨울 외투를 벗고 화사한 봄날 실크블라우스 차림으로 외출하는 상쾌한 기분이다. 그 날 아침, 나는 아이가 곤히 자는 머리맡에다 프라하로 가는 비행기 티켓과 짧은 메모를 남기고 외출을 서둘렀다.

– 막내야, 그 동안 잘 참아 줘서 고맙구나. 엄만 네 손을 잡고 프라하 성을 거닐며 그간 아껴두었던 이야기를 실컷 나누고 싶다. 비엔나에 가면 네가 꿈꾸던 바로 그 아름다운 왈츠, 요한 스트라우스의 음악회로 널 초대하고 싶은데 동행해 주겠니? –

저녁때가 되어 집으로 돌아오니, 막내는 뜻밖의 선물에 놀란 듯 흥분한 기색이 역력했다. 인내한 다음에 오는 작은 성취감과 희열을 지희는 이미 알고 있었다. 그 여행에 큰아이 지현이도 동행하기를 원했지만 일 때문에 못 가고 지희와 나는 모처럼 해방감을 만끽하며 룰루랄라 동유럽 행 비행기에 올랐다. 우리 모녀는 첫 여행지인 체코의 프라하 성 근처 카페에서 그 유명한 체코 맥주를 원 없이 마시며 밀란쿤데라의 소설 『참을 수 없는 존재의 가벼움』과 유태인의 비극을 간직한 아우슈비츠에 대해 밤늦도록 이야기를 나누었다.

3월에 태어나 7살에 초등학교를 입학한 지희는 매우 감성적이어서 감정의 기복이 심하고 조금 늦은 발달을 보였다. 초등학교 후반 들어 다른 성적은 그저 그런 반면 글짓기에 남다른 소질을 보였는데, 담임 선생님의 애정 어린 관심과 지지는 아이의 성격을 매우 쾌활하게 만들었다. 성격도 성격이지만 자신이 좋아하는 글짓기에서만은 모든

상을 휩쓸어 오던 것이 바로 5, 6학년 때였다. 이때 학생과 선생님과의 관계에서 애정을 가지고 서로 같은 '코드'를 가진다는 것이 얼마나 중요한 지를 처음으로 알게 되었다.

나는 지희가 일주일이 멀다하고 타오는 글짓기 상을 받을 때마다 잘했다는 말을 앵무새처럼 하곤 했지만 내심 쌓여 가는 상장이 반가운 것만은 아니었다. 행여 글짓기 상 몇 번으로 아이가 가진 무수히 많은 가능성의 통로들이 차단되는 것은 아닐까 하는 어미로서의 노파심이 작용했기 때문이다. 아니 그때는 나조차 글 쓰는 일에 회의를 느낄 때라 사실 글보다는 다른 분야에 눈을 돌렸으면 하는 바람이 컸다.

나의 바람을 뒤로 한 채 지희는 글짓기를 잘한다는 이유만으로 얼마 되지는 않았지만 장학금을 받고 빛나는 초등학교 졸업장을 탔다.

2. 이 아이가 누군가, 내 딸이 아닌가

정 많고 여린 지희가 중학생이 되었다. 1, 2학년 생활은 순조로웠지만 3학년이 되면서 약간의 방황이 시작되는 듯 보였다. 늦은 사춘기처럼 느껴졌다. 가장 열심히 공부할 시기에 마냥 바닥으로 추락하는 성적이 그랬고, 집에 오면 줄어드는 말수가 그랬다. 그리고는 어느 날 느닷없이 실업계 고등학교를 가겠다고 고집을 피우는 게 아닌가. 납득할 만한 설명도 없이 그 냥 담임선생님이 싫다는 것이었다. 나는 호되게 아이를 나무랐다. 어른을, 그것도 어떤 경우에도 존경해야 할 선생님을 좋다 싫다 이야기하는 것이 무슨 경우냐고.

그 무렵 여전히 공부에는 별 관심을 보이지 않았으나 한 가지 흥미를 보였던 것은 축구장에 가는 것이었다. 지희는 모 실업팀의 열렬한 서포터가 되어 거의 모든 경기를 관전하는 열성을 보였다. 방에는 유명 축구선수들과 나란히 찍은 사진들이 하나 둘 늘어났고 아침에도 저녁에도 아이는 축구이야기로 가라앉은 집안의 분위기를 살리곤 했다. 남편은 나 몰래 티켓을 사주며 지희도 출구가 있어야 하지 않겠냐며 은근히 아이를 지지해 주었다.

나는 한 학기가 지나도록 학부모 면담 외 학교에 가본 일이 없어서 선생님과 깊이 대화할 수 있는 시간을 좀처럼 만들지 못했다. 그러다 2학기 초가 되어 진로를 결정하는 일이 발등에 떨어진 불처럼 다급하여 선생님을 찾아갔으나 결과는 참담했다.

"이 정도 성적으로 인문계 진학은 어렵겠는데요, 실업계나 보내야죠!"

이 말은 내가 담임선생님으로부터 직접 확인하기 전 이미 여러 차례 지희에게 경고한 말이어서 자포자기하는 심정으로 차선의 길을 찾는다는 것이 지희도 실업계 학교를 가겠다는 것이었다. 유감스럽게도 아이 말만 믿고 행여나 했던 담임선생님은 지희에게 조금의 애정도 가지고 있지 않는 딱딱한 사무직원처럼 느껴졌다. 내색은 하지 않았지만 나는 담임선생님을 만나고 나서 아이가 받을 냉소적 반항 심리를 조금은 이해하게 되었다.

그 날 나는 집으로 돌아와 우선 남편에게 자초지종을 의논하고 심사숙고한 끝에 몇 가지 이유를 들어 실업계 진학 불가 판정을 내렸다.

"아직 한 학기가 남았는데 여기서 자포자기하는 건 바보 같은 짓이다. 내가 알고 있는 너는 충분히 할 수 있어, 가능하구 말구, 해보지도 않고 포기하다니!"

나는 지희를 어떻게든 인문계 학교로 진학시킨다는 목표를 정하고 나서 완강하게 그러나 간곡하게 아이를 설득시키기 시작했다. 지희가 누군가! 내 딸이 아닌가.

성적이 좀 걱정되긴 했으나 고분고분하지 않은 태도를 확대 해석하여 예민한 반응을 보이는 담임선생님의 행동은 내게도 풀어야 할 숙제가 되었다. 나는 그때까지 있었던 일을 모두 백지화하고 초심으로 돌아가 아이의 혼란스런 마음을 다잡지 않으면 안 되었다. 정말 아이가 원한다면 특단의 방법으로 학원에 보내거나, 학원을 원치 않으면 개인지도라도 받게 하면 어떨까 설득해보았다. 그러나 지희의 반응은 단호하게 '노' 였다. 내심 나도 사교육은 원치 않아서 한두 번 의중을 떠보는 것으로 더 이상 논하지 않았다. 얼마 후 아이는 마음을 정리하고 책상에 앉는 시간을 늘리며 평상심을 찾아갔다.

중학생활은 지희를 문제아로 생각하는 담임선생님과의 불편한 관계를 회복하지 못한 채 교문을 나서게 되어 안타까웠으나 한 학기 가족들의 애정 어린 배려와 노력으로 결국 자신이 원한 남녀공학 제 1

지망학교에 무사히 입학할 수 있었다.

나중에 생각해 보니 짧은 시간에 마음을 정리하고 학업에 정진할 수 있었던 배경은 할 수 있다는 엄마의 믿음과 더 이상 어느 쪽을 택할까 갈등하지 않는 본인의 결정이 크게 영향을 미쳤던 것 같다.

고등학교에 입학하던 날, 왜 하필이면 이름도 없는 신생고등학교를 택했냐고 물었을 때 "교복이 예뻐서."라는 아이의 대답은 나를 웃게 만들었다.

지희는 어떤 상황에서도 끝내 학원은 원치 않았는데 학원 갈 시간에 자유롭게 독서하고 공부겠다는 것이 굽히지 않은 소신이기도 했다. 그렇게 하여 초등학교 저학년 때 한두 번 재미삼아 예체능계통의 학원을 다닌 것을 제외하면, 두 아이들은 학원이 어떤 곳인지도 모르면서 중·고등학교를 거쳐 대학에 간 셈이다.

나는 지희의 중학생활을 통해 교사의 편견 없는 사고가 한 아이의 미래 지표를 설정하는데 얼마나 중요한 지 다시 한 번 확인하게 되었고, 그 과정을 통해 아이나 나나 적지 않은 마음의 대가를 치러야 했다. 그러나 크게 생각하면 그만큼 내면의 키가 자랐을 것이니 불평할 일만도 아니었다.

고등학교, 시작은 순조로웠다. 단지 교복이 마음에 들어 선택했다지만 비교적 자유로운 학습분위기와 담임선생님, 친구들조차도 마음에 들어하며 의욕을 보였다. 불편했던 중학생활에 적지 않은 마음의 앙금이 있었을 터였지만 아이는 그걸 통해 남을 배려하고 참고 이해하는 너그러움을 보이며 조금씩 철이 들어갔다.

　지희가 고등학교에 진학한 후 중학생활이 평탄치 못했다는 것을 나는 한 학기가 지나도록 선생님께는 말씀드리지 않았다. 아이를 생각해서 한 이야기가 오히려 선생님의 의식을 상기시켜 또 다른 문제아 취급을 받지 않을까 지레 걱정이 되어서였다. 그러나 담임선생님에 대한 염려는 기우로 끝났다. 지희는 선생님을 너무나 잘 따랐고 신뢰했으며 선생님 또한 후일 지희에게 그런 과거가 있었다는 사실을 믿을 수 없어 했다. 자율적인 분위기 때문인지 지희는 공부하라는 말 한마디 없어도 반에서 중위권 성적을 유지했고, 물론 이 성적은 전국 단위로 볼 때는 우스운 수준이지만, 어느 때는 상위권으로 진입해 나를 놀라게 했다.

　큰아이 지현이가 시간이 아깝다며 하루에 15시간쯤 공부하는 아이라면, 지희는 볼 것 다 보고 놀 것 다 놀고 엄마 일까지 도우며 고작 한두 시간쯤 책상에 앉아 있는 것으로 만족하는 아이였다. 그러나 노력에 비해 성적은 괜찮은 편이어서 언제든 하기만 하면 된다는 믿음이 있었고 틈나는 대로 나는 그것을 주지시켰다.

　운 좋게도 지희는 1, 2학년 내리 같은 선생님을 담임으로 모시게 되었다. 1학년 때보다는 2학년 때가 더 안정되어 보였고 성적도 꾸준히 그 수준을 유지하고 있었다. 나는 여전히 학교에 자주 못 가는 대신 선생님과 전화나 편지를 주고받으며 그때 그때 도움을 청했다.

　그 무렵 나는 아이들이 어렸을 적부터 해오던 배낭여행을 입시생이 되었다는 이유만으로 포기할 수는 없었다. 나는 학교생활만도 힘든 아이에게 밥하기, 빨래하기 등 소소한 집안의 생활까지 맡기고 매년

한 달 정도 깊은 오지로의 배낭여행을 계속하곤 했다. 집을 비우면서 내가 아이를 위해 할 수 있는 일은 오직 자율이라는 이름표 하나뿐이었다.

3. 아름다운 탈출

나는 시험을 며칠 남겨 두지 않은 중요한 시기에도 아이가 원하면 음악회도 가고 박물관에도 데리고 갔다. 공부에 별 흥미가 없는 지희가 하루 14시간이나 딱딱한 교실 의자에 앉아 있어야 하는 일이 얼마나 심각한 고문인지를 조금은 이해할 수 있었기에 다른 친구들에게 누가 되지 않은 범위 내에서 아이가 교실 밖으로 탈출할 수 있도록 기회를 제공했고 어쩌면 나는 아이의 탈출을 적극적으로 도운 공범자였다.

이제 말하지만 친구들이 열심히 공부할 때, 우리 모녀는 차안에서 달콤한 아이스크림을 빨며 FM 볼륨을 높이고 유행하는 코미디를 흉내내며 동해와 서해로 바람처럼 여행을 떠나기도 했다. 그리고 원하면 무슨 수를 써서라도 전국 규모의 백일장에 나갈 수 있도록 도움을 자처했다. 그때 지희와 내가 백일장을 빙자해 돌아다닌 대학교와 지방도시만 해도 적지 않았다.

백일장의 결과는 대부분 2, 3등 혹은 장려상에 머무는 수준이었고, 전국 규모에서 가점이 가장 높은 최우수상은 돌아오지 않았다. 하지만 위안이 되었던 건 최우수상보다 더 가치 있는 경험을 얻었다는 것이다. 그래도 2학년 담임선생님은 공부만을 원치 않은 내 뜻과 지희의 생각을 이해해주셨고 성적만으로 아이를 나무라지 않는 등 잘 이끌어 주셨다.

지희를 곁에 앉히고 봉평을 찾아간 것은 메밀꽃만을 보기 위함이 아니라 늘 곁에 있다는 이유로 어쩌면 한 번도 제대로 보지 못했던 막내와의 오붓한 시간을 위한 이벤트였는지도 모른다.

친구들이 교문에 들어설 시간 우리는 고속도로를 달리고 있었다. 인생은 혼자서는 도저히 용기 낼 수 없었던 일을 때론 딴 짓 할 수 있게 이끌어 주는 어른이 있다면 그건 얼마나 고마운가. 지희도 아마 그런 심정이었을 게다.

남들이 문제집을 풀 때, 메밀꽃밭에서 청명한 하늘을 보며 자연을 만끽하는 기분을 무엇으로 견줄 수 있겠는가. 오늘만은 아이에게 내가 해줄 수 있는 모든 이해심을 동원해 무엇을 하든 기쁘게 방관할 수 있을 것 같았고, 적어도 우리 모녀가 의기투합해 일상을 벗어났다는 것만으로도 충분히 자유로운 일이었다.

피곤에 찌든 아이의 닫혔던 입이 조금씩 열리고 곁에 앉아 웃다가 졸다가 휴게소에 멈추면 커피와 사탕을 권하며 내 기분까지 챙겼다. 걸어서 읍내로 가시는 시골할아버지를 태워드리는 일을 의아해했지만 그게 엄마라는 것을 인식하는 데는 그리 긴 시간이 걸리지 않았다.

난장에서 지희는 한 번도 내 손을 놓지 않았다. 유명메이커와 패스트푸

드에 길들여진 아이가 맨손으로 메밀묵과 부침개를 집어먹다니! 지희는 먼지 가득한 난장에서 옥수수 알을 내 입에 넣어주며 까르륵 소리내 잘도 웃었다. 메밀꽃밭을 배경으로 서서 하늘을 쳐다볼 땐 메밀꽃보다 더 예쁘고 탐스럽게 피어나는 아이를 홀린 듯 바라보아야만 했다. 우리는 저만치 메밀밭을 배경으로 개울에 발을 담그고 이효석의 『메밀꽃이 필 무렵』과 황순원의 『소나기』를 떠올렸다. 아이가 웃을 때마다 하늘도 메밀꽃도 화사하게 웃었다.

사는 일이 때로는 돈 몇 푼으로 시골 난장에서 배를 채우고, 바쁜 도시생활에 지친 눈을 씻으며 모녀가 한가하게 흐르는 개울에 발을 담그는 그만한 여유라도 없다면 얼마나 삭막해지겠는가.

내가 피곤한 만큼 아이는 밝은 웃음과 평소 감추고 있는 속내를 드러내며 잘도 재잘거렸다. 순박한 사람과 메밀꽃과 개울물과 숲과 난장을 그대로 두고 돌아오는 길은 피곤했던지 아이는 잠 속으로 들어가 버렸다. 해가 기우는데 혼자 하는 운전이 심심해 잠든 아이를 슬그머니 훔쳐보기도 하고, 발그레한 볼을 툭툭 건드리면 심술을 부리다가도 또 다시 잠에 곯아떨어지는 아이. 짧은 꿈 속에서 아이는 메밀밭이 있는 개울가에서 발을 담그고 바람의 손을 잡고 춤을 추는 꿈도 꾸었으리라. 소나기의 주인공이 되어…

숙제는 '자율'입니다

최 선생님!

지난 계절은 풍요로웠으리라 믿습니다.

오늘 큰 맘 먹고 교무실에 세 번이나 전화를 시도했는데 아쉽게도 통화가 불가능했습니다. 이제는 변명조차 그렇지만 다시 여행을 떠나게 되었습니다. 이번 여행지는 히말라야의 안나푸르나입니다. 지금까지 제가 해왔던 여행과는 사뭇 다른 여행이 될 듯 싶습니다. 걷기와 고도적응 훈련이 필요한 일정이지요. 하지만 설산을 볼 수 있다니 나름대로 영적 세계를 접하게 되리라는 기대감 때문인지 크게 걱정은 안 됩니다.

아직 방학까지는 한 달 정도가 남았는데 이번 여행일정은 다른 때에 비해 앞당겨져 지희가 학교생활에 불편을 감수하지 않으면 안 되는 부담을 안게 되었습니다. 그러잖아도 지독히 공부 안 하는 지희가 제가 부재중인 동안 학교생활이 어떨지 걱정이 되지만 시켜서 하지 못했던 일을 어쩌면 혼자가 되었을 때 더 좋은 결과를 가져올 지도 모른다는 기대를 포기하지 않고 있습니다.

지난 주 중간고사 성적표와 함께 보내주신 선생님의 글은 제 방법의 문제점을 반성하도록 도왔습니다. 고2가 되어서도 현실과 너무 동떨어져 아직도 룰루랄라 하고 있는 아이가 선생님 보시기에 얼마나 답답하셨으면 이런 글을 … 했습니다.

성적도 성적이지만 꾸준히 학습의욕을 보이지 않아 걱정하고 계신 것을 알고 있습니다. 특히 지난 달은 사회생활 맛 좀 보겠다며 아르바이트를 하겠다고 하여 물론 저는 반대하지 않았습니다만, 학교생활에 알게 모르게 지장을 초래했을 것입니다. 완강하게 해야 될 일과 하지 말아야 될 일을 구분 짓지 못하는 제 지도 방법에 적지 않은 문제가 있음을 부정하지는 않겠습니다. 하지만 본인의 생각을 존중해야 한다는 믿음으로 일관하다보니 더러 규제와 간섭이 타이밍을 놓칠 때도 있었을 것입니다.

부탁드립니다.

제가 부재중인 동안 혹독한 가르침 아끼지 말아 주십시오. 새삼스러울 것도 없지만 저는 지희에게 또 한 번의 자율이라는 숙제 하나를 주었습니다. 여행이 끝나 제가 돌아올 때쯤이면 이미 겨울방학이 시작되었을 텐데 좋은 결과를 안고 다가올 3학년을 준비하는 계기가 되었으면 하는 바람입니다.

저도 구체적인 당부를 하겠지만 선생님의 관심 어린 지도가 있을 때 더 잘 해내리라 믿습니다. 건강하시고 영혼이 깊어지는 겨울 되시기를 빕니다.

4. 오늘의 경전(經典)

방학을 시작한 지 벌써 2주일이나 지나가 버린 오늘에야 우편으로 보낸 고2 작은 놈의 성적표를 받았다. 담임선생님을 뵈러 학교에 갔을 때 평소 아이의 말대로 너그러운 인상의 담임선생님과 두서 없이 나눈 몇 마디를 통해 아이가 한 해 동안 선생님으로부터 좋은 교육을 받았다는 것을 조금도 의심하지 않게 됐다.

선생님은 지희가 남자친구가 있고 그래서 이성문제로 고민이 많을 뿐 아니라 성적이 부진한 원인에 대해서도 엄마가 그것을 알고 있는지 물었을 때 나는 그냥 웃었다. 그리고 별일 아닌 듯 감히 한 말씀 드렸다. "아이가 공부 좀 못 하면 어떠냐구, 고민이 많다는 건 걱정할 일이 아니라 그 나이에 당연히 치뤄야 할 통과의례 같은 것 아니겠느냐구."

인문계 고등학교에서 부진한 성적을 걱정은커녕 공부 안 하고 못 하는 일이 마치 자랑거리라도 되는 듯 너무나 당당한 나를 보고 담임 선생님은 그냥 웃기만 했는데 그때 선생님의 웃음 속에는 어미만이 감지할 수 있는 묘한 안도감이 느껴졌다.

나는 조용히 지켜보기로 했다. 우수한 성적에 공부만 하는 제 언니와 비교되는 아이의 상한 자존심을 지켜주어야겠다고 생각이 든 건 그때쯤이었다.

2학년이 되어서도 같은 선생님을 담임으로 모신 건 행운이었다.

성적보다는 건강한 정신을 기대했던 나는 어느 날 단체기합으로 다리에 퍼런 멍을 달고 와 놀라는 내 앞에서 끝까지 선생님을 옹호하는 걸 본 뒤 '이젠 할 수 있겠구나' 하는 안도감과 기대감이 동시에 차올랐고 아이를 믿었다.

오늘 받은 성적표는 내 믿음이 헛되지 않았다는 걸 보여주었다. '양' 이나 '가' 의 성적이 '수' 로 바뀐 것, 그것만으로 아이를 평가하는 건 아니다. 아이는 눈에 띄게 밝아졌고 건강해진 만큼 자신감을 보이며 더 이상 실망주지 않으려는 듯 노력을 아끼지 않았다.

성적표 하단에 담임선생님의 한마디는

"지희는 할 수 있을 것 같습니다. 지혜로운 사람은 그 때에 최선의 길을 찾아가는 법이지요."

그것이었다. 아이의 수고와 노력도 기특하지만, 못나고 부족한 아이를 이처럼 건강하게 이끌어주신 담임선생님이야말로 정말 진정한 선생님이지 싶었다.

절망이라는 이름의 토끼 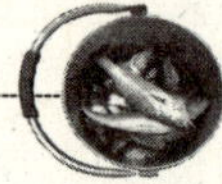

최 선생님께

안녕하신지요?

매번 수업에 불참하면서까지 백일장에 가는 것을 허용해야 하는지에 대해 고민하지 않았던 것은 아닙니다. 오늘 가산백일장에 동행한 일도 지금까지 그랬던 것처럼, 어제 저녁 늦게 참가시키기로 마음먹기까지 조금은 갈등이 있었습니다. 허나 지희가 원한다면 수상의 기쁨과 낙선의 패배를 떠나서 어미가 곁에서 지켜보고 있다는 작은 위안이라도 주고 싶었는지도 모르겠습니다.

사실 어느 누가 제 아이에게 희망을 앞질러 절망을 연습시키고 싶은 부모가 있겠습니까 마는 저는 아이가 어떤 일을 통해 건강하게 절망을 배우게 하는 것도 애정 있는 어른이 가르쳐주지 않으면 안 되는 부분이라 생각하여 이 같은 선택을 하게 되었습니다. 아니 더 정확하게 말하자면 산 너머에 기다리고 있을 더 큰 절망을 향해 오늘처럼 문득 막내를 곁에 태우고 단 둘만의 여행이라도 떠나고 싶었다는 말이 더 적확할지도 모르겠습니다. 혹시라도 아직은 천방지축인 지희가 글 쓰는 일에 제 의지가 아닌 엄마의 어설픈 간섭으로 독창적인 개성과 무한히 열려 있는 상상력을 침해받지나 않을까 하는 노파심도 없지 않았습니다. 그래서 저는 되도록 구경꾼으로서 최선을 다했고 간혹 그것만으로 아쉬울 땐 끝난 다음에 작품을 읽어주며 무엇이 문제였는지를 한번쯤 짚고 넘어가 주는 게 전부였습니다.

사실 누가 뭐라 해도 세상 물정을 알리 없는 17살 아이의 사고로 문학(文學)을, 그것도 시(詩)를 이해한다는 것은 거의 불가능한 일로 저는 알고 있습니다만, 다만 아이의 열린 시선에 초점을 두어 앞으로 어느 정도 기대해도 좋을지 가능성에 도전해 보는 것쯤으로 만족하는 것이 옳겠지요.

공부를 외면하고 싶어하는 지희를 타이르듯 한마디 할 때마다 이건 아니지 하는 생각이 더 지배적이었던 것은 세상 모두가 아이에게 공부하라, 공부는 반드시 해야 한다고 말하는데 나만이라도 아이를 자유롭게 해줘야겠다는 생각에 공부만을 강요하지는 못했습니다. 저는 지희가 건강한 정신으로 밝고 행복하게 커가기를 바라는 것은 물론 어떤 일이라도 확고한 생각을 가진 후 자유로워지기를 바라는 후원자로 남고 싶습니다.

봉평 가산문학제, 무려 3시간을 달려간 그곳에서 주제를 받고 글을 쓸 수 있도록 주어진 시간은 1시간 30분이었습니다. 생각을 채 정리할 수조차 없는 시간을 주고 그 시간에 그럴듯한 글 쓰기를 요구하는 진행자의 멘트는 코미디를 연상하게 했습니다. "우리 문학사에 길이 남을, 가산의 문학을 뛰어넘는 좋은 글이 탄생되기를…." 어느 장르보다 창의력을 우선하는 문학에서도 주어진 짧은 시간에 더 많은 물건을 찍어내기를 강요하듯 작품을 빚게 하는 현실을 보며 한국교육의 초스피드적 발상법에 지금처럼 내 아이가 이렇게 희생되고 있구나 하는 안타까움이 컸습니다.

지희가 주제를 받고 글을 쓰는 동안 저도 곁에서 나름대로 글 쓰는 일에 빠져 보려고 했습니다. 그러나 어떤 이유를 만든다 해도 주어진 시간으로는 역부족이었습니다. 만약 그 시간에 좋은 작품이 나왔다면 아이의 뛰어난 감각보다는 재수가 좋았거나 특수한 기술을 연마한 엔지니어만이 누릴 수 있는 행운일지도 모릅니다. 솔직한 심정은 아직 저는 지희를 그 기술자 대열에 서기를 바라 등 떠밀고 싶지 않았습니다. 그것은 내가 원치 않은 일이기도 하고 과정이야 어떻든 재수만 따라준다면 하는 삶의 편법 같은 것, 기회주의자만이 가질 수 있는 발상 자체를 내 아이는 몰랐으면 좋겠다는 욕심을 지울 수 없었습니다. 바람이 있다면 이 기회에 교과서에서 배운 가산 이효석의 문학에 대해 한 번 더 그 가치를 짚고 넘어가 주었으면 하는 바람뿐이었습니다.

행여 앞으로도 그러한 행사를 통해 수상의 기회가 주어지더라도 아이가 자신의 감각과 실력으로 당연한 결과를 얻었다 생각해 교만해지지 않도록 지도해나가는 것은 선생님은 물론 우리 모든 어른들의 과제로 남을 것입니다.

나무 그늘에 앉아 끝까지 자리를 지키며 지희에게는 말할 수 없었지만 씁쓸한 기분을 감출 수가 없었습니다. 그리고 얼마 후 어디에서도 이름을 찾을 수 없었던 발표장을 한동안 지키며 뭐라 말은 하지 않았지만 내심 아이는 절망하고 또 절망했겠지요. 쉽게 주어진 성취감보다는 이 기회에 절망이라는 작지만 아주 소중한 선물 하나를 보태게 되었다 생각하니 뜻하지 않은 일로 절망이라는 의미 있는 토끼 한 마리를 얻었다는 자족감에 이보다 더 의미 있는 여행이 또 있을까 싶었습니다.

오늘 강원도 하늘은 눈부시게 맑았고 메밀밭을 뛰어다니는 바람은 가을의 향기를 실어다 주었습니다. 지희는 아껴둔 비상금을 꺼내 장바닥을 돌며 제 언니의 티셔츠를 골랐고 선생님께 드리고 싶다며 그곳에서 제일 맛있는 먹거리를 찾아 더위도 잊은 채 다리가 아프도록 난장을 헤매더군요. 시골의 정경은 넉넉했고 우리 모녀가 모처럼 누린 봉평 장터에서의 시간들은 소박했지만 충분히 즐거웠습니다.

오늘 일로 조금이라도 그늘이 생기지 않았으면 했지만, 그 생각이 끝나기도 전 지희는 여전히 잘 웃었고 높고 푸른 하늘에 자주 감탄하는 너무나 철없고 귀여운 막내였습니다.

모녀가 오랜만에 한가한 여행을 할 수 있도록 허락해주신 선생님의 배려에 감사드립니다. 실력이 부진해 수상이라는 기쁨을 안겨드리지 못해 죄송하다는 말은 아껴두기로 했습니다.

평소 좋은 가르침으로 지희에게 정신적 지지를 아끼지 않는 묵묵한 사랑에 깊은 존경을 전합니다. 지희는 오늘 있었던 절망의 다리를 다 건너오지 못한 듯 피곤할 텐데 아직도 방에 불을 끄지 못하고 있습니다. 시간이 지나면 그런 절망의 살을 먹고 건강한 어른이 되어 있겠지요.

밤이 깊었습니다. 안녕히 계십시오.

문학, 아무리 어렵고 고통스러운 싸움일지라도 창작의 큰 틀은 즐거움이다. 그렇다면 나는 단지 내 딸이 조금 더 쉽고 가볍게 살기만을 바라 창작을 만류해 온 것은 아닐까? 아이가 문학을 결심한 후 적지 않은 시간이 흘렀지만 아직도 나는 창작의 고통은 말하되 창작의 즐거움은 아이에게 말해줄 수가 없다. 이건 얼마나 이기적이고 이율배반적인가!

5. 왜 학교는 건강한 아이를 문제아로 만드는지

또 한 번의 위기가 찾아온 것은 고3이 되면서부터였다. 반에서 중상위권을 유지한다고 해도 그 성적으로 서울에 있는 정규대학 입학은 어렵다는 학교측 분석이 아이를 다시 학습부진으로 몰고 가리라고는 예상치 못한 일이었다.

나는 이미 매우 순조롭게 큰아이를 대학에 보낸 경험이 있었지만 그때 비로소 구체적으로 내 아이에게 맞는, 내 아이만의 입시전략이 필요하다는 것을 깨달았다. 버스 통학을 고집해오던 아이와 좀 더 많은 대화를 나누며 시간을 벌기 위해 승용차로 학교에 데려다주고 데려오는 일을 자처했고, 3학년 한 해 동안은 성적을 올리기보다 그 성적을 유지하는데 총력을 기울였다. 그리고 나서 나는 어떤 방법으로 아이를 대학에 보낼 것인지를 놓고 구체적으로 고민하기 시작했다.

우리 가족들의 특징은 말이 없고 조용하다는 것이다. 아무리 흥분되는 일이 있어도 소리를 지르거나 상소리를 쓰는 사람은 없다. 이 방에서 부르면 저 방에서 들을 수 없을 정도니 어쩌다 오는 손님들은 우리 집 특유의 가라앉은 분위기를 이해할 수 없어한다. 그래도 간혹 소리를 지르는 사람이 있다면 나다. 내가 소리를 지르는 이유는 단 한 가지 엄마이기 때문이다. 그런 분위기 탓인지 지희는 소리를 지르거나 회초리로 매맞는 것을 유난히 못 견뎌하는 아이였다. 그러나 방법이 없는 것은 아니었다. 지희를 다스리는 가장 좋은 무기는 조용히 타이르는 대화이다.

서울 모 고등학교에서 20년 가까이 고3 입시학생을 맡아 가르치고 있는 친구에게 SOS를 청했다. 사정을 설명하고 지희가 원하는 쪽이 어문학 계통인데 방법이 있겠느냐 묻자 그의 답은 의외로 간단하다.

"무슨 소리야, 걱정 마, 지희 정도면 다 갈 수 있어, 못 가면 내가 보내줄게."

친구의 호쾌한 한마디에 천군만마를 얻은 것 같았다. 그렇다면 이제부터라도 아이에게만 맡길 것이 아니라 내가 나서야 할 때가 아닌가. 나는 친구의 조언을 얻어 갈 만한 학교와 정보를 수집하고 입시전략에 돌입했다.

"걱정 마, 네가 원하는 대학에 갈 수 있어, 네가 대학을 못 간다면 우리나라 학생들 누가 대학을 가겠니!"

용기를 북돋워주던 친구의 말을 상기하며 나는 목소리에 힘을 실어 전에 없이 큰소리를 치고 있었다. 참 이상하다. 대학은 아이가 가는데 간다 못 간다 큰소리 치는 사람이 엄마라니, 나도 내가 조금은 이상해 보일 정도였다.

고3이 되어 처음으로 담임선생님을 찾아간 것은 6월 말 1학기 수시 원서를 쓸 때였다. 지희는 몇 차례 전국 규모의 백일장 입상 경력으로 11월에 있을 수능시험을 보지 않고 수시 모집에 승부를 걸어보고 싶어했다. 그러나 아이 성적에 대한 선생님의 평가는 매우 부정적이어서 원하는 학교에 원서를 써 줄 수 없다는 것이었다. 나는 인내심을 동원해 끝까지 선생님의 말씀을 듣고 나서 내 생각을 전달하지 않을 수 없었다.

나는 사실 그 무렵 입시반을 맡고 있는 선생님은 모두 점수만으로 아이를 평가하고 채근하는 '성적조련사' 같다는 생각을 하곤 했었다. 지희만 해도 중3 때가 그랬고 고3 때도 마찬가지니. 그러나 시대가 만든 불행으로 치부하기엔 당장 발등의 불을 끄지 않으면 안 되었다.

"성적부진아로 만든 책임이 있다면 공부하라는 말 한 번도 한 적 없는 제게 있을 것입니다. 그러나 제 생각은 다릅니다. 조금 못마땅하시더라도 성적만 채근하지 마시고 기다려주신다면 방법은 저희가 찾아보겠습니다. 별로 생각하고 싶지 않지만 만약 성적부진으로 진학에 실패하면 그 책임은 전적으로 아이와 제 탓이지요. 모 대학에 원서를 쓰고 싶어하니 허락해 주셨으면 합니다. 저도 제 아이가 공부를 잘했으면 싶지만 못나게도 새벽부터 밤늦게까지 학교의자에 인형처럼 자리를 지키는 것만으로도 충분히 대단하다 생각하고 있습니다."

선생님은 약간 어이가 없는 듯 나를 쳐다보더니 굳은 표정으로 교실로 사라졌다. 그 날 이후 나는 필요할 때마다 아이 편에 작은 쪽지를 보냈고 아이는 "조금만 더 참자."라는 말로 토닥여 주었다.

그 날 일기장에다 다시 한 줄의 메모를 남겼다.

"아무리 나쁜 아이도 가장 착한 어른보다 나쁘지 않다고 했던가.

우리의 아이들은 모두 바르고 착하다. 세상에 나쁜 아이는 없다. 있다면 탁한 눈[眼]을 가지고 그릇된 선례를 만드는 어른이 있을 뿐이지."

한 번은 교육청에 근무하는 친구를 만나 이야기를 털어놓았다. 물론 그 친구도 또래의 아이가 있어서 누구보다 교육현실을 잘 이해하고 있었기에 토론은 늦도록 이어졌는데, 지희가 학원은 물론 밤 10시 30분까지 학교에 남아 보충수업이나 자율학습을 하고 싶어하지 않을 뿐 아니라 나 역시 시키고 싶지 않다 했더니 친구는 추궁이라도 하듯 묻고 있었다.

"학교에선 그렇게 하면 대학 못 간다 엄포를 놓고, 엄마는 집에서 구태의연하게 괜찮다 걱정 말라 바람이나 넣고, 그 사이에서 갈등하는 아이의 고충에 대해 한 번 냉정하게 생각해봤니?"

친구의 한마디는 조금 전까지 열변을 토하던 내 입을 닫게 만들었다.

며칠 후 나는 냉정을 찾았고 조용하고 진중한 어조로 아이의 생각을 물었다.

"초등학교부터 고3인 지금까지 친구들이 학원이나 개인지도를 받을 때 너는 자유롭게 책 읽고 영화보고 수영장 가고 했잖아. 입시를 눈앞에 둔 지금 학교와 엄마 사이에서, 네가 원했고 물론 엄마의 바람이기도 했던 이 시대에 뒤떨어진 듯한 자유로운 학습법에 혹 회의를 느껴본 적 있니?"

"아니오."

지희의 목소리에는 너무나 확고한 신념이 담겨 있었다.

"그럼 됐다. 이젠 정말 잘될 거다."

다소 흔들리던 마음을 원점으로 돌려놓은 건 '아니오'라는 아이의 힘있는 그 한마디였다. 걱정도 사실 어디까지나 어른의 주관이 확고 부동하지 않았을 때가 문제지 시종일관 아이를 가르친다면 크게 문제 될 게 없다는 것을 거듭 확인하게 되었다.

아름다운 성공을 위해

김 선생님께

좋은 아침입니다.

그 날 급히 청한 면담에 응해주시고 여러 모로 도움을 주셔서 제겐 바라던 바 유익한 시간이었습니다. 아이에게 어른 앞에선 깊이 고개를 숙여야 한다 이르고는 정작 선생님께 아이를 부탁드린 자리에서 제 고개가 너무 뻣뻣했던 게 아닌가 싶어 교무실을 나오는 뒷모습이 조금 부끄러웠습니다.

변명을 드리자면 시간에 쫓겨 제 사정을 두서 없이 말씀드린 건 선생님을 뵙는 순간 중언부언 길게 설명 드리지 않아도 충분히 받아들이실 분 같았고, 그보다 넉넉히 아니 그 이상도 이해해주실 것 같은 믿음이 있어서였습니다. 조금 철없고 많이 부족한 아이를 애정으로 거두어 주시니 고마움이야 이루 말할 수 없지만 한 학기가 다 끝나는 지금 제 등장이 과연 시기 적절했는지는 모르겠습니다.

그 날 저녁 늦은 시간까지 아이와 많은 이야기를 했습니다. 아니 이야기를 했다기보다 어미의 자격으로 제가 할 수 있는 가장 낮은 목소리로 부탁을 했습니다.

"지금까지의 네 방법도 옳았다. 그러나 지금은 시간을 아껴야 할 때이고 그 동안 네 노력으로 얻은 지식이 있었다면 혼신의 힘으로 이젠 그 에너지를 점검하고 모아야 할 때다. 이 시기를 지나면 누구도 네게 지금과 같은 부탁은 하지 않을 것이다. 결과에 대해선 어떤 면책도 없을 것이다. 열심히 하는 모습을 보고 싶다. 지금은 그게 꼭 필요하다. 이것저것 관심 가졌던 것들을 한동안 접어두고 학업에 열중하는 입시생으로 돌아가 주면 안 되겠니? 이건 엄마의 부탁이다."

아이는 순순히 고개를 끄덕였고 저는 모처럼 저보다 큰 아이를 아주 푸근하게 안아 주었습니다.

다음 날 쏟아지는 비를 뚫고 인천으로 원서를 접수하러 가는 순간까지 적지 않은 혼란이 있었습니다. 과연 그 대학교에 1학기 수시 모집 원서를 접수해야 하는지, 결과는 접수를 택했고 원서를 넣고 돌아서는 순간 당장은 안 됐지만 결국은 아이를 위해 불합격되기를 바라는 기도나 해야겠다고 마음을 다잡았습니다.

오늘 원서를 넣은 대학은 거리로 보아 4년의 통학을 감수할 만큼 좋은 학교와 탐나는 과도 아니고 통학시간 또한 만만치 않으니 그럴 바에야 좀 더 하향 조정을 하더라도 가까운 곳에서 안정된 대학생활을 할 수 있게 해야겠다는 욕심이 생겼습니다. 선생님께서 합격을 기대하지 말라 하셨으니 이제 아이가 마음을 잡고 학교로 돌아가는 일만 남은 듯합니다.

힘든 수험생이지만 지희는 늘 저를 위로하려고 합니다. 아무리 늦게 와도 교복과 속옷, 운동화는 제가 빨고 어떤 경우에도 욕구불만이나 불평을 경솔하게 토로하지는 않습니다. 필요이상의 자율을 주는 엄마 앞에서도 그 아이는 늘 절대의 애정으로 순종을 보입니다. 끈기가 부족한 것을 본인이 잘 알고 있지만 타인을 비난하는 일은 생각할 수조차 없습니다. 그 착한 아이에게 원치 않은 공부를 강요하는 일은 어미로서 참 내키지 않는 일 중 하나입니다.

고3이 되면서 지희는 각오를 새롭게 하는 여러 가지 일들을 작은 행동으로 실천하기 시작했는데, 머리를 단발로 자르고 휴대폰을 자진 반납하는 등 보다 새로운 세계로의 도전에 사사로운 욕심은 접어두는 노력을 보입니다. 그리고 조금 늦은 감은 있으나 지금부터라도 노력하겠다고 하니 이제 좋은 컨디션으로 최선을 다할 수 있게 선생님의 도움이 필요합니다. 예민한 아이라 친구들과의 관계도 적지 않은 영향을 줄 것이니 야단을 치거나 때론 조용히 타이르면서 남은 한 학기 고등학교생활을 잘 마무리 할 수 있도록 마음 써 주시기를 부탁드립니다. 그 날 선생님의 냉철한 조언은 잠자고 있던 제 이성을 깨워 주셨습니다.

휴일도 없이 고생하시는 선생님의 수고를 생각하면 가만히 앉아서 참담한 교육현실을 원망하는 일은 정말 우스울지도 모릅니다. 매일 밤 아이를 기다리며 학교운동장을 걸을 때, 저 교실 안엔 내 아이만 있는 게 아니라 선생님도 계시지, 생각하면 안타까움은 더합니다. 정말 누구를 위한 자율학습이며 교육인지를 생각하지 않을 수 없습니다.

피곤한 아이를 위해 등하교를 제 차로 시켜주겠다고 여러 번 제언했었습니다. 그러나 굳이 버스를 이용하는 아이가 가끔 집 앞 정류장에서 선생님을 뵈면 그 차로 학교에 간다고 했는데 그런 날은 기분이 더 좋아 보였습니다. 작은 배려조차 아이에겐 기쁨이 되는 것이지요. 이모저모 아이를 보살펴주시는 것 잘 알고 있습니다. 지면을 빌어 감사드립니다.

월드컵으로 나라가 온통 축제 분위기입니다. 아무 생각 없이 텔레비전 앞에서 열심히 응원하는 아이를 보며 그래, 저런 것이지 웃고 싶을 때 웃고 소리치고 싶을 때 소리치는…. 거슬러 가면 제게도 젊다는 것은 고뇌의 연속이었으니, 초저녁, 평소 같았으면 교실에 앉아 있을 시간인데 모두 잊고 한때라도 소리지르고 웃고 있는 아이를 보는 것은 위안이었습니다. 다음 면담 땐 좀 더 느긋하게 유쾌한 일로 뵐 수 있기를 바랍니다.

감사합니다.

우리가 그토록 염원했던 것은 한 번도 이루지 못했던 1승이었고 그리고 16강이었는데 드디어 대한민국 축구가 16강 대열에 합류했습니다. 사람들은 믿기 어려운 일이라며 들떠 있습니다. 축구는 단연 국력이라고 어느 방송국의 아나운서와 해설가는 입을 모았습니다. 그렇다면 이제 국민들의 의식도 세계 16강 정도는 되었으면 싶은데 머지 않아 그렇게 되리라는 희망을 가져 봅니다. 어제 우리가 이룬 건 세계 최고 1강이 아닌 16강이었습니다. 16등이 되고도 이렇게 세상을 다 얻은 듯 기뻐하는 우리도 언젠가는 이룰 1강의 희망을 포기해서는 안 될 것입니다. 그러나 한 가지 제의할까요?
이제 우리는 성공을 말할 때 1등을 기준으로 하지 않고 16등을 기준으로 하면 어떨까요?(물론 꼴찌도 성공이라고 말할 수 있습니다만) 이긴다는 모든 의식의 기준은 이제 16등입니다. 그렇다면 7등, 10등 혹은 15등도 그것은 성공입니다. 예를 들면, 30명 반에서 성적이 16등이면 물론 그 아이는 성공 대열에 끼워줘야 마땅합니다. 그렇게 생각하면 공부를 안 하고 못한다고 말해왔던 우리 집 막내는 무척이나 대견한 아이입니다. 기분 좋으면 반에서 7등도, 4등도, 그 이상도 문제 없으니 말입니다. 만약 16등이 목표였다면 7등이나 4등은 얼마나 아름다운 성공입니까? 이제 우리는 성공의 목표를 하향 조정해야 할 때가 왔습니다. 그래야 1등을 기준으로 오직 이기는 인간이 아닌 바른 인간을 만들 수 있을 것 같습니다. 16강, 드디어 우리는 해냈습니다. 그러나 오늘 신문에서 보았던 가장 인상적인 한마디는 "신이 조금 더 골대 안으로 깃드시기를." 이었습니다. 생각해 보면 신의 도움 없이 되는 일은 세상에 없는 것 같습니다. (중략)

6. 대학생활의 눈부신 비상

나는 늦게 시작한 문학으로 매우 오래 그것도 주기적으로 슬럼프를 겪고 있어서 내 아이만은 다른 전공을 원했다. 하지만 그것은 자식을 사랑하는 어미의 희망일 뿐.

1학기 수시 모집에 탈락의 고배를 마시고 수능시험 점수가 발표된 후 우리는 머리를 맞대고 정규대학교 가, 나, 다 군에 차례대로 원서를 쓰고 접수하기 시작했다. 물론 전공은 한 번도 달리 고민해 본 적 없는 지희에게 가장 유리한 '문예창작'을 택했고 지방의 모 대학교 한 곳을 제외하면 두 곳은 점수에 비해 과한 지망이었다. 그러나 한 가닥 희망은 몇 번의 백일장 수상 경력이 변수를 가져올 수 있다는 것이었다. 담임선생님은 원서를 써주면서도 부정적이고 회의적인 반응으로 일관했지만 나는 걱정 말라, 잘될 거라며 지희를 다독였다.

문예창작과가 있는 서울 K대학으로 원서를 접수하러 갔을 때였다. 그 학교는 아이의 점수로는 가장 벅찬 대학이었는데 한번 해보자는 제안은 내가 나서서 했던 학교였다. 길게 줄을 서서 원서를 접수하고 캠퍼스를 나올 때 아이의 한마디는 내 뒤통수를 사정없이 내리쳤다.

"이렇게 멋진 캠퍼스가 있다는 걸 왜 이제야 보여주는 거야, 이토록 근사한 대학교가 있다는 걸 진작 알았다면 더 열심히 공부했을 텐데, 참 엄마두!"

지희는 K대학 캠퍼스가 무척 마음에 들었나 보다. 백일장에 참가하기 위해 여러 대학을 다닐 때에도 또 원서를 접수하러 간 어느 캠퍼스에서도 그런 말은 하지 않았는데 그 학교는 달랐다.

나는 그 날 아이의 한마디로 보다 다양하고 넓은 세상을 보여주고 체험시켜야 할 부모의 역할이 얼마나 중요한 것인지를 새삼 깨닫게 되었다. 알고 외면하는 것이야 그렇지만 그런 것이 있는지조차 몰라 제외되었다면 그 책임은 어른에게 있지 않을까 하는 자책감을 피할 수 없었다.

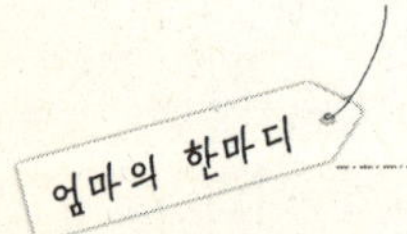

막내와 나란히 노란 낙엽 위를 걸었습니다. 바람이 불 때마다 머리칼이 날리고 추운 내 인생도 날렸습니다. 차가운 손을 호호 불었습니다. 어느 새 내 신발 문수를 지나쳐버린 막내를 생각했습니다. 그가 치루어야 할 수능시험은 이제 이틀을 남겨두고 있습니다. 아무리 낙천적인 막내라 해도 긴장되고 떨리긴 마찬가지겠지요. 왜 안 그러겠습니까. 함께 공원을 걸으며 나는 낙엽이 예사롭지 않게 느껴졌는데 막내는 자신과 무관한 아니, 영원히 무관할 것처럼 낙엽 밟기를 놀이로 생각하는 듯 툭툭 발로 걷어차고 깔고 앉아 뭉그적대기도 했지만 나는 아닙니다. 모두가 연민이 느껴졌습니다. 내가 어미이지 않았다면 몰랐을 세상입니다. 이제 좀 더 넓은 세상을 향한 도움닫기를 위해 한 번의 시험을 눈앞에 두고 있는 아이의 삶을 생각했습니다.

"나보다는 나아야지, 나보다는 나아야지."

막내의 미래가 어떤 모양새가 된다고 해도 그건 나보다 나은 삶일 것으로 믿습니다. 믿고 싶습니다. 아이가 지금처럼·맑고 고운 낙천성으로 살 수 있도록 세상이 아이를 내버려두기만 한다면야.

지희의 대학생활은 순조로웠다. 모두들 긴장하는 고등학교 재학 때도 성적으로 걱정하지 않았고, 대학입학과 함께 소소한 규율로부터 해방되고 나면 자유로워질 것 같았던 캠퍼스생활은 생각보다 바르고 규칙적이었다.

나는 교과서에 매이기보다는 오히려 자기계발에 에너지를 쏟기를 바랐다. 그런데 의외였다. 지희는 새로 만난 친구들과 원만한 관계를 이루며 날로 대학생활에 보람을 느끼는 듯하더니 성적도 눈에 띌 만큼 좋아졌다. 첫 학기를 제외하고는 내리 4학기를 그것도 우수한 성적으로 장학금을 안기는 것은 중·고등학교 때의 성적을 생각하면 이건 획기적인 사건이기도 했다. 지희의 자발적인 상승은 식구들을 충분히 놀라게 만들었다. 원만하지 못한 선생님과 힘든 중학생활을 마치고 고등학교에 배정을 받았을 때, 아이는 언제 그랬냐 싶게 너무도 잘 학교생활에 적응한 경험을 가지고 있지 않았던가, 바로 그것이었다.

자율, 누구에게도 강요당하지 않고 스스로 컨트롤해 가는 것, 그것은 아이가 창의력을 맘껏 발산할 수 있는 또 하나의 계기가 되었다 해도 과언은 아니다. 좋은 친구들과 꿈 많은 캠퍼스생활을 누리며 그로 인해 부수적으로 거둔 성적 상승은 아이를 매우 진취적이고 밝은 사고를 가지도록 북돋워 주었다. 그리고 밝은 사고는 자신감으로 이어져 시간이 갈수록 바른 성년으로 자라게 할 것으로 믿어 의심치 않게 했다.

이제 지희는 누가 봐도 나날이 예쁜 숙녀로 변모해 가고 있다. 지난주엔 살구나무가 꽃망울을 팝콘처럼 터트리는 봄날 화요일에 캠퍼스로 나를 초대했다. 나와 데이트를 하고 싶대나 어쩐대나!

"마미! 캠퍼스가 꽃사태랍니다. 여기 초대장을 보내드리니 저랑 꽃 그늘 아래서 데이트나 하실까요? 예술대학 앞으로 3시까지 와주세요. 그럴 리는 없겠지만 만약 이 여식을 바람맞히시면 그간 준비한 엄청난 이벤트는 다른 사람에게 돌아갈 수밖에 없사옵니다. 기다릴게요. 지희."

그 날 나는 지희와 꿈에도 잊지 못할 행복한 데이트를 했다.

7. 모든 여행은 지도가 필요하다 

어느 날 강원도로 떠나는 여행길에 운전을 하고 있던 나는 뒷좌석에 앉은 아이들에게 묻고 있었다.

"엄만 아무래도 괜찮아, 지금 생각을 말해봐. 이 다음에 뭘 하고 싶은지?"

"나는 작가!"

"나는 번역가!"

글 쓰는 고충을 아는 나로서는 내심 글 쓰는 일(작가)만 아니라면… 그런 심정이었는데.

나는 장석주 시인이 그의 산문집에서 피력한 글 한 토막을 상기하고 있었다.

"오늘날 시인들의 자리는 협소하고 누추합니다. 그들은 해롭거나 위험한 존재들은 아니지만 이 사회에 꼭 필요한 유용한 존재들도 아니지요. 그들은 사람들이 잘 읽지 않는 문서 생산자, 기껏해야 소량의 인세 수령자, 그도 아니면 자비 출판자들의 모습에서 크게 벗어나지 못합니다. 오늘의 시는 치명적인 실패, 혹은 진퇴양난의 다른 이름이지요."

아이들의 희망이란 수시로 바뀌기도 하는 거니까 특별히 기대하고 묻지는 않았다.

다시 물어도 지현이는 변함 없이 영어를 공부하여 동시통역이나 번역을 하고 싶다고 했고, 지희는 국문과도 아닌 문예창작과에서 글을 쓰고 싶다고 했다.

오, 맙소사! 왜, 하필이면 작가인가? 어쩌면 이토록 철저히 내가 원하지 않은 딱 한 가지 그것도 문학을 하겠단 말인가. 가벼워야 할 여행길이었으니 나는 아이들의 답이 순간의 기분이었기를 바랐고 그렇게 믿고 싶었다.

행인지 불행인지 두 아이들은 수년 후, 모두 그때 말했던 전공을 선택했고 나는 아이들의 전공에 아쉬움은 있었지만 "그래, 할 테면 열심히 해봐라." 두고 볼 수밖에 없었다. 나중에 생각하니 한 번도 전공에 대해 흔들리지 않은 소신은 진로에 적지 않은 도움을 주었다.

그 무렵, 나는 니체의 말을 빌려 아이의 선택에 위로를 얻고 있었다.

"과학을 예술의 렌즈로, 예술을 삶의 렌즈로 보아야 한다."

"운명이란 자신이, 선택한 것에 지나지 않는다."

　사람들은 여행을 인생에 비유한다. 그것은 가보지 않고서는 누구도 미지의 세계에 대해 확신 있게 말할 수 없다. 설령 알았다고 해도 생각해보면 조금은 무료하거나 혹은 터무니없이 이보다 더 좋을 수 없다고 느끼는 순간 끝을 예감해야 하는, 늘 하찮은 실수로 시간을 탕진하고 아쉬움으로 돌아서는 것이 여행 아닐까.

　여행에서 가장 중요한 한 가지를 들라면 역시 내겐 지도(地圖)이다. 지도는 앞으로 나아갈 길에 대한 구체적인 꿈을 꾸도록 도와준다. 유능한 가이드보다 정확한 지도 한 장이 나을 때가 있다는 것은 그래서 생긴 말일지도 모른다. 그러므로 고향처럼 익숙한 곳이 아니라면 모든 여행은 반드시 지도가 필요하다.

　사는 일도 마찬가지, 그것은 내가 어디로 가 무엇을 할 것인가 하는 계획이나 지표 없이 무작정 버스를 타고 가다 충동적으로 내리고 싶을 때 내리고 보면 어느 새 날이 저물어 잠자리를 걱정해야 하는 지경에 이르러 여행이고 뭐고 부랴부랴 계획을 접고 돌아가야 할 일이 생기지 않는다고 누가 장담하겠는가. 지도는 주어진 시간에 따라 삶을 설계하고 그것을 단계적으로 이룰 수 있도록 도와준다. 우리가 보다 효율적으로 시간을 관리해야 하는 이유는 주어진 시간이 무한하지 않고 지극히 짧다는 것에 있다. 나의 경우 지도를 손에 든 순간부터 여행은 시작된다. 그것은 우리 집 안방이든 인도의 어느 거리든 마찬가지다. 그래야 마음이 상상과 현실을 구체적으로 넘나들 수 있고 또 그것으로 하여금 모든 계획을 세울 수 있으니까.

나는 무엇보다 아이들이 각자 바른 지도 한 장쯤은 손에 넣을 수 있기를 바라왔다. 모두 불확실한 생에 "무엇을 할까? 무엇을 해야 하나?" 그 혼란만 해결되어도 얼마나 많은 시간을 벌겠는가. 그 생각은 지금도 변함이 없다.

8. 여행은 소모가 아니라 생산이다

평소 나는 아버지의 선비정신을 물려받아 검소한 생활을 기본으로 삼아왔고 또한 그렇게 살고 있지만, 아이들에게 아끼지 않은 두 가지가 있는데, 한 가지는 책을 사는 일이고 한 가지는 여행이다. 나는 앞서 여행을 통해 내가 줄 유산을 미리 준다고 말했었다. 그것은 우리 사회의 통상적인 관습으로 볼 때 물심양면으로 부모의 보호가 필요한 교육(대학교)을 마치는 날까지만 뒷받침해줄 생각이다.

내가 아는 여행은 소모가 아니라 생산이다.

대학생이 되고 세상의 초록이 부풀대로 부푼 첫 학기말, 지희는 친구랑 며칠 여행을 다녀오겠다고 했다. 집을 나서는 지희에게 나는 몇 푼의 용돈과 평소 내 여행철학이기도 한 쪽지 하나를 찔러 넣었다.

1. 여행이란, 집을 떠나는 순간 제일 먼저 자신을 버리는 일이다(여행은 내가 누구라는 것을 한번쯤 잊어도 좋다. 그것은 두려움을 동반한 희열과 해방감이 따르고 먼 곳일수록 평소 볼 수 없었던 것들이 잘 보일 테니까).

2. 철저히 일상을 잊는 것이다(어떤 경우에도 일상과 연결해서는 안 된다. 그것은 떠난다는 여행의 참의미가 없어지니까).

3. 새로운 문화 충격을 백 배 즐기는 것이다(여행지에서 뒷짐지고 어슬렁거리는 일만큼 어리석은 일도 없다. 모험과 실수를 겁내지 마라).

4. 메모하고 사진을 찍는 것도 중요하지만 경우에 따라서는 사진이나 메모에 시간을 빼앗기지 말고 눈과 마음 모두 그 순간을 백 배 즐겨라(사진 찍는 일과 메모에 묶여 정말 중요한 볼거리나 생각을 놓치는 일도 한 번 생각해 볼 일이다).

5. 다소의 볼거리(풍경)도 중요하지만 사람을 만나는 일은 더욱 중요하다(문화는 그곳의 미술품이나 음악 혹은 건축물 등으로 가늠하기보다는 사람을 만나 함께 밥 먹고 차 마시며 담소하는 일에서부터 시작되어야 한다).

6. 밑바닥의 삶을 두려워하지 말아야 한다(진정한 자유란 물욕과 안락을 버리는 일에서부터 시작된다).

7. 도시적인(문명) 것과 자연적인 것을 겸비하면 금상첨화다(너무 한 곳에 치우치다 보면 여행이 끝날 즈음 소중한 시간을 투자해 우리들의 평소 일상과 다를 바 없는 무리한 일정에 회의감을 느낄 수도 있다. 여행은 벅찬 모험과 휴식을 적절히 동반하는 게 좋다).

8. 언어에 묶이지 않는 것은 매우 중요하다(우리들이 흔히 외국 여행에서
가장 스트레스를 받는 것 중 하나는 언어다. 또 그것은 여행을 끝내고 돌아오는
순간 후회로 이어져 평소 '왜, 나는 외국어공부를 안 했는지'에 집착하게 되고
못 하는 언어에 대한 강박관념이 눈덩이처럼 부풀 때도 있다. 그들의 언어에 묶
이지 말고 손짓 발짓이라도 당당히 적극적으로 하는 게 중요하다. 신이 왜 침묵
을 허락했겠는가, 말을 버리면 생각의 폭이 확장된다는 것도 염두에 둘 필요가
있다).

9. 평소 자신이 가지고 있던 열등감으로부터 도망치지 말고 오히
려 내면 깊숙이 숨어 있던 자신도 몰랐던 가능성을 찾아내는 일
이다(때로는 여행으로부터 뜻하지 않았던 전화위복의 기회를 선물 받기도 하
니까).

10. 여행지에 대해 사전에 공부를 하거나 계획을 세우되 그것에 얽
매이지 않아야 한다(여행은 고등학교 학습처럼 하드 트레이닝의 연장이
되어서는 곤란하다. 여행은 교과서를 버리는 일이다).

11. 때에 따라 다르지만 진정한 여행은 목숨을 바칠 수 있을 만큼
사랑하는 연인이나 친구가 아니라면 혼자 가는 게 좋다(여행은
어떤 파트너가 동행하느냐에 따라 성공할 수도 실패할 수도 있다).

12. 현명한 여행자는 돌아올 때 짐과 생각을 줄이는 사람이다(어리
석은 여행자는 짐을 늘리고 지혜로운 여행자는 깨달음을 얻는다).

　만약 아이가 학기 초에 등록금 고지서를 내보이며 부모님이 허락하
신다면 다음 학기는 휴학처리하고 그 돈으로 몇 달 간 자신이 꿈꾸던
여행을 하고 싶다 한다면 당신은 어떻게 할 것인가.
　처음엔 무슨 소리야? 어떻게 모은 돈인데? 하며 펄쩍 뛸 것이다.
그러나 마음을 가라앉히고 나면 아이가 왜 그런 생각을 했으며, 부모
에게 그 같은 제안을 했는지 생각하게 될 것이고, 절대 불가를 선언하
던 처음과는 달리 시간이 지나면 아이의 뜻이 그렇다면 하고, 한 발짝
물러날 것이다.

　지금 대학 3학년인 아이가 다음 학기를 미루고 어디든 몇 달쯤 세
상경험 좀 하고 오겠다고 한다면 나는 깊이 생각할 겨를도 없이 오케
이 할 것이다. 그것은 우리 세대가 자랄 때를 생각하면 상상조차 어려
운 일이지만, 아이가 자기 삶을 다시 한 번 점검하고 보다 많은 경험
을 쌓은 후에 미래를 설계하겠다는데 어찌 말리겠는가.
　한 학기 전공강의보다 중요한 것은 세상의 넓이를 자신의 눈으로
확인하고 인식하는 일이라 믿는 나는 속옷과 생리대와 내가 경험한
여행의 노하우들을 메모해주며 잘 다녀 오라 손을 흔들며 배웅할 것
이다. 그리고 그림엽서를 기다리며 길 위에 있을 아이를 위해 기꺼이
기도하는 어미가 될 것이다.

사랑한다면 절망할

| 제2부 |

장유를 주자

절망은 누구에게나 필요한 약 같은 것이다. 그게 약이 아니라면 우리는 그렇게 쓰디쓴 것을 입안에 털어 넣을 이유가 없다.

그러니까 절망은 건강하게 살고자 하는 의지를 가진 사람만이 입안에 털어 넣을 수 있는 보약 같은 것이다.

비,
아름다운
농담

저 미친, 불멸의 음악
가는 회초리로 대숲을 두드리는
자지러지는 난장의 노래
등줄기를 기어오르는 푸르디 푸른 뱀
가뭄의 타는 골짜기
저벅저벅 허공으로 걸어가는
저 빛나는 연속 물 무늬들
숲 어귀의 배 떠나고
밤의 사막 지나 등짝 후려치듯
쏟아 붓는 신 새벽의 죽비소리
고집스러운 물의 산책자들
검고 딱딱한 것 말랑말랑해지고
익을 대로 익은 말의 정충들
느닷없이 심장을 후벼파는
푸른 대숲의 아름다운 농담
난타, 아, 무반주
끝 밤에 기생하는 노래, 그 노래

내 생애에 첫 경험 같은

1. 아이에게도 절망할 자유가 있다

— 절망은 누구에게나 필요한 약 같은 것이다. 그게 약이 아니라면 우리는 그렇게 쓰디쓴 것을 입안에 털어 넣을 이유가 없다. 그러니까 절망은 건강하게 살고자 하는 의지를 가진 사람만이 입안에 털어 넣을 수 있는 보약 같은 것이다. —

어느 글에서 나는 절망에 관해 이렇게 피력한 적이 있었다. 지금 나는 내 자신에게 다시 한 번 그 기억을 상기시킨다.

"엄마, 저도 이젠 컸으니까 혼자 한번 지내볼게요!"

수화기를 타고 건너오는 아이의 목소리는 침착했다. 그런데 왜 나는 가슴이 뛰는지.

서운하고 괘씸하기까지 했다. 이제 독립을 선언한 것인가, 혼자 살아보겠다고?

대학 입학 후 두 학기를 수원 집에서 서울 회기동 캠퍼스까지 통학해 오던 지현이는 시간이 많이 걸리고 힘들다는 이유를 들며 하숙을 하겠다고 고집했다. 몇 달 하숙생활을 해보더니 경제적인 부담 때문인지 친구를 따라 고시원으로 거처를 옮겨보겠다고 했다. 이번에는 왠지 그냥 맡기면 안 될 것 같아 나는 지현이를 앞세워 학교 근처 고시원으로 방을 물색하러 갔다.

주인의 안내를 받아 올라가 보니 아이가 말하는 403호 구석방은 방이 아니었다. 대부분의 고시원이 그러하듯 간신히 몸 하나 누일 간이침대와 책상 하나가 전부였고 두세 사람이 맘놓고 들어앉을 만한 공간조차 없는 대피소 같은 좁은 방이었다.

403호 침대에 나란히 걸터앉아 다시 한 번 물었다.

"이런 곳에서 네가 지낼 수 있겠니? 정말? 정말 있을 수 있겠냐구?"

지현이는 대답 대신 내 시선을 피해 고개를 끄덕거렸다.

한 달치 생활비를 선납하고 집으로 내려온 그 날 밤 나는 방문을 닫아걸고 이불을 뒤집어쓴 채 한없이 울었다. 울음을 의아해하던 남편은 그런 나를 이해할 수 없는 듯 한숨만 쉬더니 울음이 그치자 침착하게 나를 설득시키고 있었다.

"이제 잘된 거야. 당신이 아이들을 빨리 독립시키고 싶다고 하지 않았어. 이제 서서히 혼자 살 방법을 찾아가고 또 그렇게 하겠다고 선언한 건데 그만큼 컸다는 말이니 대견하고 자랑스러워해야지 뭘 그래!"

나는 아이에게 내 방식만을 고집하며 끝없이 집착하고 요구했던 것은 아닐까? 내가 감성적일 때 남편은 언제나 완벽한 이성을 가지고 있어서 우리는 토론이 지나쳐 종종 언쟁을 할 때도 있었다. 남편의 말은 전적으로 옳았다. 또 그렇게 하고 받아들이는 것이 당연했고 흐름에 순종하는 것이기도 했다. 그러나 막연하게 생각했던 아이를 독립시키는 문제는 생각보다 빨리 그리고 느닷없이 찾아온 것 같은 당혹감과 약간의 배신감이 겹쳐 수습하기 힘들었다. 그보다는 아이가 그토록 열악한 환경에서 견딜 수 있을까 하는 마음이 나를 불안하게 만들었다. 20살, 대학 2학년, 결코 적은 나이도 아닌데 나는 왜 아무런 준비를 못 하고 있었던 것일까. 내심 이 날을 기다렸는데 막상 때가 오니 지레 겁을 내고 절망하는 사람은 아이가 아니라 나라니.

　그 날 식구들이 잠든 늦은 밤, 울다 지쳐 누운 자리에서 벌떡 일어나 남긴 메모는 이랬다.

　🍎 대학생이 되었다고, 혼자 있고 싶다고 독립선언을 했을 때 난감했다. 새 학기가 시작되고 바람과 함께 기온이 영하로 곤두박질친 오늘 지현이를 앞세워 학교 근처 고시원으로 갔다. 내 생에 이렇게 좁은 복도의 끝 방을 본 적이 있었던가. 이게 방이라고? 이것도 방이라고? 문을 열자 아이는 내 눈치를 살피고, 나는 할 말을 잃은 채 멀뚱히 손바닥만한 창에 시선을 던지고는 어쩔 줄 몰랐다. 한 뼘의 방. 아무리 궁핍했던 유년의 가난 속에서도 나는 그토록 작은 방을 거처로 삼은 적이 없었다. 집을 떠나 더 큰 세상으로 나가는 일은 좁은 곳에 저를 가두는 일이었음을 언제쯤 지현이는 알게 될지, 밤마다 아이를 눌러올 좁은 벽이 두려웠지만 제가 원하는 일이었으므로, 그렇지 제가 원하는 일이었으므로, 좁은 방이지만 부모와 집을 떠났다는 이유만으로도 자유로워질 수 있겠구나, 그렇게 위로할 수밖에 없었다. 방을 보자 걱정이 되었는지 아이의 얼굴에 잠시 근심이 스치는 듯 했다. 좁은 침대에 엉덩이를 붙이고 앉아 아이는 웃었고 나는 울었다. 그래 힘들겠지만 남들도 다 하는 일이니 어디 한번 견뎌봐라 타이르고 위로하며 돌

아설 수밖에. "엄마 맘 다 아니까 걱정 마세요!" 지현이가 등뒤에서 말했다. '지가 뭘 알아? 지가 엄마 맘을 안다구?' 지현이는 전화 속에서 나를 위로 하고 있었다. "엄마, 방이 점점 커지고 있어요, 정말이라니까요."

그래, 그렇게 살아보고 싶다면, 한번 살아보거라. 엄마를 떠나고, 가족을 떠나고, 그리하여 집을 떠나 마침내 넓은 곳으로 나아간다는 것이 어떤 것인지, 고생이나 절망, 그거 아무나 하는 게 아니지, 건강 한 사람만이 할 수 있는 몸과 마음의 노동이지, 그래, 이제 준비가 되 었다면 가거라, 가서 한번 눈과 비와 바람을 맞으며 울던지 노래하던 지 아니면 춤을 추던지 어디 한번 멋지게 보란 듯이 살아보려무나, 젊 어서 고생은 사서도 한다는데 혼자 살아보고 싶다니 그래, 살아보려 무나, 그렇게 나는 내 절망을 수습하며 나를 다독이고 있었다.

2. 위기가 없다면 기회도 없다 

결혼한 지 5년 만에 어렵게 첫아이 지현이를 얻었다. 어머니는 밤 이 되면 잠 없고 까탈스런 손녀를 바닥에 내려놓지도 못하시고 안고 업고 더러는 쌓아놓은 이불에 엎드려 새우잠으로 그 긴 밤을 건너곤 하셨다. 지현이는 집안의 첫아이라서 온 가족은 물론 특히 어머니의 기쁨이 되었다. 그런 어머니께서 가장 좋아하시던 일은 감기에 걸려 기침이라도 하시면 지현이가 아픈 할머니 이마에 손을 얹고 "우리 할머니 기침 뚝 떨어지게 해주세요, 네? 하나님!" 하고 떼를 쓰며 기도를 하거나 조막만한 손으로 피아노를 쳐드리는 것이었다.

조금은 소심하고 병약한 지현이가 가장 먼저 뭔가 배우고 싶어했던 것은 피아노였다. 다른 아이들보다 조금 더 빠르게 진도가 나가는 걸 보고 피아노 선생님은 아이에게 피아노를 가르쳐보라고 조언해주셨다. 놀이로 택한 피아노는 3년 정도 지속되다가 초등학교 입학과 함께 그만 두고 다음으로 원한 것은 태권도였다. 남학생들 속에서 조금은 놀림감이 되기도 했지만 그런 대로 잘 적응해주었다. 그리고 어느 날 관장님의 추천으로 단 심사를 받기로 했다.

도내 각지에서 몰려온 아이들은 실내체육관을 가득 메우고 있었다. 심사를 신청하고 보니 소속 체육관은 물론 같은 조에도 여학생은 없었는데 막상 단체심사가 끝나고 일 대 일 대련을 두고 본부석에서 이름을 호명할 때 보니 상대는 같은 여자아이가 아니라 사내아이가 아닌가. 순간 두 주먹을 쥐고 몸을 풀고 있던 지현이도 조금은 긴장하는 모습을 보였다. 관중석에 나란히 앉아 아이의 일거일동을 지켜보던 남편은 흥분하고 있었다.

"말도 안 돼, 이건 불합리한 대련이야, 제지해야 해."

심판석으로 뛰어가려는 남편을 나는 말렸다.

"어디 한번 두고 봅시다. 설마 이렇게 많은 사람들이 있는데 무슨 일이 일어나기야 하겠어요."

나는 나도 모르게 오기가 발동하고 있었다. 아무리 지현이가 연약

하기로서니 정당하다면 못 할 것도 없지 싶었다.

상대 남학생은 키도 덩치도 게임이 안 될 만큼 컸는데(나중엔 지현이의 긴 머리를 잡아당기며 관심을 보이기도 했지만) 막상 그 아이도 조그만 계집아이와 대련을 한다고 하니 자존심이 상했는지 아니면 한 방에 끝내려는 심사인지 경중경중 뛰면서 자신감을 보였다. 그렇게 하여 지현이는 처음으로 남자를 상대로 결코 동등하지 않은 대결을 해야 했는데 결과는 막상막하였으나, 함께 심사를 받은 학생 13명 중에서 홍일점으로 3등이었으니 비교적 잘한 셈이다.

그 후 도복에 검은 띠를 두르고 어린 지희의 손을 잡고 체육관으로 향하던 지현이의 태권도 실력은 탄력이 붙기 시작했다. 그것을 계기로 덩치 큰 남자를 무작정 겁낼 필요가 없다는 자신감을 갖게 되었으니, 처음으로 갖는 남학생과의 힘 겨루기치고는 실보다는 득이 많았던 소중한 경험이었다.

내성적이어서 혼자 조용히 있기 좋아하는 지현이가 긴 머리를 자르고 중학교에 입학하던 날 식구들은 모두 달떠 있었다. 초등학교를 원만하게 마쳤으니 중학생활이라고 특별히 걱정되는 건 없었다. 초등학교를 마치고 중학교에 입학하는 그 틈새를 이용해 대개의 아이들이 학원으로 몰려간다는 것은 알고 있었지만 나도 아이도 학원 생각은 못 하고 잘 놀기만 하다가 입학을 맞았다.

얼마 후 지현이가 제 방에서 혼자 훌쩍거리고 있었다. 깜짝 놀라 이유를 물으니 영어시간에 다른 아이들이 모두 영어책을 읽는데 자기는 아무것도 몰라 매우 의아해했다는 것이다. 선생님께서 아직 한 번도 제대로 영어를 가르쳐 주시지 않았는데 다른 아이들이 영어책을 능숙하게 읽을 때, 왜 "I am a girl."이 "나는 소녀입니다."가 되는지, 지현이는 도무지 이해할 수 없어 했다. 아차 싶었다. 별 문제가 없을 거라며 학원에 보낼 생각도 그렇다고 직접 가르쳐 줄 생각도 없었던 나는 내 자신의 무지를 탓하고만 있기엔 늦었다고 생각했다. 그렇다고 학원에 보내 알파벳을 익히기에도 너무 늦지 않았는가.

그 날부터 나는 아이를 붙잡고 알파벳을 가르치기 시작했는데 그땐 이미 중학교에 입학한 지 한 달쯤 지나서였다. 다른 아이들이 영어책을 읽을 때 내 아이가 ABCD를 달달 외우는 모습은 상상하고 싶지도 않았다. 영어는 잘 못 해도 상관 없다 타일러 봤지만 다른 아이들이 다 하는데 자신만 모르고 있는 것을 견딜 수 없어 했다. 늦은 밤 아이 방으로 올라가보면 도무지 불이 꺼지질 않았다. 아무리 그만 하고 자라고 윽박지르며 야단을 쳐도 그 날 학교에서 배운 진도와 숙제를 암기하지 않으면 잘 생각을 하지 않았다. 나는 중학교 1학년밖에 안 된 아이가 매일 밤 2시가 넘어서야 마지못해 자리에 드는 걸 속수무책으로 지켜보면서 다시 한 번 내 교육방법을 점검하지 않을 수 없었다.

처음 바닥을 헤매던 실력은 한 학기가 끝날 때쯤 되어서야 제 궤도를 찾기 시작했다. 나는 그걸 계기로 영어공부에 집착하는 지현이의 고집과 끈기에 두 손을 들고 말았다.

3. 내가 해줄 수 있는 건 세상을 보여주는 것

지현이가 중학교 2학년, 지희가 초등학교 5학년이 되던 겨울방학, 남들이 모두 아이들을 학원으로 내몰 때 나는 두 아이를 데리고 유럽여행을 떠났다. 학원보다는 그 방법이 옳다는 생각에서였다. 영국, 프랑스, 독일, 이탈리아, 스위스, 룩셈부르크의 수많은 미술관과 박물관 그리고 아름다운 성당과 건축물들, 라인 강, 스위스의 농가, 알프스의 자연, 파리의 거리…. 나는 아이들에게 그 어떤 것도 요구하지도 강요하지도 않았다. 그냥 보고 느끼고 즐겁게 놀도록 내버려두었다. 간혹 지희가 어려서 다리가 아프다는 투정을 하긴 했지만 그런 대로 아이들은 열심히 나를 따라다녔다.

하지만 그 여행에서 다시 지현이가 영어 때문에 벽을 느끼리라고는 생각하지 못했었다. 학교에서는 겨우 친구들을 따라가는 수준이었으니 처음으로 외국에 나가 자신이 벙어리처럼 엄마 뒤만 졸졸 따라다녀야 했던 일은 또 한 번의 영어로 인한 수치심과 충격을 동시에 주었던 모양이다.

돌아오는 비행기 안에서 지현이는 사뭇 진지하게 말했다.

"엄마, 나 결정했어요, 대학교에 가면 영어를 전공하고 싶어요."

뜻밖이었다. 그냥 텔레비전에서 보아온 유럽은 어떤 분위기며 교과서에서 배운 역사와 실제 눈으로 보는 것들은 어떤 차이점을 가지고 있는지 정도만 생각해도 만족인데 영어 때문에 결국 벙어리처럼 입을 닫고 지내야 했던 유럽에서의 시간들은 아이에게 보다 넓고 큰 세상을 보고 배우는 것이 무엇이며 어떤 방법으로 행해야 되는 지를 깨닫게 만들었다.

회화의 필요성을 절감한 유럽여행에서 돌아온 다음 학기부터 지현이의 영어학습은 다시 탄력이 붙기 시작했다. 물론 개인적인 지도는 한 번도 생각해 본 적이 없었고 오직 교과목을 예습, 복습하는 것만을 원칙으로 했다. 백 마디 말이 무슨 필요가 있겠는가. 단 한 번의 경험으로 아이의 사고가 바뀌게 된 것은 놀라운 일이 아닐 수 없었다.

이듬해 나는 한 번 더 용기를 내어 미국여행을 준비했다. 물론 두 아이가 동행하는 여행이었으니 우리 형편으로는 과한 지출이 아닐 수 없었다. 나의 그런 계획을 의논했을 때 남편은 대찬성이었다. 모두들 다투어 보내는 학원이나 개인지도를 생각하면 그 정도의 지출은 감수해야 하지 않겠냐며 오히려 아이들을 부추겼다. 그런 남편의 후원 덕분에 우리는 다시 미국 서부로 여행을 떠날 수 있게 되었다. 그러나 여행의 흥분보다는 지난 해 여행을 거울삼아 현지에서 아이들의 반응이 어떨지 내심 궁금했다.

아이들이 좋아하는 디즈니랜드, 유니버설 스튜디오, 그랜드캐니언, 모하비 사막, 요세미티에서 지현이는 필요할 때마다 조금씩 입을 열기 시작했다. 그리고 내가 원하는 것들을 통역해주기 시작했는데 이를테면 박물관에서 설명을 원할 때, 물건을 흥정할 때, 노인들과 대화를 할 때 별 불편 없이 나를 돕고 있었다. 지현이가 영어를 곧잘 한다는 것은 알고 있었지만 제법 그럴듯한 회화를 할 수 있으리라고는 생각지 못했다.

디즈니랜드를 출발하기에 앞서 아이들은 혼자 집에 남아 있을 아빠에게 편지를 쓰곤 했었다. 내용이야 여행을 보내주셔서 감사하다는 이야기가 대부분이지만 어른의 생각을 앞지른 기특한 내용도 담고 있었다.

"아빠가 저희에게 넓은 세상을 보여주시고자 한 것은 고기를 낚아주시지 않고 고기 잡는 법을 배우라는 깊은 뜻이 있음을 잘 알고 있습니다."

누가 가르쳐 주었다면 이런 말을 할 수 있겠는가, 나는 아이들의 평소 말없는 아빠에 대한 깊은 애정과 존경을 도처에서 읽을 수가 있었다.

미국에서 지희가 아빠에게 전화를 걸어 했던 말은 의외였다.

"아빠, 보고 싶어요. 아빠 혼자라서 외로우시죠? 엄마가 아빠 너무 그리워해요. 저녁에 잘 때 엄마 눈에 그렇게 쓰여 있었어요."

아이들은 그렇게 내 마음을 읽고 멀리 있는 아빠를 위로할 만큼 예쁘고 건강하게 자라고 있었다. 그때가 막내 지희가 초등학교 5학년 때의 일이었다.

4. 혼자 밤길을 걸어가야 하는 게 인생이지

지현이가 고등학교에 입학하는 날은 날씨가 좋았다. 아빠는 물론 고모, 삼촌, 이모까지도 바쁘지만 시간을 만들어 조카의 입학을 축하 해주었다. 지현이는 집안에 첫아이여서 이모나 고모의 사랑은 각별 했다.

입학 다음날부터 시작된 보충수업과 야간 자율학습, 나는 당장 두 세 개의 도시락을 준비하지 않으면 안 되었다. 새벽에 집을 나가서 밤 중에 돌아오는 학교생활을 아이가 잘 견딜 수 있을지 걱정스러웠다. 그럴 때마다 남들도 다 하는데 하는 그런 평범한 위로의 방법을 나라 고 모르겠는가. 그렇게 무던하고 착한 지현이도 체력의 한계를 느끼 는지 매사에 예민한 반응을 보이더니 어느 날 밤늦게 집으로 돌아오 는 차안에서 사뭇 비장한 표정을 보이더니,

"드릴 말씀이 있어요."로 시작한 한마디는 나를 긴장시켰다.

"엄마, 저 학교에 다니기 싫어요, 검정고시로 대학에 가고 싶어요. 다른 친구들이 학교에서 열심히 공부할 때, 나는 놀고 싶을 때 놀고 읽고 싶은 책 골라 읽으며 틈틈이 공부해도 충분히 대학에 갈 수 있을 것 같아요. 정말이 에요. 그렇게 하고 싶어요. 엄마 ~."

　이건 또 무슨 소린가? 고등학교에 입학한 지 한 달도 채 안 되었는데, 보충수업이다 자율학습이다 하여 새벽에 가서 밤늦게 귀가하는 생활을 한두 달도 아니고 앞으로 3년이나 계속할 생각을 하니 도저히 이건 아니지 싶었던 모양이다.

　나는 놀라거나 당황하는 기색을 보이지 않고 끝까지 아이의 이야기를 들어주었다. 그리고 엄마도 생각할 시간이 필요하니 일주일 후쯤 다시 이야기하자고 말해 놓고 그 길로 핸들을 돌려 보름달이 휘황한 화성으로 아이를 데리고 올라갔다. 복잡한 머리도 식힐 겸 축성 200년이 지난 화성의 달빛은 우리 모녀에게 새로운 기원의 방법을 가르쳐 줄지도 모른다는 생각에서였다.

　봄이라고는 하지만 매서운 밤바람이 살갗을 파고들었다. 처음 아이를 앞세워 화성을 걷기 시작했을 때 내 마음은 쇳덩이처럼 무거웠다. 그리고 그 밤에 교복을 입고 걸어가는 아이를 뒤에서 지켜보며 "그래, 산다는 건 저렇게 밤길을 걷는 것이지. 두려움도 무서움도 혼자 이겨내야 하는 것이지. 햇살이 있지만 그 햇살도 영원하지 않고, 달빛이 있다고 해도 그 달빛 또한 영원하지 않을 테니…. 음, 그래, 저렇게 혼자 걸어서 가는 게 인생이지. 음, 그렇지, 그렇고 말고." 뒤에서 아이의 손을 끌어당기며 야윈 가슴을 와락 껴안아주었다. 그러나 마음은 이미 TV에서 남의 일처럼 구경만 했던 대안학교를 생각하기도 했다. 바보같이 착하기만 하여 도대체 불평이라곤 모르는 아이가 엄마에게 그런 말을 하기까지 얼마나 많은 고민을 했을까 생각하니 내 기분만 앞세워 섣불리 옳다 그르다 나무랄 수만은 없는 일이었다. 그 날 밤 집으로 돌아오는 차안에서 우리 모녀는 아무 말도 하지 않았다.

한편, 지현이가 책상 위에 붙여놓은 글을 보면 나는 더욱 걱정이 되었다.

"나는 외대에 들어가 영어 동시통역사가 될 것이다."

5. 눈물겨운 노력

지현이를 설득시키는 일은 어렵지 않았다. 나는 섣불리 된다 안 된다 말하지 않았고 아이가 보다 냉정하게 생각할 수 있도록 시간을 주고 그렇게 함으로써 나도 시간을 벌었다. 그러나 얼마 후 혼란한 마음을 정리하고 나의 믿음과 기대대로 지현이는 다시 정상적인 생활로 돌아갔다. 바라는 바대로 교과서 외 여러 장르의 책들을 두루 열심히 읽었고 휴일엔 지희와 삼촌이랑 영화관에도 곧잘 갔다. 그 무렵 아이들과 나는 자주 독서토론을 즐겼다.

나는 어느 글에서, 시를 쓸 때보다 아이들을 위해 주방에서 음식을 만들 때가 더 행복하다고 술회한 적이 있었는데, 그러고 보니 두 아이들이 유치원에서 고등학교를 졸업할 때까지 소풍 때는 김밥을, 평소에는 도시락 싸는 것을 한 번도 거르지 않았던 것 같다. 그 도시락이 행복의 밥이 될 수 있었던 것은 주머니 속에 사랑의 쪽지를 넣을 수 있었던 마음 때문이 아니었을까.

지현이는 내가 아는 그 누구보다 자기 관리가 철저했다. 아침에 일어나는 시간과 저녁에 자는 시간이 같았고, 주말과 휴일에도 낮잠을 자거나 필요 이상 텔레비전을 보는 일은 없었다. 나는 오히려 늦게 자는 것을 염려해 매일 밤 아이 방으로 가서 어서 불을 끄고 자리에 눕기를 종용했다.

언젠가 그 날도 늦도록 아이 방에 불이 켜 있다는 걸 알고 몰래 살금살금 방으로 올라갔다. 영하의 날씨였는데 무슨 일인지 창문이 활짝 열려 있고 아이는 손에 노트를 들고 중얼거리며 방안을 왔다 갔다 하고 있었다. 순간 무슨 일이 있구나 싶어서 놀란 가슴을 쓸어 내리며 다급하게 묻지 않을 수 없었다.

"얘, 무슨 일이야?"

그랬더니 아이는 별일 아닌 듯,

"엄마, 오늘 해야 할 게 많은데 하도 졸려서."

중학생이 졸리면 주말도 아닌 평일에 그냥 좀 덮어두고 자야지, 나원 참!

후일 지현이는 엄마가 제발 빨리 자라는 소리 좀 안 했으면 얼마나 좋을까. 늘 그게 불만이었다고 했다. 그럼에도 성적은 중상 정도 수준에 머물렀다. 나는 성적이 그 정도인 것을 믿을 수 없어 했고 그만큼 속이 상했다. 노력으로 보면 1등은 따놓은 거나 마찬가지인데 그게 아니었으니, 나는 아이가 애쓰는 것이 안타까워 공부 못 해도 좋으니 그만 좀 쉬라고 다그쳤다.

한 번은 반에서 10등 정도의 성적표를 가지고 왔었다. 그걸 본 지희

72

가 언니에게 화를 내며 놀렸다.

"에이, 언니는 바보야, 저능아!"

그렇게 열심히 하는데 성적의 결과가 그 정도라는 게 어린 동생이 보기에도 믿기지 않았고 그래서 화가 났던 모양이다. 동생이 그렇게 충격적인 말(농담)을 했을 때도 지현이는 빙그레 웃다가

"야, 너 10등이나 하는 저능아 봤어?"

지희 말에 상처를 받았을 법도 한데 한마디로 응수하고는 곧 자기 방으로 돌아가 책 속에 빠져들었다. 결과에 전혀 집착하지 않는 것은 아니지만, 그 무렵 지현이는 언제 어디서나 공부에(그 어떤 일도 마찬 가지였다) 몰입하는 그 자체를 즐기는 아이라는 걸 인식할 수 있었고, 그럴 수밖에 없는 천성을 인정하게 되었다.

남편은 지현이의 성격이 또래 친구들이 가지지 못한 것이어서 살아 가는데 좋은 무기가 될 것이라 했지만 내 생각은 달랐다. 도대체 타협 할 줄 모르고, 융통성이라곤 눈곱만큼도 없고, 아이들이 좋아하는 유 명브랜드 운동화니, 옷이니, 주말연속극이니, 한창 뜨는 배우가 등장 해도 그가 누군지 도대체 관심이 없는 아이를 보며 위로보다는 걱정 이 앞섰다.

지현이의 놀라운 자기 관리 중에 하나는 아침 기상 습관이다. 어쩌 다 친지들이 와서 머무는 날이면 조용히 속삭이듯 "지현아, 일어나 야지!" 하면 단 한마디로 벌떡 일어나 욕실로 가는 걸 보면 모두들 놀란다. 도대체 아이 같지 않다는 것이다. 그건 아무리 늦게 자는 날 도 마찬가지였다. 정말이지 두 번, 세 번 거듭 아이를 깨워 본 기억이 한 번도 없었으니 그건 미스터리가 아닐 수 없다(이때의 습관이 몸에

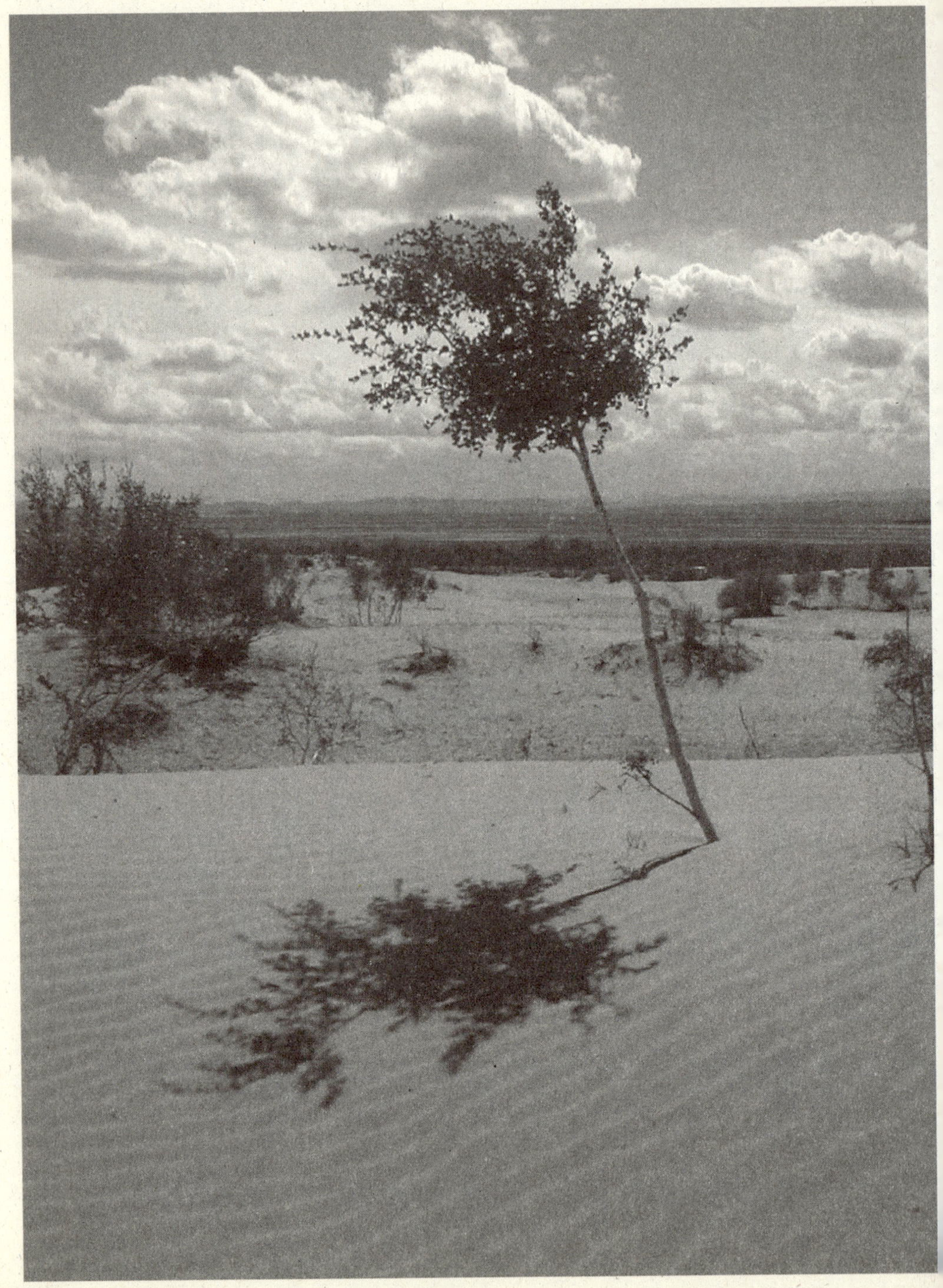

배어서인지 사회생활을 하는 지금도 아이의 새벽 기상 시간은 여전히 4시 30분이다). 그런 언니에 비교하면 천방지축인 지희는 얼마나 아이답고 인간적인가.

특차 합격으로 순조롭게 대학생이 된 지현이는 입학하자마자 문학동아리, 검도동아리에 적을 두었는데 성년으로서 보다 건강한 정신의 수양과 몸의 단련이 필요하다고 느끼는 듯 보였다. 이미 고등학교 때 없는 시간을 쪼개 검도를 했던 경험과 심심하면 영어로 시를 쓰던 감각이 아이를 다시 그곳으로 가게 했으리라.

입학 후, 첫 축제 때 나는 캠퍼스로 초대되어 액자 안에 그럴듯하게 꾸며져 있는 지현이의 작품을 읽었고 함께 시를 공부한다는 동아리 선배와 친구들을 만났는데, 지현이 곁에는 어느 새 키가 훤칠한 남자 친구도 있었다.

벚꽃이 만개한 그 날 벚꽃처럼 화사하게 웃는 두 아이들을 바라보며 "그래, 우리 지현이 참 잘 컸구나, 예쁘구나!" 하면서 지난 내 청춘을 회상하며 잠시 행복에 젖었지만 그러나 왠지 모르게 서운한 마음을 감출 수가 없었다. 그 날 아이는 헤어지면서 전과 달리 입을 맞추지도 않았고 엄마를 포옹하지도 않았다.

6. 작은 것을 통과하지 않고는 큰 것에 이를 수는 없다

오클랜드 대학 도서관, 수많은 책들을 둘러보며 나는 세상에 이렇게 많은 책들이 있었구나 다시 한 번 감탄과 경외감을 금치 못했다. 런던의 대영박물관에서 느꼈던 그것과는 달랐다. 그 많은 책 중에서 단 한 권의 책조차 읽을 수 없다는 절망감!

그때서야 나는 생각했다. 좀 더 일찍 세상을 알았더라면, 그리하여 열심히 영어공부를 했더라면, 내 인생은 달라졌겠구나 하고. 아이들에게 보다 다양한 기회를 주어야겠다는 결심도 이런 경험이 뒷받침이 되었다.

그래, 아무리 큰 것을 염두에 두었다 할지라도 소소한 입구를 통과하지 않고서는 결코 그 어떤 것에도 도달할 수 없다는 것을 다시 한 번 절감했다고나 할까.

며칠 전, 은행 창구에 앉아 일이 처리되기를 기다리는데 손이 닿을 만한 곳에 작은 허브 화분 세 개가 나란히 놓여 있었다. 화분은 늘 그 자리에 있었으나 평소에는 별로 눈에 뜨이지 않던 것이 겨울 끝이라 그랬을까 왜 그것들이 그토록 곱고 사랑스러운지, 평소 안면이 있는 은행 직원이 화분을 뚫어져라 보고 있는 나를 새삼스럽다는 듯 신기해하여 물었다.

"예쁘죠?"

"정말 예쁘군요, 이 연초록 싹을 보고 있으려니 살아봐야겠다 싶네요."

그 날 은행 직원은 내가 좀 정상이 아닌 고객으로 간주하고 혼자 웃었을 지도 모른다.

사람들은, 마음만 먹으면 히말라야를 오르고 지구 저 편으로 날아가는 내가 새순이 돋아나는 화분을 보며, 밥을 짓고, 보글보글 된장찌개를 끓이고, 다림질해 놓은 남편의 와이셔츠를 보며 저녁 무렵 집으로 돌아올 가족들을 기다리는 작은 행복을 얼마나 소중하게 생각하는지 모른다. 큰상에 둘러앉아 양푼에 쓱쓱 밥을 비벼 온 식구가 숟가락을 달그락거리며 배부르게 먹는 일을 정말 얼마나 소중하게 생각하는지 사람들은 정말 모른다.

나는 여행이나 다니고 시(詩)만 쓰는 사람은 아니다. 밥짓는 일이나 아이와 낄낄거리고 농담 따먹기하며 마트에 군것질거리 사러 가는 일을 어떤 일보다 즐거워하는 평범한 사람이다. 그러므로 내가 바라는 아이는 골든벨을 울리거나 퀴즈 왕에 등극해 턱없이 많은 장학금을 안기는 것이 아니라, 길을 가다가 몸이 불편한 사람을 만나면 휠체어를 밀어주거나, 배고픈 친구에게 따뜻한 빵 한 봉지를 건네줄 수 있는 그런 아이다.

내 마음 안에 있는 세상에서 가장 따뜻한 말은 '어머니', '우리', '가족'이다. 아이들이 기뻐하면 나도 기쁘고 아이들이 고민에 빠져 있을 때 내가 얼마나 노심초사하며 견디는지 아이들은 잘 모른다. 가족이란 기쁨보다는 고통을 나누는 사람이다. 가족 속에서도 '우리'란 말은 생각만으로도 가슴이 따뜻해지는 최고 최상의 말이 아닐 수 없다. 나는 내 아이들이 가족이라는 작은 공동체에서 행복의 의미를 깨닫기를 바라고 그 행복을 통해 얻은 자신감으로 세상에 서기를 바란다.

언젠가 히말라야에 다녀오고 새 시집이 출간된 뒤 사석에서 모 신문사의 문화부기자를 만났다. 그는 초보기자로 내가 히말라야에 다녀오고 시집을 냈다고 하니 여러 가지로 궁금했던 모양인데 뜬금없는 그의 질문은 이랬다.

"사시면서 가장 보람 있는 일이나 좋아하는 일을 꼽으신다면요?"

나는 길게 생각하지도 않았다.

"태어나서 나도 뭔가 해냈구나 하는 건 여자로서 아이를 생산해 엄마가 되었다는 것이고, 잘하고 있지만 앞으로도 더 잘하고 싶은 것을 말하라면, 그건 밥 잘하는 여자가 되는 건데요!"

거창한 대답을 상상했던 기자의 표정은 '뭐 그런 것도 자랑거리가 되나요?' 하는 표정을 짓더니 더 이상 묻지 않았다. 모두가 진심이었는데 그는 내가 동문서답을 하고 있다고 생각한 모양이었다.

7. 못 하는 것에 집착하지 말고 잘하는 것을 할 수 있게 하자

　지희가 따뜻한 성격의 소유자라면 지현이는 다분히 자신의 일에 빠져들면 무엇이 어떻게 돌아가든지 상관하지 않는 어쩌면 조금 답답하고 차가운 아이다. 다른 친지들이 있을 때 내가 지현이를 나무라거나 호통치는 걸 보면 모두 놀란다. 계모가 아니냐고. 허나 지현이의 장점이라면 타인의 세계도 잘 인정한다는 것이다. 내가 백 번을 야단쳐도 돌아서면 웃는 얼굴로 나를 위로하고 제 동생이 아무리 뭐라 해도 인상 한번 쓰는 법이 없다. 지현이의 관심사는 오직 현재 진행되고 있는 일에 몰입하는 즐거움이 전부다. 나는 지현이의 성격을 말하면서 자기 안에 갇혀 있다는 말을 썼는데 그건 맞는 말이다. 분명 자기 안에 갇혀 있는, 그러나 답답하다고 느끼는 이 부분이야말로 지현이를 지현이답게 하는 힘이라고 남편은 말한다. 그만한 몰입도 없이 알파벳도 모르던 아이가 회화를 불편 없이 구사하고 영어 수능을 만점 맞고, 놀랄만한 수준의 영시를 쓰고, 그리고 자신의 삶을 그토록 즐기며 사랑할 수 있었겠느냐고 말이다.

　나는 자신 속에 깊이 들어가 있는 아이를 지켜보며

‘왜 또래의 아이들이 즐기는 것엔 관심이 없지?’ 한편으로는 안도하면서도 다른 한편으로는 아이의 좁은 시야가 염려스러웠다. ‘할 테면 해봐라, 아주 깊이 들어가 그곳에서 밖으로 튀어나오는 것도 방법이지’

그렇게 나를 위로하며 아이를 바라볼 수밖에 없었다.

8. 사랑 때문에 흘린 눈물

돌아보면 나는 아이들을 빙자해 울기도 많이 했던 철없는 엄마였다. 큰아이가 유치원에 들어가기 전이다. 너무 가까이 앉아 텔레비전을 보는 것이 마음에 걸려 안과에서 진찰을 받던 날, 아이들의 시력을 점검하던 의사는 생각지도 않던 검진 결과를 발표했다. 그건 두 아이가 당장 안경을 쓰지 않으면 안 된다는 것이었다. 그 말은 청천벽력처럼 들렸다. 천방지축 뒹굴고 뛰어 놀아야 할 어린아이 얼굴에 안경을 씌우다니! 아이들을 진찰실에 두고 대기실로 나와 기다리는데 눈물이 쏟아져 주체할 수 없었다. 그냥 안경만 쓰면 된다는데, 내 작은 소망은 아이들을 티 없이 맑게 키우고 싶었는데⋯. 밖에서 울고 있는데 아이들이 따라나와 무슨 영문인지도 모르고 내 눈물을 닦아주다가 자기들도 따라서 울기 시작했다. 대기실에 있던 사람들은 우리 모녀가 이상한 짐승처럼 멀뚱히 구경만 했다.

지현이가 초등학교 4학년, 덧니가 나기 시작하더니 제자리를 잡지 못한 치아가 마음에 걸려 치과에 갔다. 조금 더 자라면 문제가 되지 않을까 하여 딴엔 미리 상담 차 갔었는데 의사의 진단 결과는 상태가 좀 심한 편이어서 교정이 불가피하다는 것이었다.

　처음 약속은 2년쯤 교정기구를 끼면 중학교 입학 때쯤이면 가지런
하고 예쁜 치아를 만들어 주겠다고 했다. 일주일, 혹은 2주일 주기로
치과에 가서 교정기구를 손보고 치료하는 일은 아이와 내게 적지 않
은 인내를 필요로 했다. 그러나 약속한 2년은 지현이가 중학생활을
마치고 고등학교를 졸업할 때까지 이어졌다. 교정기간 4년에다 다시
교정된 치아가 제자리로 되돌아가지 않도록 보조기구를 끼고 다시 4
년, 사람들은 지현이를 볼 때마다 그거 언제 끝나느냐고 묻는 게 인사
였다. 하지만 치아 교정을 통해 또 한 번 놀란 것은 아이의 바보 같은
참을성이었다. 기구를 끼고 있을 동안 외형적인 불편은 물론 입안에
늘 상처가 생겨 수시로 치아를 닦아야 했지만 불평 한마디 없이 바쁜
시간을 쪼개 무려 8년 동안이나 병원을 드나들며 그리도 잘 참아내는
지, 지현이가 아니면 도저히 할 수 없는 일이 그 일이었다.

　지현이가 교정기구를 벗는 날 가지런하게 정돈된 치아를 확인하고 또 하
며 오히려 아이는 무덤덤한데 내가 너무나 후련해 참 대단한 내 딸이구나
하며 혼자 화장실에 가서 실컷 울었다.

　지희가 5학년, 치아 하면 큰아이로 인해 생각하고 싶지도 않은데,
그 날은 내가 집을 비운 날이었다. 일을 마치고 저녁 때 집으로 돌아
오니 아이가 두 손으로 입을 가리고 있었다. 무슨 일인가 싶어 다그치
니 체육시간에 자기가 반장이라서 선생님이 시키는 대로 앞에 나가
시범으로 텀블링을 했는데 몸이 매트가 아닌 땅바닥에 떨어지면서
돌에 부딪쳐 위 쪽 앞니 두 개가 부서졌다는 것이다. 가지런하던 두

개의 이는 뿌리만 남기고 거짓말처럼 사라지고 없었다. 기가 막혔다. 그렇다면 지희는 평생 의치로 살아야 한단 말인가!

아이에게 자초지종을 묻고 있을 때, 마침 담임선생님으로부터 전화가 걸려왔다. 나는 선생님의 설명이 끝나기도 전에 줄줄 눈물을 흘리고 있었다. 곁에서 선생님과의 통화를 지켜보던 지희가 나를 흔들며 위로 아닌 걱정을 하고 있었다.

"울지 마, 엄마, 난 괜찮아. 엄마가 울면 선생님이 걱정하시잖아!"

아이의 위로는 나를 더욱 흐느끼게 만들었다.

9. 아름다운 날들

(이 글은 아이들이 성장할 시기에 14년이나 꿈을 키우며 살던 집을 지난 해 이사하면서 남긴 메모의 일부다)

지현이가 9살, 지희가 5살, 젊은 나이에 뇌졸중으로 투병중인 천사 같은 시어머니가 계셨고 시동생이 있었다. 우리는 인근의 아파트생활을 청산하고 손수 지금의 집을 건축하면서 보다 여유 있는 공간에서 한번 살아보겠다고 넓은 주택을 고집했다. 복층을 설계하면서 2층과 3층은 실내 계단을 만들어 아이들 공부방과 침실로 쓰도록 하고 우리는 어머니와 주방을 사이에 두고 아래층을 썼다. 어느 때보다 넓은 거실을 가진 우리는 어머니가 계신 집에서 아이들이 맘껏 뛰어 놀도록 배려했다.

아파트에 살 때 작은 화분에 있던 살구나무는 이곳 마당으로 거처를 옮기면서 무럭무럭 자라 이른 봄 마당에서 가장 먼저 꽃을 피우고 여름이면 가지가 휘도록 많은 열매를 주었고, 대추나무는 주먹반장처럼 키가 커서 담을 훌쩍 뛰어 넘어 2층 베란다에서도 대추를 딸 수 있을 만큼 자랐다. 자목련 두 그루와 붉은 단풍나무는 또 어떤가? 장마철이 되면 뒤 베란다 창문을 열어놓고 좁은 대추나무 잎새와 넓은 목련 잎에 비 떨어지는 소리를 듣던 일은 또 어떠했는가(사실 나는 이 글을 쓰면서도 왠지 슬픔이 차 오르고 가슴이 뛴다)?

붉은 벽돌로 얕은 축대를 쌓아 만든 텃밭을 나는 'A4'라 이름했다. 그만큼 작다는 의미였다. 그러나 그 작은 텃밭에다 봄이면 상추, 고추, 토마토 모종을 심었다. 고추는 자고 나면 거짓말처럼 몸을 부풀렸다. 아침마다 아파트생활에서는 맛볼 수 없는 대문 안으로 던져두고 간 조간신문을 가지러 가는 일은 즐거웠다. 밤새 좁은 마당의 식구들이 무탈한지, 혹 비바람에 가지가 찢기지는 않았는지, 살구는 얼마나 바닥에 내려앉았는지, 쑥갓은 얼마나 솎아줘야 하며, 제 버릇 개 못 준다고 등나무 넝쿨은 또 얼마나 자라 다른 식구들을 괴롭히는지, 김장항아리 사이의 난초는 꽃대를 얼마나 밀어 올렸는지, 밤새 고양이들이 여린 상추 싹을 짓뭉개진 않았는지, 이른 아침 마당을 구석구석 돌아보는 일은 하루의 상쾌한 시작을 갖기에 충분했다.

나는 서재 못지 않게 주방을 좋아했다. 저녁 무렵 아이들이 돌아오면 그 날 있었던 일들을 이야기해주고 싶어 제 방이 아닌 식탁에 앉아 공부를 하곤 했는데 그것은 엄마인 나의 존재를 매우 즐겁고 윤택하게 해주었다. 내가 도마질을 할 때 아이들은 늘 곁에서 종달새처럼 지저귀며 숙제하기를 좋아했다. 명절이 되면 아이들은 각자 앞치마를 두르고 엄마를 돕는 것을 당연하게 생각했는데 함께 둘러앉아 송편을 빚고 만두를 만드는 것은 가족공동체의 인식을 가질 수 있도록 도움을 주었다. 나는 대가족제도를 옹호하는 사람이어서 되도록 많은 식구들이 함께 살기를 원했다. 이 집으로 이사를 올 때 초등학교 2학년이었던 지현이는 올해 대학을 졸업했고 유치원을 다니던 지희도 대학 2학년이 되었다. 그 사이 오랜 투병 끝에 시어머니께서 돌아가시고 아이들 삼촌은 서른 여섯의 나이지만 여전히 싱글을 지키며 곁에 있다.

생각해보면 2층과 3층, 아이들과 독립된 공간을 고집하면서 실보다는 득이 많았는데 아이들은 아이들대로 프라이버시를 존중해주었고, 어른은 또 어른으로서의 독립된 자유로움을 누릴 수 있었으니 이것이야말로 일거양득이 아니었을까 싶다.

훌훌 벗어버리듯 모두 두고 갈 수 있을 것 같았는데 막상 이사갈 날이 가까워지니 걱정 하나가 앞을 가로막는다. 내 아이들의 소중한 꿈을 키워준 그 많은 추억들은 어떻게 하나?

마음이란 늘 이 모양이다. 벅차고 힘들다 생각할 땐 모순뿐인 듯 하다가 막상 떠나려고 하니 다르다. 모두가 행복이었고 모두가 아름다움이었다. 아무리 생각해도 집을 파는 게 아니라 영혼을 파는 듯한 지금의 이 혼란스러운 기분.

거실을 비롯해 서재, 방, 3층으로 오르는 좁은 목조계단, 집 나간 식구들을 기다리며 차를 마시던 3층 발코니, 아이들의 키를 재던 거실의 나무 기둥, 모서리가 닳은 책상, 침대, 쓰레기통, 다락방의 작은 창들, 현관, 마당, 의자, 화분, 크고 작은 그림들, 4개의 의자가 있는 긴 식탁, 물 묻은 책이 자리를 지키던 욕실, 주방의 물때 묻은 접시들, 밥솥과 냄비들, 안방을 지켜준 수호 천사, 닳고 먼지 묻은 아이들의 신발, 정원의 돌과 나무들을 카메라에 하나하나 담아두었다. 내 행동을 눈치챈 아이들은 "엄마, 추억을 잡고 계시네요!" 한다. 나는 그렇게 해서라도 이 집을 잊지 않으려고 안간힘을 쓰고 있는 것이다.

떠나보면 안다. 집이란 단순히 가족이라는 이름으로 몇이 모여 그저 숙식을 해결하는 공간만은 아니다. 존재의 바른 정체성을 구가하는 에너지 충전 소임과 동시에 시작과 끝을 매듭짓고 연계하는 몸과 정신이 휴식할 수 있는 절대 공간인 것이다. 그러니 마당에 살구꽃이 피면 내 마음에도 살구꽃이 피고 늦된 대추나무에 새순이 돋아나면 묵은 영혼에도 봄이 오는 건 너무나 당연한 흐름이었을 게다.

며칠 간의 여행에서 돌아오니 자목련은 세상에서 가장 추한 누더기를 사정없이 바닥에 던지고 있다. 언제 저것들이 저토록 아름다운 봉오리였던가! 몇 년 간 꽃을 피우지 않고 잎으로 일관하던 늙은 작약도 드디어 탐스런 꽃망울을 달고 있다. 오, 애달프고 눈물겨워라! 늙은 나무가 안간힘으로 꽃을 피우는 저것. 새봄이 아니면 무엇이 누가 저토록 구체적인 생명의 신성함을 일깨워주랴!

이사란 거처를 옮기는 것만이 아니라 짐을 줄이고, 몸을 줄이고, 생각을 줄이고, 욕심을 줄이고, 망상을 줄이고, 삶의 범위와 단위를 줄이고, 낡은 것을 포기하고, 숨어 있던 것을 찾아내고, 허접한 것을 버리되 잘못된 위치를 바로잡는 것이다.

D-day 5.

'매교동 행복번지'를 떠나게 되었습니다.

손수 설계하고 벽돌을 고르고 아이들과 마당에 대추나무를 심고 살구를 따곤 했던 14년 간의 소중한 기억들을 간직한 채 그리 멀지 않은 곳 12층 아파트로 거처를 옮기게 되었습니다. 무엇이든 잘 바꾸지 못하는 나는, 처음 우리 가족의 삶이 묻어 있는 집을 팔겠다고 했을 때, 마치 온 가족의 혼을 파는 것 같은 심정이었다고 할까요. 그러나 생각을 바꾸니 좋은 가족에게 집을 물려주게 되어서 오히려 감사한 마음으로 짐을 정리하고 있습니다.

둘러보니 버려야 할 것과 안고 가야 할 것들은 많기도 하고 적기도 합니다. 매교동의 햇살과 망포동의 햇살이 다르다고는 생각지 않습니다. 지금의 행복번지는 동남향이었는데 정남향 집을 가지게 된 것은 위안입니다. 이제 이사가면 내가 좋아하는 햇살을 원 없이 누릴 수 있겠다 했더니 식구들은 고작 그거냐며 웃습니다. 이제 나는 보다 많은 햇살의 주식을 보유한 주주가 되었습니다. 이제 행복번지에서 거처할 날은 고작 닷새만을 남겨두고 있습니다. 몸은 고단하지만 이 곳에 머무는 순간 순간이 아쉽고 감미로울 뿐입니다.

D-day 3.

이제 3일을 남겨두고 있습니다. 아침에 눈을 뜨면 제일 먼저 마당으로 신문을 가지러 가면서 그 날의 날씨와 기분을 감지하곤 하는데 오늘은 그 느낌이 다른 날과는 조금 달랐습니다.

그간 연재해 오던 신문의 라다크 여행기는 오늘로써 20번째 글이 나왔습니다. 21번째인 다음 수요일자 신문은 망포동에서 받아보게 되었습니다.

D-day 1.

비 갠 뒤라 햇살이 좋은 한낮입니다.

아직 정리되지 않은 짐을 정리하다가 예전 시어머니께서 쓰시던 긴 대나무자 하나를 찾아냈습니다. 이 자는 한 올 한 올 장미꽃 십자수가 놓인 광목천으로 만든 소박한 집을 가지고 있는데 잊고 있었던 어머니의 온기가 그대로 느껴지는 유산입니다. 이 자뿐 아니라 다락의 짐을 정리하다가 예전 시아버님께서 경찰간부 시절에 쓰시던 계급장이며 책상의 명패며 그리고 벌써 23살 된 큰아이가 돌 날 입었던 색동저고리며… 제가 쓰던 물건은 쉽게 버릴 수 있지만 부모님의 흔적은 그대로 안고 가야 할 것 같습니다.

이제 매교동에서의 시간을 하룻밤 남겨두고 있습니다. 내 삶도 요즘의 하루 하루처럼 정리하면서 감사하며 살아야지. 그런 기분으로 시간을 보내고 있습니다. 이 시간 이후 홈페이지에 들어와 메시지를 남길 수 있다면 그건 매교동이 아니라 망포마을일 것입니다. 방문해주신 분들께 답은 아껴두었다가 망포동에서 드리겠습니다.

긍정의 힘은 무한하다

나는 여자가 아닌 어미로서 여성성에 대해 설명할 때, 남자를 적(敵)으로 간주하지 않고 말할 수 있는 방법에 대해 고심하지 않을 수 없었다. 왜 남자는 공격적이고 즉물적이며 순간의 기분만으로 여자를 원하는지를 설명하기란 쉽지 않았다. 그리고 누구는 그렇고 누구는 그렇지 않다는 것을 명확히 구분하는 일도 마찬가지였다. 어쩌면 평생 방어만을 생각하며 살아야 할 여자로서의 몸부림을 내 아이들에게 보다 명확히 설명하는 일은 불가능처럼 느껴졌다.

안
개

고향으로 가는 길은 안개가 길을 막았다
어디서 멈추어야 할지 가늠하기 힘든
그러나 걱정하지 않기로 한다
고향은 몸이 알아서 길을 낼 터이지
마음만 앞세운다고 되는 일은 아니다
안개 탓이리라 가을 산들은 붉다못해 검다
한낮에도 안개의 입자들은 폐부 깊숙이 파고들었다
골수에도 안개가 끼었으리라
양지바른 곳에 계시는 어머님은 편안해 보였다
알고 계실까 내 흘러온 길 한치 앞을 분간할 수 없는
안개의 입자들이 걸음을 막막하게 했다는 것을
재회의 기쁨도 잠시 혼자 돌아갈 나만의 길을
어머니는 염려하고 계셨다
봄부터 선산의 밤나무들을 홀로 가꾸었을 어머닌
서둘러 아이들에게 줄 알밤을 주워라 하셨지만
갈 길 멀고 시간 없다는 걸 핑계삼아
빈손으로 산을 내려오는 나를 나무랄 때도 되었지만
그래도 등뒤에서 여전히 웃고만 계시는 어머니
말간 해 사라지고 바람에 안개 쓸려갈 법도 한데
어둠이 길가에 서성댈 때까지 안개는 그대로다
내 생애 안개 걷힌 날 얼마나 있었다고
오늘 하루 분의 안개를 탓하랴
고향은 그리움만으로 가는 게 아니라
때가 되면 지친 몸 알아서 가는 곳이니
어떤 힘으로도 말릴 수 없다는 것을 안다
제 아무리 짙은 안개가 길을 막아선다 해도
태초의 내 어머니 거기 계시므로

1. 긍정적 사고는 꿈을 이루는 가장 큰 무기다

🍎 20대 후반, 남편의 프로포즈는 신선했다.

"나 사실 할 말이 좀 있는데… 나와 결혼하면 우리 나라에 있는 시집들 모두 사줄게요!"

그의 얼굴은 홍당무가 되어 있었고 쿵쾅거리는 심장은 떨어져 있어도 쉽게 감지가 되었다. 보통 사람보다 조금 더 시를 좋아하는 것쯤으로 나를 이해했을 그가 그토록 특별한 조건으로 청혼을 할 줄이야!

나는 그가 제시한 조건에 만족했고 얼마 후 우리는 결혼식을 올리고 대가족 속에서 두 딸을 얻었다. 결혼 후 남편은 시도 때도 없이 정말 많은 시집을 들고 들어왔다. 두 아이를 키우느라 정신이 없던 어느 날 시집에 묻혀 죽을 지도 모르니 제발 좀 그만 사오라는 짜증 섞인 간청이 있은 후 시집행진은 거기서 멈췄다.

지금까지도 나는 남편의 순수성에 감탄하며 사는 사람이다. 아이들이 시대에 뒤떨어진 모습을 보이면 벌컥 화를 내다가도 이해하게 되는 것은 아이들이 제 아빠를 너무나 많이 닮았다는 것이 이유일 것이다. 그러니 아이들을 지도하는 방법에 있어서도 남편과 나는 다를 수밖에 없다. 나는 아이들이 세상 속으로 순탄하게 걸어가려면 조금 더 현실적이고 영악했으면 하고 바라지만 남편은 아니다. 도대체 욕심

없고 매사에 어눌하고 누가 무엇을 주어도 어떻게 해야 하는지 몰라 안절부절못하는 아이들을 불평하면 남편은 말한다. 이 삭막한 시대에 우리 아이들의 그런 면은 나무랄 게 아니라 잘하고 있다고, 너희들이 옳다고 용기를 주어야 한다는 것이다.

낙천적이다 못 해 바보 같은 남편의 천성에 사람이다 보니 난들 왜 회의를 느끼지 않겠는가. 그러나 천성이란 후천적인 환경의 변화에 의해 어느 정도는 달라지겠지만 원래의 유전인자와 그 분위기에서 성장해야 하는 특성을 보면 크게 달라지기를 기대하는 일 자체가 모순일 지도 모른다. 나는 남편을 지켜보며 사람이니 그래 그래야지, 그렇게 살아야지 하면서 내심 감탄하다가도 자포자기하는 심정이 되곤 했었다.

남편의 생각은 간단하다. 바르고 착하게 살면 그 복은 결국 자신에게 돌아온다는 것이다. 잘못된 것, 잘 못 하는 것에 집착하지 말고 잘하는 것을 하면 된다고.

어느 늦은 밤, 만취한 남편이 어린 딸의 책상에다 적어놓은 몇 줄의 메모는 수없이 읽었지만 아직도 내 가슴을 뭉클하게 한다.

딸들에게.
우리는 누구나 마음속에 시(詩)를 간직하며 산다.
이것을 펜과 혀로써 훌륭하게
표현하는 소질이 없더라도
다만 참되고
흔들리지 않도록 암송하며 사는 것이
신에 대한 사람다운 일이라고 생각한다.

- 미안하다. 술 취한 아빠가 -

남편은 보통의 아버지들이 그러하듯 내가 할 수 없는 것들을 넘치지 않게 보완해 주었다. 내가 아이들을 나무랄 때 뒤에서 아이들을 다독이거나, 이걸 할까 저걸 할까 고민할 때 어느 한쪽을 택하여 그것을 지지해 주었다. 현명한 선택이 필요하지만 바른 정신의 소유자라면 실은 어느 것을 선택한다 해도 크게 달라질 것이 없고 모두 옳다는 것이 그의 지론이다. 다만 이것과 저것을 놓고 저울질할 때 누군가 분명하게 믿고 밀어주면 혼란을 줄이고 한쪽으로 에너지를 실을 수 있지 않던가.

그런 남편이 두 딸에게 든든한 후원자, 지도자로 손색이 없었던 것은 시종 정직하게 노력하는 것을 보여준다는 것이다. 공무원으로 시작한 직장이지만 아이들이 어릴 땐 음악에 심취해 있었다. 집안에는 언제나 모차르트가 흐르고 남편이 열성적으로 배우고 익힌 플루트 선율이 끊이질 않았다. 그 후로 지금까지 테니스 · 골프 · 산악자전거는 물론 늦게 배운 스키는 지도자자격증을 갖추고, 남들이 접근하기조차 꺼리는 시기에 컴퓨터의 모든 것을 섭렵하는 등 어떤 여건 속에서도 주저치 않고 크고 작은 일들을 이루어나갔다. 만약 지현이의 집요한 근성이 누굴 닮았다면 그건 깊게 생각할 필요도 없이 제 아빠를 닮았을 것이다.

부모가 안주하지 않고 열심히 살 수 있다는 것은 아이들에게 무엇을 하라, 했으면 한다고 말할 필요가 없게 한다. 좋은 교육은 이끌어주는 사람과 배우고자 하는 본인의 자발적인 실험에서 비롯되지만, 가까운 곳에 늘 새로운 일에 도전하고 몰입하는 닮고자하는 모델이 있다는 것은 동기를 부여해

준다는 차원에서 얼마나 다행인가.

남편은 재산의 축적보다 중요한 것은 늘 가족 간의 화목, 건강한 정신, 건강한 몸이라고 충고한다. 이것들은 어느 순간 그냥 되는 것이 아니라 노력에 의해 더 좋을 수도 나쁠 수도 있다는 것이다.

아이들에게 엄마아빠의 모습을 그리라고 한다면 십중팔구 엄마는 책상에 앉아 책과 씨름하거나 주방에서 요리하는 모습을 그릴 것이고, 아빠는 컴퓨터 앞에 앉아 있거나 슬로프를 멋지게 활강하는 스키어를 그릴 것으로 나는 확신한다. 가르치는 교육이 아니라 보여주는 교육이 되어야 하는 이유는 이것말고도 많다.

살다보면 내 아이들도 "왜 하필 나일까? 왜, 그 많은 사람 중 하필이면 내게 이런 일이?"라는 생각을 할 때가 있을 것이다. "이럴 때 왜 하필이면 나지?"를 "저 많은 사람 중 나구나!" 하고 부정형에서 긍정형으로 바꾸는 지혜가 필요하다. 나에게 이런 시련을 준 건 뭔가 특별한 의미가 있을 것이라 생각을 바꿔보는 것, 그 같은 마음의 훈련이 지속되다 보면 웬만한 시련쯤은 자연스럽게 극복할 힘을 얻게 된다. 이것은 어떤 경우에도 자신을 불행하게 내버려두지 않는 방법이기도 하다.

어렸을 때 읽었던 동화지만 아직도 기억하고 있는 줄거리다.

작고 못생긴 계집아이가 있었다. 병든 어머니를 대신해 집안일을 도맡아하는 착한 아이였지만 더럽고 못생겼다는 이유로 아무도 놀아주지 않자 아이는 외톨이가 될 수밖에 없었다. 그래도 혼자 소꿉놀이를 할 때도 언젠가 자신은 왕비가 될 거라 믿었고, 그리고 자신이 왕비라는 것을 잊지 않았다. 그는 꿈 속에서조차 늘 우아한 왕비가 되어 있었다. 사람들은 그를 정신나간 아이라고 손가락질했지만 그러한 놀림을 참을 수 있었던 것도 언젠가는 왕비가 될 테니까 하는 믿음 때문이었다.

어느 날 그곳을 지나가던 왕자가 지극 정성으로 어머니를 돌보는 처녀를 보고 한눈에 반해 궁전으로 데리고 가서 아내로 삼아 왕비가 되었다는 줄거리다.

어린 맘에도 이 동화는 간절히 기원하는 것은 이루어지는구나 하는 희망을 심어주었던 것 같다. 나는 이 동화로부터 '기원'에 대한 구체적인 생각을 했던 것 같다. 그리고 가끔 나도 그처럼 신데렐라가 되는 꿈을 꾸곤 했었다.

2. 이제 "예" 대신 "아니오"를 배우는 아이

– 때로는 맞는 사람보다 때리는 사람이 더 아프다는 것을 언젠가 너는 알게 될 것이다. –

21살, 다 큰 아이에게 회초리를 들었다. 이유는 경고를 주었지만 며칠간 지속적으로 정해진 시간에 귀가하지 않은, 그러니까 스스로 약속을 지키지 않았다는 것과 납득할 만한 이유를 대지 않았다는 것이다.

매번 감정이 이성을 앞지르지 않기를 바라지만 그건 생각처럼 쉬운 일은 아니다. 그렇다고 생각이 짧았다거나 회초리를 쓴 다음에 오는 무거움을 감당하기 힘들다고 피할 수만은 없는 노릇이었다. 보다 정직하게 말하자면 아이의 이제는 세상에서 존경하고 두려움을 가져야 할 대상이 없다는 어이없는 섣부른 판단이 방종으로 이어지지 않기를 바라는 마음에 마지막이기를 기대하며 회초리를 쓸 수밖에 없었다. 그러니 오늘 회초리를 든 이유는 간단하다. 엄마 말에 "예." 하지 않았다는 것.

이렇게 말하면 독재자나 폭군을 연상할지도 모르지만, 언제부턴가 아이는 별로 중요하지도 않은 일을 하며 내가 무엇을 원할 때 "예." 대신 "좀 더 생각해 보구요." 혹은 "그건 좀….." 하고 말하는 습관이 생기기 시작했다. 나는 그것을 단순한 버릇쯤으로 해석하다가 문득 이건 아니지 하는 생각이 들었다.

그것은 어떤 일에도 아이가 평생 지고 가야 할 '긍정'이라는 매우 중요한 사고를 놓칠 소지가 크기 때문인데, 어떤 일이 우선 되어야 하고 또 어떤 상황이 먼저여야 하는지를 알게 해줄 필요성을 간과할 수 없었다. 손바닥 회초리가 끝나고 이유를 설명하는 동안 아이는 단지 무릎을 꿇고 고개를 숙일 뿐이었으나 설명이 끝난 후에는 모든 걸 수긍하는 태도를 보였다. 행인지 불행인지 아이는 자기의 생각이 짧아서 엄마의 깊은 뜻을 헤아리지 못해 진심으로 죄송하다는 말을 반복했다.

아이의 주장에도 일리는 있다. 이것은 자기 주장을 할 만큼 성숙했다는 의미이기도 하고, 아닌 것을 아닌 것으로 말할 수 있는 정직한 용기에 점수를 주기로 한다면 할 말이 없어진다. 그러나 내가 바라는 것은 깊이 생각하지도 않고 어른의 제안에 "아니오."로 답하는 아이의 경솔한 태도에 제동을 걸어주고 싶었던 것이다.

이제 당분간이라도 "아니오."라고 말할 때가 온다면 한 번 더 생각할 것이다. '이럴 때 아니오라는 대답만이 최선인가?' 하고.

긍정적 사고는 단순히 '무엇이다', '어떻다' 말할 수 없을 만큼 큰 자산이다. 생각해 보라. 꿈도 희망도 없이 되는 일은 없다. 나는 거창하게 성공한 아이보다는 작지만 따뜻한 행복이 무엇이고 어떤 것인지를 아는 아이가 내 자식이기를 바라는 마음에는 변함이 없다.

참지 못하고 회초리를 휘둘러 아이의 손바닥을 후려쳤지만 결국 내 가슴의 멍은 피할 수가 없었다. 예전 내 어머니도 분명 내게 이러셨을 게다.

노트에 위와 같은 글을 남긴 그 날 밤 나는 두 아이 머리맡에 쪽지 한 장을 남겼다.

지현, 지희에게.

엄마 말에 더 깊이 고개를 숙이는 것 잊지 마라.

엄마의 말은 엄마 개인의 말이기 이전에 세상 모든 어른들의 말이라는 걸 너희들은 알고 있는지, 엄마 말은 지금은 안 계시는 할아버지, 할머니의 말씀이고 그 이전 모든 조상님들의 말씀이고 세상 모든 선생님의 말씀까지 포함되어 있다는 것을 너희들은 생각해 보았니? 아닌 것을 아니라고 말할 수

있는 소신 있는 용기는 살아가는 데 있어 매우 소중한 너희만의 자산이 될
것이다.

　그러나 "아니오."라고 말하기 전에 "예."라는 말의 의미를 한 번 더 생각
하는 게 좋다. 아니, 할 수만 있다면 한 번이 아니라 아주 여러 번 생각하는
게 좋다. 인생은 부정하는 자보다 긍정하는 자가 스스로 행복해질 수 있는
훨씬 높은 확률을 가졌기 때문이다.

3. 내가 바라는 것

　🍎 새 학기가 시작되고 친구가 1년을 함께 보낼 남자 고등학교 아
이들과 인사를 나누던 날, 담임교사로서 첫째 명령이며 당부이기도 했던 것
은 어떤 경우에도 교실바닥에 침을 뱉지 말라는 것이었고, 그때 아이들은
별 거부감 없이 "예."를 합창했다고 한다. 그리고 부언하기를 만약 교실바
닥에서 침을 발견한다면 담임은 물론 반 학생들 모두 혀로 핥아야 한다고.
그런 일이 있은 불과 이틀 후, 교탁 아래에서 침을 발견한 그는 반 아이들에
게 약속을 지켜야 하지 않겠냐 제안했지만 무반응이었다고 한다. 끝내 침을
뱉은 학생은 앞으로 나오지 않았고 그는 반 아이들이 보는 가운데 몸을 엎
드려 문제의 침을 혀로 핥았다고 했다. 설마! 했던 담임선생님이 그렇게 했
음에도 끝까지 누구 하나 그를 따라 바닥에 엎드리는 학생은 없었다고 한

다. 그 날 이후, 친구는 어떤 심정으로 반 아이들 앞에 섰을지 짐작하기란 그리 어렵지 않다.

자신과 했던 약속이 아니었다면 나는 친구에게 자신의 혀로 핥은, 아이들이 뱉은 침에 대해 섣불리 말할 수는 없다. 물론 학생들이 동참하지 않았다는 이유 하나만으로 그것이 가치 있다, 혹은 없다로 말할 수는 없을 것이다. 나는 다만 선생님을 천직으로 여기며 살아온 친구의 참담한 절망감에 대해 마음이 아팠고 화가 났을 뿐.

그로부터 며칠 후 아이들에게 친구의 이야기를 가감 없이 들려주었다. 만약 그 교실에 내 아이들이 있었다면 어떻게 했을지 알고 싶었다. 지현이는 아무 말이 없었고, 지희는 왠지 모르지만 조금 화가 났을 것 같다고 했다.

나는 내 아이들이 그 순간 선생님을 따라 할 수는 없더라도 선생님이 몸을 낮추고 혀를 바닥에 댈 때 만류라도 할 수 있는 아이들이길 바랐다. 그런데 아이들의 반응은 '정말 안됐다' 라는 정도일 뿐, 정작 그 자리에 자신이 있었다 해도 어쩔 수 없었을 거라는 답은 내게 많은 생각을 남겼다.

4. 이루어지지 않을 일이라면 어떻게 해도 이루어지지 않을 것이고, 이루어질 일이라면 아무리 막아도 이루어질 것이다

죽은 소를 처리하는 21살 인도청년에게 물었다.

"불가촉천민으로 태어나 네가 이 일을 하는 것을 어떻게 생각해?"

"이건 신이 정한 거예요!"

청년의 표정에는 그 어떤 불평도 불만도 없었다.

"태어난 것은 그 자체가 축복이에요, 그러나 다음 생은 보다 좋은 신분으로 태어나고 싶어요."

나는 그 날 텔레비전에서 만난 인도청년의 눈빛에서 어떤 경우에도 자신의 삶을 불행으로 가두지 않은 현자를 보았다.

나는 모든 어른으로부터, 학교 선생님으로부터 노력으로 이루지 못할 일은 세상에 없다는 교육을 받고 자랐다. 그것은 삶에서 꼭 필요한 누구나 다 알고 있는 정석이며 불문율이기도 하다. 그러나 내 아이에게는 조금 다르다. 무슨 일을 하든 스스로 충분히 생각한 뒤 결론에 이르면 그때부터는 앞뒤 가리지 말고 도전해 보기를 권한다. 어찌 보면 성공과 실패는 선택하기 전에 이미 운명지어진 결론이 있을 지도 모르는 일이기도 하다. 다만 내가 원하는 것은 얼마나 긍정하느냐에 따라 성패가 달라질 수 있다는 믿음인데 자신조차 부정한다면 결과는 뻔하다. 자신이 반신반의한다면 성공을 이루었다 해도 그 성공은 반쪽의 성공에 불과하다. 문제는 다른 사람의 조언이 아니라 스스로 긍정하는 마음과 노력에 달려 있다.

5. 누구에게나 전략은 필요하다

학습의 동기부여

한글을 익히기 전 그러니까 아이들이 미취학일 때, 나는 그 무렵 누구나 다 하는 일일 학습지를 시키고 있었다. 초급단계는 한글을 몰라도 할 수 있는데 이를테면 똑같은 그림을 찾아 줄긋기를 한다거나 코끼리나 토끼 그림에 색칠을 하는 정도의 수준에서 1, 2, 3… 숫자를 익히는 과정을 무리 없이 할 수 있는 놀이에 가까운 학습방법이었다. 물론 가장 먼저 아이가 알아야 할 글자는 자신의 이름이었다. 학습지를 받아들면 제일 상단 오른쪽에 날짜와 자신의 이름을 써넣는 칸이 있어서 자신의 이름을 쓰지 않고 다음 단계로 넘어가기란 곤란하다. 더욱이 그 날 마친 학습지는 다음 날 새 학습지를 배달하는 직원이 다시 거두어가서 틀린 답을 바로잡아 채점을 하여 돌려주기 때문에 틀린 문제와 점수를 자신이 스스로 체크할 수 있다는 이점이 있었다.

조금 앞서가는 아이는 한 장을 마치는데 5~10분 정도면 되는 이 학습법은 많은 시간을 요구하지 않아 간단한 방법 같지만 아이에게 강요하지 않으면서 그날 그날 종이와 노는 방법을 자연스럽게 익히게 한다. 물론 진도는 어렵거나 부담스럽지도 않고 재미를 느낄 정도의 수준이다. 틀린 답을 바로잡아 그날 그날 점수를 매기는 것은 작지만 아이가 어른으로부터 칭찬을 받을 수 있는 기회를 제공하고 개인에게는 성취감과 실수를 인정하게 하는 보이지 않는 심미적 발전까지 기대할 수 있다는 것이다.

나는 아이들에게 맘껏 놀되 그날 그날의 학습량을 정하고 무슨 일이 있어도 그것만은 지키도록 했다. 그것은 학습의 질을 위한 점검이 아니라 아이가 스스로 한 약속을 지킬 수 있는 최소한의 힘을 기르기 위한 기초 단계로 이어졌다. 이 학습법은 매사에 매우 책임감 있는 아이로 키워주었다. 나는 질문을 하기 전까지는 학습을 간섭하는 일은 없었다. 문제를 해결하는 것은 엄마의 몫이 아니라 어디까지나 아이의 몫이었으므로 나는 인내심을 가지고 기다리다가 아이가 "엄마 이거요?" 할 때 기다렸다는 듯 해결의 실마리를 일러주었다.

아이들의 학습 의욕은 리듬이 있어서 노력하는 것만큼 항상 능률이 오르는 것은 아니다. 잘 놀고 잘 쉬는 아이가 창의적인 두뇌를 갖는 것은 두말 할 것도 없다. 이때 부모가 도울 일은 과감히 생각을 바꿔

주는 실험정신이며 동기부여다. 늘 같은 것만을 요구한다면 놀이도 놀이가 아니어서 매번 효과를 기대하기는 어렵다. 나는 아이의 성적 부진을 걱정해 본 적은 없다. 다만 아이가 기분이 침울하여 어떤 일에도 의욕을 보이지 않을 때 그때는 엄마의 도움은 필수적이다.

한번은 벨소리에 나가보니 입심 좋은 30대 외판원이 학습에 필요한 백과사전을 소개하기 시작했다. 그는 백과사전만 있으면 모든 아이가 우등생이 될 것처럼 떠들었는데 나는 문을 열어준 것을 후회하며 설명이 끝나기를 기다렸다. 물론 나는 그 책을 사지 않았다. 그리고 며칠 후 다시 나타난 외판원, 그는 마치 내게 백과사전 한 질을 팔지 않으면 자신의 생이 끝날 것처럼 여전히 온갖 감언이설로 설명을 늘어놓았다. 그리고 다음 날도 그 다음 날도 그는 나를 찾아와 설득했다. 정말 집요하기 짝이 없는 외판원이었다. 나는 도대체 포기할 것 같지 않은 그를 어떻게 따돌릴까 궁리하던 차에 묘안을 찾아내기에 이르렀다.

"좋아요. 책을 팔아주는 것은 문제가 없는데, 성적이 오르지 않아도 좋지만, 단 한 가지 내 아이가 이 책을 재미나게 볼 수 있는 방법을 일러주신다면?"

그 일이 있은 후 그는 다시는 나를 찾아오지 않았다.

책이 없어서, 자료가 없어서 학습을 못 하는 시대는 아니다. 다만 아이가 공부라는 것을 인식하지 않고 재미있는 놀이쯤으로 접근하여 자연스럽게 단계를 높여 가는 일이 핵심이다. 그 과정을 통해 부모는 아이의 적성을 발견하고 아이는 강요하지 않은 보다 다양한 경험을 통해 자신에게 맞는 분야를 키워 가는 것이 바람직하지 않을까.

시간을 놓치는 것은 기회를 잃은 것이다

중요한 것은 타이밍이다.

나는 아이를 자유롭게 키우는 셈이다. 따뜻한 우리 안에 가두기보다는 넓은 들판에 야생으로 방목하는 그리하여 스스로 방법을 찾을 수 있도록 좀 지루하더라도 기다리는 편이다. 그러나 한편으론 보이지 않는 곳에 매우 엄격한 룰을 적용하기도 하는데, 자유롭거나 방만하게 키운다고 하여 늘 풀어두는 것은 아니고 엄격한 룰을 적용한다고 하여 매번 조이는 것은 아니다.

자유로운 속도를 가지되 어느 지점에서 제동이 필요하며, 엄격한 태클을 걸 때와 그것을 풀 때, 어느 시점에서 해제 스위치를 작동시켜야 하는지 알아야 한다. 그것은 모든 삶에 적용되는 것이라 그때 엄마가 할 수 있는 일이란 타이밍을 놓치지 않는 것이다.

청소년들을 상대로 한 어느 설문조사에서 가장 존경하지 않는 부모는 늘 앵무새처럼 잔소리만 하는 엄마라는 결과가 아니라도 충고와 격려가 필요할 때 타이밍은 그래서 중요할 수밖에 없다. 시간을 놓치는 것은 기회를 잃는 중대한 실수가 될 수도 있다. 시간을 아끼는 것도 중요하지만 타이밍을 놓치지 말아야 할 이유가 여기에 있다.

가장 훌륭한 어머니는 악역을 잘하는 사람이다

아이들이 어렸을 때, "엄마, 친구 아무개가 무엇을 하자고 해서요, 아니면 아무개가 어디로 가자고 해서요."라는 투의 이유를 나열하며 허락을 받으려 할 때마다 나는 항상 그 방법은 옳지 않다고 지적하곤 했다. 왜, 친구가 가자고 하면 너는 가야 하는가? 친구가 제안했지만 너도 가고 싶다거나 그 일이 하고 싶었다면 당당히 네가 하고 싶다고 말하라는 것이었다. 그렇게 주지시켰음에도 아이들은 허락 받을 자신이 없어서 그랬는지 습관처럼 늘 친구를 끌어들이곤 했다.

자라면서 아이들의 변명은 사라졌지만 나는 어른이든 아이든 남을 탓하며 마지못해 끌려가는 듯한 태도는 정말이지 용납하기 힘들다. 잘하든 못 하든 자신이 주체가 되어 자신이 저지른 일은 스스로 책임을 질 줄 아는 아이들을 나는 바라왔다.

긍정적 사고를 키우는 칭찬의 힘은 이미 많은 교육자들이 설파하였으니 따로 들먹일 필요조차 없지만, 그 못지 않게 중요한 것은 누가 아이들에게 애정 어린 악역(惡役)을 담당하느냐이다. 그것은 두말 할 것도 없이 어머니여야 한다. 아이가 기분이 우울해 보인다고 눈치만 살피면 그건 아이에게 스스로 포기를 종용하는 것과 다르지 않다. 기다릴 만큼 기다리다가 아니다 싶을 때 한 번쯤 어머니는 세상에서 가장 악녀가 되어도 좋다. 다만 아이의 기에 짓눌려 끌려가는 모습을 보이면 실패할 확률이 높다. 자신감 있는 확신을 보여주며 어떻게 빠져나와야 하는 지를 몸소 보여주는 것이 중요하다. 아이에게 예스와 노를 가르쳐줄 수 있는 가장 큰 스승은 누가 뭐라 해도 어머니이다. 후유증을 걱정하지 않아도 좋다. 심연에 깔린 애정 없이는 누구도 함부로 악역을 감당할 수 없다는 것을 우리의 아이들은 이미 알고 있다.

흔히 아버지는 위엄 있고 권위적인 반면 어머니는 그렇지 못하다고 생각하는데 엄마도 때로는 권위적일 필요가 있다.

내가 성공한 사람에게서 느끼는 가장 아름다운 모습은 시종 자기 생각을 바르게 전달하고 상대의 의사에 용기 있고 분명한 태도로 "예스"와 "노"를 구별할 줄 아는 것이다.

언젠가 풀장에서 지희와 수영을 하고 있을 때였다. 장난기가 발동한 나는 지희의 머리를 물 속으로 밀어 넣었다. 얼떨결에 당한 아이는 호흡을 감당 못 해 물을 먹고 허우적대다가 물 밖으로 튀어오르며 냅다 소리를 질렀다. "악마!" 나는 예기치 못한 아이의 한마디에 그만 기가 질리고 말았다. 수영을 배우고 얼마 되지 않아 물을 두려워하던 아이를 물 속으로 밀어 넣은 것은 그렇다 치더라도 엄마를 보고 악마라니(평소 아이의 정서를 생각하면 정말 뜻밖이었다), 그러고 보면 내 속에 아이를 위한 악마성이 있긴 있었던 모양이다. 그 일을 계기로 지희의 수영실력은 날로 늘어 나와 시합을 할 수 있을 만큼 발전했는데 지금도 수영장에 가면 눈을 흘기며 그때의 한마디를 재현하는 아이를 보면 웃게 되는데 과연 웃을 일인가 생각하면 조금은 씁쓸해진다.

실패는 어떤 일을
이루지 못할 때가 아니라 포기했을 때다

　오후에 외출하기 전 지희에게 짧은 메모를 남기며 위의 구절을 첨언해 두었다. 아무리 나이가 들어도 여전히 책을 읽을 때 밑줄을 긋게 되는 것은 무엇을 의미하는 것일까?

　고통이 두려워 모험을 피한다면 그건 젊은이가 아니다. 고통을 즐기지는 못할지라도 담담하게 받아들이는 마음의 준비는 늘 하고 있어야 한다. 그만큼 인생이란 햇살 가득한 날보다는 흐린 날이 많기 때문이다.

　나는 아이들이 누군가 색다른 이벤트를 제공해 주기를 바라며 무료해할 때 가장 답답하다. 그것은 많은 가능성을 가졌음에도 시답잖은 태도로 제 방에 틀어박혀 아무것도 시도해보지도 않고 심심해하는 것을 보면, 일을 저지르더라도 밖에 나가 활동하는 편이 낫다는 생각엔 변함이 없다.

　문제를 가진 아이는 그렇지 못한 아이에 비해 더 많은 가능성에 열려 있다고 보아도 무방하다. 세상에 그 어떤 삶도 문제 없는 삶은 없다. 타의든 자의든 문제가 생겼을 때 스스로 극복할 의지를 보이지 않는다면 그것은 죽음을 얼마 남겨두지 않은 노인의 생과 다르지 않다. 청소년기의 신체적, 정신적 변화는 좌충우돌하는 문제를 통해 생겨난다고 해도 과언은 아니다.

　아파하면서 하나하나 극복해나갈 때 내성을 기르고 새로운 단계로

발돋움 할 수 있기 때문이다. 문제 없는 아이보다는 문제 있는 아이를 사랑스러워 해야 하는 이유가 거기에 있다.

한번은 옆집 엄마가 찾아왔다. 요즘 아이가 너무나 반항적인데 원인을 모르겠다는 것이다. "아이가 어떻길래?" 그는 기다렸다는 듯 하소연을 쏟아 붓기 시작했다. 도대체 고2나 된 녀석이 학교에 갔다오면 자기 인생은 실패니 어쩌니 하면서 이불을 뒤집어쓰고 잠만 자고 말을 걸면 투덜투덜 불평만 하고 심지어는 대학에 안 가겠다고 엄포를 놓으니 엄마 속이 말이 아니라는 것이다. 대학에 안 가겠다는 말에 불안한 엄마는 아이를 야단도 치고 타일러도 보았지만 점점 더 반항의 도가 지나쳐 아예 입을 닫아버렸으니 이를 어쩌면 좋으냐는 것이었다.

나는 끝까지 그녀의 말을 들어주었다. 그리고 한참 후 그녀가 숨을 고르고 스스로 냉정해질 때까지 기다렸다. 나는 한마디도 하지 않았는데 내 답을 기다리던 그녀는 내가 말을 꺼내기도 전 휴~ 한숨을 쉬며 "이제 좀 시원하네!" 하는 것이었다.

물론 그녀는 누군가에게 자신의 답답한 사연을 털어놓았다는 것만으로도 조금은 위로를 얻은 듯 보였다. 충고라고까지 할 건 없지만 당분간 아이에게 관심을 보이지 말고 즐겁게 일하는 엄마의 모습을 보여주었으면 좋겠다고만 했다.

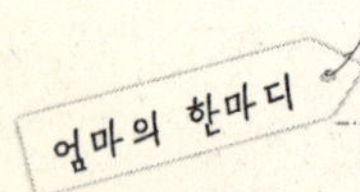

그 자리에 땅을 파고 묻혀 죽고 싶을 정도의 침통한 슬픔에 함몰되어 있더라도 참으로 신비로운 것은 그처럼 침통한 슬픔이 지극히 사소한 기쁨에 의해 위로된다는 사실이다. 큰 슬픔이 인내되고 극복되기 위해서 반드시 동일한 크기의 커다란 기쁨이 필요한 것은 아니다.

- 신영복의 〈엽서〉 중에서 -

며칠 후 골목에서 만난 그녀는 밝은 표정으로 모두 잘 해결됐다고 했다. 괜히 녀석이 공부하기 싫으니까 여자친구와 헤어진 것을 핑계 삼아 한번 반항해 보고 싶었던 건지…… "대학 안 가고 실패하면 제 인생 실패하지 내 인생 실패하나요!"라며 엄마가 아이에게 끌려가면 절대 안 되겠더라는 말을 덧붙였다.

이처럼 아이들이 포기라는 단어를 운운할 때 즉각적인 반응보다는 한 걸음 물러나 기다리는 일이 훨씬 효과적일 때가 있다.

6. 집과 어머니는 세상의 모든 아이들에게 쉬고 싶은 곳이어야 한다

신은 인간에게 거주지로서 집을 짓게 했고 그 안에 사는 사람들이 서로 믿고 의지하며 합일할 수 있도록 배려했다. 그러나 집은 단순히 잠자는 곳이 아니고, 가족은 단순히 한솥밥을 먹는 관계만은 아니다. 집은 성스러운 생명을 잉태하는 존재의 출발지이며 안식을 담보하는 평화롭고 안락한 거주지이다.

우리 조상들은 천지에 존재하는 모든 생물과 무생물에게조차 신과 영혼이 존재한다고 믿어왔다. 나는 신조차도 가장 탐내는 것이 있다면 그건 사람이 사는 집이 아닐까 생각한 적이 있었다. 그만큼 집은 가족이라는 이름으로 사람이 모여 체온을 나누는 생명의 절대 공간이다. 그러므로 어느 날 집이 불편하거나 돌아오고 싶지 않은 공간으로 인식된다면 그건 삶이 총체적으로 흔들리고 있다는 말과 다르지 않다.

내가 어렸을 적엔 대청 벽에 늘 커다란 글귀가 붙어 있었는데 그건 호랑이 같은 아버지께서 일필휘지(一筆揮之)로 쓰신 "출필고 반필면 (出必告 反必面)"이었다. 집을 나가고 들 때 반드시 어른께 고하라는 것인데, 어쩌다 친구들과 놀다 약속을 어기면 대청에 무릎을 꿇고 엎드려 노트에다 수백 번 써야 했고 쓸 때마다 "출필고 하고 반필면 하라!"를 외쳐야 했는데, 나는 아버지의 불호령보다 이걸 읽고 쓰는 일이 너무나 괴로웠다.

지금처럼 휴대전화가 없었을 때, 아이들이 학교에서 돌아오는 시간에 피치 못할 사정으로 내가 부재해야 할 때 한 번도 메모를 남기지 않고 집을 비워본 기억이 없다. 그와 같은 습관은 내가 없을 때 아이들도 아무 설명 없이 친구를 만나러 가거나 제멋대로 외출하는 일은 생각할 수 없게 했다. 나는 학교가 파하고 빈집에 아이가 돌아왔을 때를 생각해 평소처럼 엄마의 손길을 느낄 수 있게 배려하는 것을 잊지 않는다. 아무리 바빠도 금방 구운 빵을 과일 몇 조각과 곁들여 식탁에 덮어두고 무슨 일로 어디로 몇 시에 나가 몇 시에 돌아올 예정이라는 간단한 쪽지 하나를 남기는 정도라면 아이가 부재한 엄마를 느끼기에 조금도 손색이 없다.

아이는 오히려 혼자 있는 시간을 통해 엄마의 존재를 느끼게 되고, 자신의 방과 자신이 먹은 빈 그릇 정도는 스스로 정리정돈 하는 습관을 키우고 나아가서는 엄마가 돌아왔을 때 혼자서도 잘했다는 칭찬받을 일을 만들 수 있게 기회를 주는 것도 중요하다.

늘 그 자리에 있는 것만이 전부는 아니다. 평소 예고 없이 엄마가 부재할 수 있다는 걸 가르치는 건 중요할 뿐 아니라 의미 있는 일이기도 하다. 다만 부재하되 부재중에도 어머니의 존재를 느끼게 하는 것, 그것만 잊지 않는다면 충분하다.

그러므로 내가 알고 있는 '집'과 '어머니'는 세상에서 가장 따뜻한 곳이어서 늘 머물러 쉬고 싶은 존재라는 다른 말의 같은 뜻이다.

아무리 착한 아이일지라도 어른에 대한, 혹은 집안 분위기에 반항심이 발동할 때가 있다. 그때 어른이 취해야 태도는 부족한 게 없는 내 아이는 절대 그럴 리 없다는 집착과 과대망상이 아니라 왜 그럴 수밖에 없었는지 원인을 찾고 반성의 기회를 가지는 것이다.

별 이유나 동기 없이 밖으로 돌며 방황의 기미를 보일 때 그때 어머니는 한 걸음 물러나 아이의 감정굴곡을 관찰할 필요가 있다. 마음이 조급하고 괴롭더라도 섣불리 간섭하는 일은 금물이다. 지나치지 않는다면 이때 중요한 것은 믿고 기다리는 일이다.

그리고 어느 정도 아이가 지칠 즈음 현관문을 열어놓고 도둑처럼, 죄인처럼, 머리를 숙이고 귀가하는 아이의 등을 토닥여 주며 말끔하게 정리한 제 방으로 들어가 깊은 수면에 들 수 있도록 도와주는 것이다. 다음 날 아침, 아이는 이유불문하고 세상에 자신을 가장 따뜻하게 품어줄 수 있는 존재가 바로 어머니이고 집이었다는 걸 떠오르는 해를 보며 느끼게 될 것이다.

그러므로 집은 떠나 있는 사람에겐 돌아오고 싶은 곳이고, 지금 머물고 있는 사람에겐 더 오래 머물고 싶은 곳이어야 한다.

어느 목사님은 공개 강의에서 고향을 이렇게 설파하고 계셨다.

"우리가 고향을 그리워하고 자주 가게 되는 것은 고향이 거기 있어서가 아니라 어머니가 거기 계시기 때문이라고."

고향뿐이겠는가, 집도 이와 다르지 않을 것이다.

우리 어머니들은 자식을 통해 인내라는 것을 배운다. 그리고 그 인내는 자식이 지상에 존재하는 땅에 내려놓을 수 없는 짐과 같다.

7. "당신이 내 어머니여서 너무나 행복해요."
– 아이들의 고백과 맹세

아이들이 한글을 깨우칠 때부터 시작된 편지 주고받기는 내 고단한 삶의 갈피마다 적지 않은 기쁨을 주었다. 차분하고 침착한 두 아이의 성격으로 보아 말로 했다면 결코 쉽지 않았을 전달들이 편지여서 효과가 기대 이상일 때가 많았다.

특히 나와 남편의 생일 때, 어버이날, 혹은 내가 여행을 떠날 때, 여행에서 돌아왔을 때, 성탄절 선물로, 결혼기념일 선물로, 자신의 침묵이나 반항적인 행동에 설명을 구하고자 할 때 아이들은 길고 짧은 편지를 쓰곤 했었다. 그 속엔 엄마에 대한 신뢰와 그리고 자신이 겪고 있는 학교생활의 크고 작은 갈등, 남자친구에 대한 자신의 감정, 앞으로 바라는 진로들이 진실 되고 호소력 있는 문체로 담겨 있었다.

모든 아이들이 그러하듯 내 아이들로부터 받은 편지에는 종달새처럼 "엄마, 사랑해요!"라는 고백이 수없이 담겨 있다. 또한 편지는 착하디 착한 아이들에게 강요하지 않아도 고백체의 반성문 역할을 충분히 했고 앞으로 나아가야 할 지표에도 적지 않은 도움을 주었다. "엄마, 사랑해요!" 다음으로는 "엄마, 이제 잘할게요."다. 그러나 큰아이 지현이는 늘 이렇게 편지글을 끝맺는다. "엄마, 당신이 내 어머니여서 너무나 행복하고 감사해요." 무슨 설명이 필요하겠는가. 많은 시행착오를 거치면서 매번 문장의 마지막을 장식하던 이 한마디, "엄마, 잘할게요!" 세상에 어느 자식이 이보다 더 착할 수 있겠는가.

나는 아이들의 수많은 맹세와 사랑의 메시지가 담긴 천진한 고백들을 영원히 잊지 않으려 한다. 아이들의 고백을 잊기에는 안방 장롱 깊이 모셔둔 비밀상자에 손때 묻은 너무나 많은 물증(편지)들이 그대로 있기 때문이다.

그러나 나는 여기서 과거체로 말해선 안 된다는 것을 깨닫게 된다. 지난 주에도, 그리고 어제도, 나는 지현이로부터 엄마를 걱정하는 편지를 받지 않았던가.

어느 날 나는 붉은 체크 무늬 천으로 큼지막한 주머니 두 개를 만들었다. 그리고 그 주머니 앞쪽에다 각각 두 아이의 이름을 새겨 넣었다. 나는 아이들이 성년이 되어서도 각자 소중한 물건을 담을 수 있는 복을 주는 주머니가 되기를 바랐다. 아이들이 결혼하여 아이를 갖게 된다면 그 아이들에게 제 어미의 이름이 붙은 주머니를 물려주었으면 하는 것까지 상상하며 만든 주머니였다. 나는 아이들이 잠들기를 기다려 성탄절 이브에 몰래 다녀가시는 산타할아버지 역을 꽤 오래도록 해냈다. 주머니 속에는 예쁜 인형, 스케치북, 크레용, 그림물감, 편지 등등을 넣었지만 매번 빠뜨리지 않았던 것은 엄마의 작은 소망이었다. 성탄절 아침, 아이들은 각자 주머니를 열어보며 산타할아버지의 존재를 의심하기는커녕 매우 행복해했다. 아직도 소중하게 간직하고 있는 그때의 주머니, 중학생이 되어서야 산타할아버지의 존재를 알게 된 지현이는 많은 아이들에게 놀림감이 될 만큼 순수했다. 아이들이 자란 지금도 꿈을 주었던 그때의 주머니는 성탄전야에 나와 아이들의 편지를 넣어두는 주머니로 쓰고 있다.

착한 아이들

한번은 지희가 고등학생이 되었다고 이모가 용돈 몇 푼을 쥐어주는 것 같았다. 명절 때든 평소든 누구든지 아이들에게 현금 주는 것을 나는 매우 싫어하는데 그걸 아는 이모는 그 날도 나 몰래 아이 책상 위에 돈을 놓고 갔던 모양이다. 보아하니 그 돈은 일주일 넘게 같은 자리를 지키고 있는 게 아닌가. 답답해 묻지 않을 수 없었다.

"너 이모가 준 돈 왜 안 치우고 그래. 너무 작은 돈이라서?"

지희는 잠시 눈이 휘둥그레지더니 나를 바로 쳐다보지 못했다.

"엄마, 사실은 저 고민했어요. 힘들게 사는 이모가 준 돈이라 선뜻 주머니에 넣을 수가 없었거든요! 저건 너무나 귀한 돈이잖아요!"

아이는 그것을 몇 푼의 돈으로 여기지 않고 이모의 따뜻한 마음으로 간직하고 있었다.

어느 여행지였다.

콘도미니엄에 숙소를 정하고 하루 종일 바다에서 시간을 보내고, 저녁에는 이벤트가 있다고 하여 나는 아이들을 앞세워 강당으로 갔다. 이벤트라고 해야 투숙객들의 장기자랑과 영화 한 편을 상영해주는 것이 전부였다. 그런데 그 자리에 상무라는 분이 나와 인사말을 하던 중 자기가 직접 보았는데 낮에 어느 여학생이 콘도미니엄으로 들어오는 오솔길에 흩어져 있던 쓰레기를 열심히 주웠기에 자기는 그 아름다운 여학생을 이 자리에서 꼭 소개하고 싶다고 했다.

"일어나 보시죠. 괜찮습니다. 어서요. 잠깐만 좀 일어나 보시죠!"

사람들은 관중석 이리저리 시선을 던지며 문제의 주인공을 찾느라 분주했다. 그런데 곁에 앉아 있던 지현이가 안절부절못하며 얼굴이 홍당무가 되어서 손을 들고 있지 않는가. 사람들은 박수를 쳤고 영문을 몰랐던 나는 어안이벙벙할 수밖에 없었다.

"사람들이 볼까봐 몰래 주웠는데 아이 참…."

그 날 밤 파도소리를 덮고 잠든 지현이의 그 통통한 엉덩이를 참 많이 두드려 주었다.

8. 사춘기, 여자가 되기 위해 겪어야 하는 열병

🍎 큰아이가 고등학생, 작은아이가 중학생일 때, 서해의 조그만 섬으로 두 딸과 며칠간 여행을 갔을 때다. 모처럼 아이들을 공부에서 해방시켜주기 위해 계획한 여행 준비물 중 절대로 가지고 가선 안 되는 것은 책이라고 못을 박았다. 작은놈은 대환영이었지만 역시 지현이에겐 좀 무리한 주문이 아닐 수 없었다(첫 유럽여행을 떠나는 비행기 안에서 남들은 모두 자는 늦은 밤, 건너 편에서 잠깐 졸다가 눈을 떠 지현이 자리를 보니 불을 켜고 뭔가 열심히 하고 있었다. 그게 뭘까 했는데 자세히 보니 오, 맙소사! 수학문제집을 풀고 있는 게 아닌가. 유럽을 이해하기 위한 세계사라면 몰라도 수학문제집이라니. 그때 나는 아이에게 여행 철칙 한 가지를 못박았다. 여행중, 어떤 경우에도 가벼운 읽을 거리라면 몰라도 교과서나 문제집은 절대로 안 된다고). 그렇게 떠난 세 모녀가 섬에서 지내는 며칠은 한적한 해변가에 나가 수영을 하거나 갯바위에서 소라를 따거나 긴 백사장을 걷는 것이었다.

처음엔 심심해하던 아이들도 하루 이틀이 지나자 서서히 적응이 되어 어떻게 자연과 사귀어야 하는지를 차츰 알게 되었다. 우리는 마치 오랫동안 망망대해를 표류하다가 드디어 무인도에 첫발을 디딘 사람처럼 마냥 자유롭고 한가한 시간을 즐겼다.

그 날도 바닷가에서 수영을 했는데 숙소로 돌아오기까지 조금은 거리가

있어 추위를 덜어줄 양으로 아이들에게 젖은 수영복을 벗고 마른 옷으로 갈
아입도록 했다. 그 해변엔 우리뿐이었으니 옷을 벗는데는 아무런 문제가 없
었다. 아이들은 바들바들 떨며 가방에 둔 마른 옷을 내가 꺼내주기를 기다
렸다. 햇살은 따뜻했지만 바람이 워낙 강해 이를 달달거리던 아이들은 둘이
엉켜 해변이 떠나갈듯 낄낄대고 있었다. 몸을 가린 수건을 바람이 걷어가
버릴 때, 아주 잠깐이었지만 두 딸의 싱그러운 몸을 보며 감탄하지 않을 수
없었다. 어린아이인 줄 알았는데 어느 새 봉긋한 가슴과 볼륨 있는 엉덩이
를 가진 여자가 되어 있지 않은가. 나는 두 아이의 모습에 반해 옷을 입히는
것도 잊은 채 마냥 바라보고만 있었다. 아이들에게 옷을 입히고 나서야 나
도 맨몸이라는 걸 알았는데 그때 처음으로 나는 어미로서 아니 여자로서 피
어오르는 여자의 몸이 얼마나 아름다운지 알게 되었다.

그 후로도 길고 짧은 세 모녀의 여행은 지속되었고 풀장에서 수영을 마치
고 샤워실에서 서로의 등을 밀어주거나 하는 일상은 잔잔한 기쁨을 주었다.
무엇보다 아이들이 여자로 자라는 모습을 뿌듯하게 바라보는 즐거움은 엄
마만이 가질 수 있는 은밀하고도 특별한 기쁨이 아닐 수 없었다. 그러나 어
디 기쁨뿐이겠는가.

지난 시간의 기록을 들추니 이런 메모가 눈길을 끈다.

동백이 뚝뚝 모가지를 꺾던 날 14살 어리디 어린 아이가 밤새 흰 옥양목
홑청에 붉은 추상화를 그려놓았다. 나는 "이제 여자가 되는구나!" 하고, 남
편은 "저 일을 어째?" 한다.

어느 정도 마음의 준비가 있었다해도 직접 겪어보지 않고서는 그
고통이나 기쁨을 함부로 말할 수는 없다. 큰아이가 처음 생리를 시작
했을 때, 세상의 어머니들이 그러하듯 나도 여러 가지 감정이 뒤범벅

이 되어 혼란스러웠다. "이제 여자가 되어 가는구나.", "이제 여자의 멍에를 지게 되었구나." 중성인 아이에게서 여자로, 그리하여 자신의 의지와는 상관 없이 맞이할 수밖에 없는 아직은 겁도 날 테고, 추상적이지만 차츰 성을 알게 되면서 그것으로 인하여 생명의 잉태를 허락받는 성결하고도 엄숙한 신체와 정신적인 변화, 어린아이로만 생각했던 어제와 생리를 시작한 오늘이 달라야 하는 이유는 이뿐이 아니다. 다행히 두 아이들은 중학생이 되어서야 앞서거니 뒤서거니 생리를 시작했다. 학교나 주변에서 그리고 나름대로 간간이 설명해준 결과인지 비교적 담담하게 받아들이는 것 같았다. 그러나 어찌 담담하기만 하겠는가?

나는 여자가 아닌 어미로서 여성성에 대해 설명할 때, 남자를 적(敵)으로 간주하지 않고 말할 수 있는 방법에 대해 고심하지 않을 수 없었다. 왜 남자는 공격적이고 즉물적이며 순간의 기분만으로 여자를 원하는지를 설명하기란 쉽지 않았다. 그리고 누구는 그렇고 누구는 그렇지 않다는 것을 명확히 구분하는 일도 마찬가지였다. 어쩌면 평생 방어만을 생각하며 살아야 할 여자로서의 몸부림을 내 아이들에게 보다 명확히 설명하는 일은 불가능처럼 느껴졌다.

생리적 변화는 단순히 몸의 변화로 끝나지 않는다. 신체적 변화와 더불어 정신을 괴롭히는 사춘기, 왜 어른들이 여자의 삶을 한마디로 굴욕적이라 하는지, 견딤은 무엇을 의미하는 것인지, 그리하여 지난날의 나를 비추어볼 때 예기치 못한 공포에 짓눌려 얼마나 많은 공격을 방어벽 하나 없이 견뎌내야 했는지, 나는 사춘기 딸아이에게 그 모든 감정의 굴곡을 하나하나 설명하는 일이 여자로써 피해갈 수 없는 숙명처럼 생각되었지만 막상 아이에게 그것을 일러주면서 느낀 마음 상태는 기쁨보다는 고통에 가까웠다.

"몸조심하거라. 부디 몸조심하거라!"

내게 수없이 그 말을 당부한 사람은 불행하게도 어머니가 아닌 아버지였다. 내 나이 겨우 7살에 생을 마감한 나의 어머니. 아버지는 어린 딸에게 왜 여자의 삶이 몸 조심하지 않으면 안 되는지를 중간과정의 설명을 생략한 채 오직 명령조로 외치셔야만 했는지, 나는 내 딸아이의 몸에서 일어나는 크고 작은 변화를 감지하며 비로소 부성애(父性愛)를 깨달았다고나 할까.

그러나 나를 안타깝게 했던 일은 남편이 휴가를 얻어 식구들이 바닷가에 가던 날 공교롭게 세 모녀가 약속이나 한 듯 생리중일 때도 있었다. 그럴 때면 수영은커녕 생리통으로 우울해 하는 아이들을 바라보며 나도 덩달아 우울해지곤 했었다. 아들을 둔 사람은 도무지 알 수도, 이해할 수도 없는 이 일은 10대 사춘기에 접어들면서 50대 전후 갱년기가 끝날 때까지 아이를 잉태하는 기간을 제외하고는 무슨 일이 있어도 매달 꼬박꼬박 치러야 하는데, 개인차가 있긴 하지만 이 의식은 말로는 다 표현할 수 없는 심리적인 압박감과 크고 작은 몸의 변화를 가져온다.

나는 남편이 딸들에게만은 남자들의 동물적 도발의 욕구나 생리에 대해 조금이라도 친절히 설명해 주기를 바랐다. 그러나 바람과는 다르게 침묵으로 일관하는 남편, 아이들은 때로 아빠와 남자를 어떻게 구분하는지를 궁금해했지만 남편은 묵묵부답이었다.

어미로서 아니 여자로서 바라보아야만 했던 두렵고 안타까운 두 아이의 신체적 변화. 어찌 보면 기뻐하고 축하해야 할 일인데 마냥 심란한 심사는 왜였을까? 후일 나는 생리적 변화를 신비한 몸의 변화로 설명해 주지 못한 무지에 대해 조금은 후회하기도 했다.

9. 나는 두 딸을 통해 눈부신 세상을 보았다

지희가 작은 봉지 하나를 내 책상 위에 올려놓고 외출을 서둘렀다. 겉봉을 보니 채송화가 그려져 있었다. 그때서야 꽃씨를 뿌릴 때가 되었구나 하는 생각이 들었다. 하기야 벌써 4월이니. 그렇게 얻은 꽃씨를 마당에 뿌리고 나는 또 잊고 있었다. 그러던 어느 날 화단에 깨알만한 싹들이 다투어 피는 걸 보고서야 비로소 얼마 전 씨 뿌린 기억을 찾아냈다. 씨앗은 어느 것 하나 자신의 정체성을 혼돈하지도 않고 어떻게 그 단단한 암호를 해독하고 봉숭아도 과꽃도 아닌 오직 채송화만을 피우는지. 그 날 나는 고맙다는 말을 전하기 위해 이렇게 시작하는 몇 줄의 편지를 쓰며 아이가 지상에 꽃을 깃대를 상상하지 않을 수 없었다.

"새싹들이 곧 '저요 저요' 땅을 박차고 올라와 지상에 깃대를 꽂을 것이다."

둘째 딸을 출산한 후 동네 아주머니는 끌끌 혀를 차며 나를 위로한다고 하는 한마디가 "딸이라며? 또 딸이니 이 일을 어째!"였다. 그 말을 받아 "이젠 낳을 수도 없겠지만 만약 다시 아이를 갖게 된다면 나는 또 딸을 원할 텐데요."라고 응수했었다. 귀한 아이를 얻고도 딸이라는 이유만으로 많은 사람들로 하여금 그런 위로(?)를 들을 수밖에 없는 이 땅의 문화가 씁쓸할 뿐이었다.

내 자신은 물론 우리 가족 어느 누구도 아들이 없다는 것 아니 두 딸의 출현을 못마땅해 한 적은 없었다. 불평은커녕 내게 살아오면서 가장 행복한 사건(?) 몇 가지를 꼽으라면 딸의 출생이 단연 그 첫 번째다. 그런 내게 내리 딸만 두어서 안됐다는 말은 얼마나 어이없는 위로인가.

아이들과 남편의 반응이 궁금하지만 나는 두 딸을 철저히 즐기며 키웠다고 자부한다. 봄이면 씨앗을 뿌리고 여름이면 꽃을, 가을이면 열매를, 겨울이면 저 벌판의 어엿한 나무 한 그루로 키워왔다. 아들이 없다는 이유가 불행의 원인이 되어본 적도 없었고, 딸이어서 친구를 얻은 듯한 이 특별한 축복을 잊거나 의심해 본 기억은 더욱 없다. 나는 두 딸을 지켜보면서 여자가 성스러운 존재라는 인식을 구체적으로 갖게 되었다. 그것은 단계별로 변화를 가져온 아름답고도 신비로운 아이들의 몸을 통하여 누리고 얻은 결론이었다.

다른 것이

| 제4부 |

옳은

것이다

이 시대의 어머니는 우리의 아이가 더 높은 계단 끝점에 올라서기 전에 그 걸음이 어디로 향하는 지를 알아차려야 한다. 그렇게 올라간 곳이 뛰어내리기 좋은 절망의 계단이 아니라, 정상을 꿈꾸는 희망의 계단이 될 수 있도록 준비하고 있어야 한다. 어머니는 절망으로 몸부림치는 자식의 방황을 감지해야 할 의무가 있다. 비단 내 품의 자식만이 아니라 세상의 모든 자식들의 절망까지도 외면해서는 안 된다. 그것이 어머니다.

내 나이 기살 때

어린 그때에도 봄은 나른함으로 왔다
좁은 집을 빠져 나와
길게 미역이 널려 있는 집 앞에서 나는 책을 읽다말고
쭈그린 채로 잠이 들곤 하였다
짧은 꿈 속에선 어딘가 자꾸만 미끄러져 애를 태웠다
하늘은 이불이었고 얼굴에 덮고 잠이 든 책은
깨어보면 한 켠에서 저 혼자 책장을 펄럭대기 일쑤였다
어린 맘에도 나는 심심한 게 아니라
외로움이 싫다고 중얼거렸던 것 같다
웬 아이가 저리도 청승인지 혀를 차는 사람도 있었다
책을 보다가 노래를 부르다가
파도소리에 숨소리를 섞어 맞추다가
구름이 콧잔등을 간지럽힐 때면
스르르 나는 잠이 들곤 하였다
설핏 기척에 깨어보면 소금기 가득한 바람과
살을 태울 듯한 햇살 한 줌 움켜쥔 모래
나의 곤한 잠 속으로 찾아온 아버지는
계집아이가 어디서 한데 잠이냐 호통치는 목소리엔
파도소리가 따라와 있었다
나는 그 자리에서 책을 안고 일어난 듯 했지만
깨어보면 늘 안방의 푸근한 이불 속에서
아버지 손을 더듬으며 잠이 든 막내였다

1. 남과 다른 것을 탓하지 말자

두·아이들은 4년이라는 나이차가 있지만 언제나 친구 같다. 제 나이에 비해 어려보이는 큰아이와 나이에 비해 조숙한 작은아이가 친구가 되는 것은 당연할 지도 모른다. 작은아이가 중학생이 되면서부터는 몸의 키도 언니를 앞지르기 시작했고 사고하는 것까지 누가 언니인지 구분하기가 쉽지 않았다. 어렸을 때는 방 하나에 2층 침대를 주었지만 늦은 밤 불이 꺼진 후 살펴보면 언제 의기투합했는지 굳이 좁은 침대에서 둘은 끌어안고 잠이 들어 있었다. 소심한 지현이와 씩씩한 지희는 붙어서 잠을 잤고 나란히 학교에 갔다. 같은 옷을 입히고 신발을 신겨 내보내면 사람들은 쌍둥이가 아니냐 물었다.

그러나 두 아이를 키우면서도 놀라게 되는 것은 서로 다른 성격과 취향이다. 식습관만 봐도 지현이에 비해 지희는 편식이 심하다. 아직도 지희가 안 먹는 것으로 자장면, 새우, 조개, 해삼, 멍게, 콩 등이 있다면 지현이는 고루 잘 먹는다. 또 지현이가 누구도 따를 수 없는 인내심(지구력)을 가졌다면 지희는 세련된 감각과 순발력으로 승부한다.

예를 들면, 똑같은 금액의 용돈을 주어도 그 돈을 관리하고 소비하는 패턴은 매우 다르다. 나란히 만 원을 주었다고 하자. 지현이는 서점으로 달려가 한 권의 책으로 끝내지만, 지희는 평소 마음에 두고 있던 티셔츠나 액세서리, 문구까지 구입하고 귀가할 때 따뜻한 붕어빵 한 봉지를 사들고 온다. 그리고 필요한 책은 도서관에서 빌려 본다.

그러나 한 아이가 아무리 좋은 점을 가지고 있다 하더라도 서로 비교하여 비하하거나 필요 이상 칭찬하지는 않는다. 그것은 보이지 않는 나름의 법칙이고 불문율이어서 특히 두 아이가 함께 있을 땐 더욱 그러하다.

가령, 한 아이가 학업성취도나 취미 분야에서 기대 이상으로 좋은 결과를 보여주었다고 하자. 물론 잘한 아이에겐 그에 상응하는 격려와 칭찬이 있어야 하지만, 그렇다고 잘하지 못한 아이에게 "언니는 저렇게 잘하는데 너는 누굴 닮아 그 모양이냐!" 하는 투로 화살을 반대편으로 쏘는 일은 없다. 잘하는 아이가 잘하는 부분에 대해 칭찬을 들을 때 다른 한 아이는 그것으로도 충분히 간접적인 자극을 받고 있으므로 다른 아이에게 이중의 상처를 주는 일은 삼가야 한다.

나는 두 아이가 서로 다르다는 것에 감사하며 흥미로워하고 있다. 그것은 우리 집 분위기를 언제나 신선하게 자극하고 있어서 차분한 큰아이와 어디로 튈지 모르는 작은아이의 개성을 존중해 주고 있다.

못 하는 것이 있으면 잘하는 것이 있고 잘하는 것이 있다면 못 하는 것도 있다. 두루뭉술한 중간보다는 잘할 수 있는 한 가지에 집중적으로 에너지를 투자하는 쪽이 훨씬 유리하다. 다만 섣부른 욕심은 편향된 사고를 가질 수 있으므로 충분히 경험하고 심사숙고할 필요가 있다.

2. 건강한 성년으로 자라는 것이 목표이지 일류대 학이 목표가 되어서야

  아이들을 키우면서 마음에 두게 되는 것은 모든 사람들이 말하는, 그래서 반드시 그만한 목표 하나쯤은 욕심내는 것이 당연한 일류대학 일류학과가 아니다.

  발표되는 보고서를 보면 사람에 따라 같은 일을 하면서도 행복지수나 만족도가 천차만별인 것을 알 수 있다. 그것은 단순하게 무엇이 원인이라 꼬집어 말할 수는 없어도 한 가지 분명한 것은 얼마나 자기 자신을 믿고 아끼고 노력하느냐에 따라 다르다. 편법으로 얻은 것에 성취감을 느끼는 자가 있다면 그건 잘못된 사고가 빚어낸 결과다. 성취감이란 오직 자신의 힘으로 땀흘려 얻는 것만이 축복이고 혜택이 아닌가. 그러므로 단지 좋은 대학에 가기 위해 10대와 20대, 그 소중한 생의 관문을 교실에 앉아 탕진하는 일은 생각해볼 문제다. 이건 너무나 비생산적이며 소모적이기까지 하다. 현명하고 지혜로운 부모라면 그 시간에 아이에게 맞는 일을 찾아주는 리더십을 보여주어야 한다.

  누구에게나 집중적으로 지식의 습득이 필요한 때가 있다면 그건 학교에 적을 둔 시기이다. 이때 가능한 두뇌의 암기력이나 이해력을 총

동원해 얻은 지식을 곳간에 양식을 쌓듯 차곡차곡 저장해 둘 필요가 있다. 허나 그렇게 얻은 지식을 생활에 끌어들이지 못한다면 그 지식은 무용지물이다. 지식보다 중요한 것은 단연 몸으로 보여주는 실천들이다. 작더라도 실천으로 얻어진 자신감은 마음먹기에 따라 큰 실천으로 가는 동기부여를 제공한다. 혹여 단번에 이룬 성공이 있었다면 그건 무작정 좋아할 일이 아니다.

쉽게 얻은 것은 쉽게 잃을 확률이 높다. 그건 삶의 철칙이고 진리다. 그러나 중요한 것은 자신의 목표를 상향 조정할 필요가 있다는 것이다. 목표가 단호하고 클수록 치밀한 계획은 물론 노력 또한 체계적이어야 그에 상응하는 효과를 거둘 수 있다. 설령 모두가 오를 수 없다 할지라도 오를 수 있다고 믿고 오르는 용기라면 결국 그곳에 도달하게 될 것이다.

나는 예의바르고 겸손한 젊은이를 좋아하지만 용기 있는 젊은이가 겸손을 갖추었다면 더욱 좋다. 때로는 무모하리 만치 당돌하고 패기 있는 젊은이를 보면 저절로 힘이 느껴져 박수를 치게 된다.

실패할 때 실패하더라도 최선을 다해 노력하는 젊은이일수록 더욱 그렇다. 실패는 때로 견딜 수 없는 고통과 좌절을 주지만 세상에 그 무엇과도 바꿀 수 없는 소중한 자산이 된다는 것을 아는 사람은 많지 않다.

한 가지 분명한 것은 쓰디쓰더라도 시간이 흐른 후엔 자산으로 되돌아온다는 것을 믿으며 어느 날 아이들 책상 위에 쪽지 한 장을 붙였다.

세상살이에 곤란함 없기를 바라지 말라.

세상살이에 곤란함 없으면 업신여기는 마음과 사치한 마음이 생기나니,

그래서 성인이 말씀하시되 '근심과 곤란으로써 세상을 살아가라' 하셨느니라.

공부하는데 마음에 장애 없기를 바라지 말라.

마음에 장애가 없으면 배우는 것이 넘치게 되나니,

그래서 성인이 말씀하시되 '장애 속에서 해탈을 얻으라' 하셨느니라.

친구를 사귀되 내가 이롭기를 바라지 말라.

내가 이롭고자 하면 의리를 상하게 되나니.

그래서 성인이 말씀하시되 '순결로써 사귐을 길게 하라' 하셨느니라.

— 『보왕삼매론』 중에서 —

3. 좋은 대학은 평생의 행복을 보장해주는가

매년 수능시험이 끝나면 접하게 되는 기사인데, 그 날도 신문을 읽다가 나도 모르게 자리를 박차고 일어나 "세상에, 무슨 이런 나라가 다 있지!" 하며 탄식을 했다. 놀란 식구들이 의아해했지만 아무런 설명도 할 수가 없었다. 곁에는 수능을 기다

리는 막내와 수능의 관문을 통과해 대학에 들어간 큰아이도 있었다.

"잘못 본 수능시험을 비관해 12층에서 뛰어내린 여고생 또 자살"

이런 뉴스는 수능시험 결과가 발표된 직후에도 마찬가지다. 이것은 수능시험을 앞둔 학부모나 아이들이 아니고서는 감 잡을 수 없는 쇼크이며 절망이다. 벌써 몇 년째 수험생 엄마가 되면서 이맘때만 되면 정부의 대안 없는 교육정책에 혼란스러워 하고 있었다. 이것은 단지 몇 명의 낙오자를 위한 울분이나 잠깐의 절망에 그치지 않는다. 좋은 대학이 아니면 살아남을 수 없다는 강박관념을 갖는 이들은 아이들 스스로가 아니라 바로 우리 어른들이기 때문이다. 우리의 아이들이 아파트에서 뛰어내릴 때 우리는 안방에서, 혹은 호프집에서 무엇을 하고 있었던가.

이 시대의 어머니는 우리의 아이가 더 높은 계단 끝점에 올라서기 전에 그 걸음이 어디로 향하는 지를 알아차려야 한다. 그렇게 올라간 곳이 뛰어내리기 좋은 절망의 계단이 아니라, 정상을 꿈꾸는 희망의 계단이 될 수 있도록 준비하고 있어야 한다. 어머니는 절망으로 몸부림치는 자식의 방황을 감지해야 할 의무가 있다. 비단 내 품의 자식만이 아니라 세상의 모든 자식들의 절망까지도 외면해서는 안 된다. 그것이 어머니다.

아프리카 속담이라고 했던가?

"신은 자신이 할 수 없는 일을 위해 어머니를 만들었다." 고.

거슬러 가면 내가 어머니의 존재를 깨닫게 된 것은 매우 중요한 시기에 어머니가 없었다는 것이다. 가난과 외로움은 내게 어머니의 부재로 인한 사무치는 고통을 주었다. 후일 엄마가 된다면 나는 지혜로우면서도 현명한 어머니가 되리라 수많은 다짐을 하게 했던 것도 그런 이유였다. 그러나 나의 애정은 한꺼번에 쏟아 붓는 집착이 아니라 필요할 때 가까이 있는 사람으로 남는 것이다. 아이에게 엄마가 항상 같은 마음으로 자리를 지킨다면 그것만으로 얼마나 든든한 후원이 되겠는가. 언제부턴가 아이들이 자신의 의지가 아닌 기성세대, 그것도 부모에 의해 일류대학이 삶의 절대목표가 되는 강박관념을 버리지 못하고 있다. 이것은 한 개인의 문제가 아니라 이 시대와 사회가 책임져야 할 불행이다.

일류대학이 목표인 사람은 그 대학에 발을 들여놓는 순간 임무가 끝나는 것으로 생각하기 쉽지만, 좋은 대학이 아니라도 더 큰 세상을 향해 열려 있다면 10년, 20년 후의 결과는 어느 쪽이 더 우세하겠는가. 좀더 원시안적인 판단과 용기 있는 선택에 힘을 실어줄 수 있는 사람은 역시 어머니가 되어야 한다고 나는 믿고 있다.

4. 아이를 공부기술자로 만들지 말자

한때 우리 사회에 기술자라는 말이 유행어처럼 번질 때가 있었다. 그것은 장인정신을 일컫는 좋은 의미가 아니라 매우 부정적이고 천박한 의미로 해석되었는데, 그 중 가장 두드러진 기술자가 있다면 그건 생각하고 싶지도 않은 어느 경찰관에게 주어진 "고문기술자"였다. 얼마나 다양한 방법으로 사람들을 괴롭혔기에 그에게 고문기술자라는 이름이 주어졌을까? 세상에 아무리 많은 직업이 존재한다 해도 입에 담기조차 끔찍한 고문기술자만큼은 그것이 헛소문일지라도 사라졌으면 하는 바람이었다.

학생들이 자주 가는 인터넷 카페에서 다소 충격적인 글을 읽었다.

"어른들은 우리를 공부기술자로 만들려는 것은 아닐까? 우리 엄마는 내가 학교에 가거나 학원에 간다고 하면 무조건 좋아한다. 밖에 나가서 그렇고 그런 친구들과 어울려 내가 무슨 짓을 하는 지도 모르고 비싼 학원 수강증을 끊어놓고 실컷 놀다가 새벽 2시에 들어가서도 학원에 갔다왔다 하면 열심히 공부 잘했으려니 믿는다. 도대체 공부가 뭐란 말인가, 엄마는 나를 공부기술자로 만들어 무조건 일류대학에 가야 한다고 말한다. 나는 공부가 싫은데…."

매번 그럴 필요는 없겠지만 평소 아이의 생활을 점검해보는 건 부모로서 당연한 의무다.

세상에 "포기"라는 단어가 존재하지 않은 사람이 있다면 그건 자식에 대한 어머니의 사랑이다. 어머니의 사랑은 자식뿐 아니라 우주를 변화시킨다고 하지 않던가.

며칠 전에 초등학교 2학년인 딸과 함께 조카 내외가 방문했다. 반가움에 이것저것 이야기하다가 아이가 다니는 학원이 네 곳이라는 사실을 알았다. 조카는 그나마 지금 보습 학원을 운영하고 있어서 일

반적인 교과목은 자기 학원에서 가르치고 나머지 예체능부분만 하기 때문에 아주 조금만 배우는 경우라고 했다. 또래 친구들은 여섯 곳, 혹은 여덟 곳도 마다하지 않는다면서.

한때 그들은 나와 한 지붕 아래에 산 적이 있어서 내 교육법을 익히 알고 있기에 그 말을 하면서도 눈치를 살피는 듯 보였다. 이유인 즉 많이 가르치고 싶기도 하지만, 하나밖에 없는 딸이 외톨이가 되지 않기 위해 학원은 필수라 했는데, 학원에 가지 않고서는 친구들과 놀 수 있는 곳이 없기 때문이라고 했다. 호기심을 키우고 감각과 정서를 위해 예체능을 익히고 부진한 학습에 도움을 청하는 차원이 아니라 또래의 아이들에게 왕따가 되지 않으려고 적지 않은 돈을 지불하고 학원을 보낸다는 말은 나를 충분히 실망시키고도 남았다. 조카 내외는 이미 어떤 말로도 되돌릴 수 없는 이 나라 젊은 부모들의 교육대열에 열성당원이 되어 있었다.

그들이 돌아간 뒤 이런저런 이야기를 하다가 "안 그래도 되는데!" 하며 나 못지 않게 지희도 안타까워했다. 건강하게 뛰고 천방지축 말썽을 피우며 무한한 창의력을 펼칠 9살에 체르니 몇 번, 영어단어 몇 개를 더 안다는 것이 생을 뒤바꿀 만큼 중요한 일인지. 학교와 학원 밖에 모르는 로봇 같은 생활을 강요하지 않으면 안 되는 이 나라 현실을 대부분의 학부모들이 개탄하면서도 개선할 여지는 안 보이고 휩쓸려 가는 것은 무엇을 의미하는 것인가. 이 땅의 아이들은 언제까지 공부기술자가 되어야 하는지.

5. 과외 시킬 돈으로 나는 창의력(경험)을 사겠다

한 20년간 1년에 한두 번 연례행사처럼 우리 집을 방문하는 그는 올해 새내기 대학생을 둔 40대 보험설계사이다. 자동차 보험만기를 앞둔 엊그제 그가 불쑥 찾아왔다. 물론 보험료 때문인데 식탁에 마주 앉아 차 한 잔을 나누며 그간의 안부를 주고받을 때, 나는 타이밍을 놓치지 않고 딸의 소식을 물었다. 바라던 S대학은 못 가고 K대학 경영학과에 입학했다고 했다.

평소 열심히 한다는 말을 들은 적이 있어서 나는 내 일처럼 기쁘고 대견해 "너무 잘됐군요. 정말 잘됐어요, 축하해요!" 그것으로는 모자라 했던 말을 하고 또 하며 기꺼이 그를 축하해주었다. 물론 축하는 그간 고생한 딸아이에게 하는 것이었지만 내심 딸보다는 평소 그의 헌신적인 뒷바라지에 존경을 담은 마음의 인사를 하고 싶었다.

내가 만나온 그는 늘 겸손했다. 물론 나이차이도 있지만 언제나 빈틈없는 성실한 사람이었다. 그는 자신이 배우지 못해 아이를 현명하게 가르치지 못했다고 했고, 그래서 아이에게만은 자신의 무능을 인정하면서 그래도 기죽지 말고 자유롭게 살라 한다고 했다. 그리고 하나뿐인 딸이 늘 당당하게 세상을 바라보았으면 한다는 말을 덧붙였다. 자식이지만 정직하고 겸손하게 인정할 것 인정하면서 가르치다

보니 아이가 반듯하게 자라 다행이라고, 변변한 과외 한 번 시키지 못했는데 이제 의젓한 대학생이 되고 보니 아이가 새삼 대견하다는 말도 잊지 않았다. 살펴보면 나 같은 사람이나 보험설계사 같은 이는 얼마든지 있다. 투자한 사교육비만큼 좋은 대학에 보낼 수 있다고 아이를 괴롭히며 학원으로 내모는 부모는 극히 일부에 지나지 않으리라 나는 믿는다.

교육이 뭔가? 사실 그대로를 가감 없이 보여주고 그 속에서 자신의 길을 찾을 수 있도록 객관적인 가치관을 갖게 해주는 것은 아닐까. 만약 경제적인 여유가 생긴다면 아이가 더 큰 세상을 볼 수 있도록 배려하고 싶다고 했다. "못 배워서."라는 말을 버릇처럼 해온 그는 딸을 키우면서 이미 현명한 어머니가 되어 있었다. 그가 현명하고 지혜로운 어머니가 될 수 있었던 것은 그럴듯한 이론이 아니라 몸소 열심히 사는 모습을 보여주었기 때문이다.

나는 현관문을 나서는 그에게 이제는 "못 배워서." 그런 말은 절대로 하지 말라는 당부를 잊지 않았다. 어머니는 소신 있게 사랑과 믿음으로 아이를 훈육하는 것이지 학벌이나 지식으로 가르치는 사람이 아니란 걸 잊지 말라고 말이다. 다른 아이들이 다 간다고 굳이 등 떠밀어 학원에 보낼 필요가 있겠는가.

내게 만약 과외를 시킬 여유가 있다면 그 돈으로 세상에 널려 있는 창의력(경험)을 사주고 싶다. 본인의 경험으로만 얻을 수 있는 창의력은 교과서도, 어머니도 가르쳐 줄 수 없는 것이 아닌가.

이젠 자동차보험도 가만히 앉아서 싸고 편리한 인터넷으로 가입해야지 하는 결심이 그를 만나기만 하면 무너지고 만다. 그렇게 열심히 사는 이 땅의 어머니가 있는 한 교육은 걱정할 일이 아니다.

　나는 그가 돌아간 뒤 한 편의 시를 찾아 되뇌었다. 어머니는 이 세상의 모든 존재를 합쳐놓아도 대신할 수 없을 만큼 위대하다.

어머니는 그륵이라 쓰고 읽으신다
그륵이 아니라 그릇이 바른 말이지만
어머니에게 그릇은 그륵이다
물을 담아 오신 어머니의 그륵을 앞에 두고
그륵, 그륵 중얼거려보면
그륵에 담긴 물이 편안한 수평을 찾고
어머니의 그륵에 담겨졌던 모든 것들이
사람의 체온처럼 따뜻했다는 것을 깨닫는다
나는 학교에서 그릇이라 배웠지만
어머니는 인생을 통해 그륵이라 배웠다
그래서 내가 담는 한 그릇의 물과
어머니가 담는 한 그륵의 물은 다르다
말 하나가 살아남아 빛나기 위해서는
말과 하나가 되는 사랑이 있어야 하는데
어머니는 어머니의 삶을 통해 말을 만드셨고
나는 사전을 통해 쉽게 말을 찾았다
무릇 시인이라면 하찮은 것들의 이름이라도
뜨겁게 살아 있도록 불러 주어야 하는데
두툼한 개정판 국어사전을 자랑처럼 옆에 두고
서정시를 쓰는 내가 부끄러워진다　　　　- 정일근의 시 〈어머니의 그륵〉 전문 -

6. 세상에 '어머니' 다음으로 가장 따뜻한 말은 '가족'

　몇 년 전 우리 나라에 IMF가 닥쳤을 때 가장 큰 사회적 변화를 꼽는다면 경제적 파산으로 인해 너무나 많은 가정이 해체되었다는 것이다. 이 소식은 날마다 뉴스를 통해 불안한 사람들의 심리를 더욱 날카롭게 만들었다. 하루아침에 감원의 대상이 되거나 직장이 폐쇄되어 수입이 줄고, 신용불량자가 속출하고, 중소기업들은 순간에 종잇조각이 된 어음으로 빚더미에 앉고, 갈곳 없는 가장들이 거리에 내몰려 방황할 때, 우리 가족 역시 위기와 무관하지 않았으나 더 큰 걱정은 주위의 많은 가정들이 맥없이 무너지는 것이었다. 얼마나 힘이 들었으면 저렇게 많은 이들이 현실을 포기하고 극단적인 방법을 택할까, 이럴 수가! 나는 뉴스를 볼 때마다 온 가족이 어떻게 되었다는 끔찍한 소식만은 제발 없었으면 하고 바랐다.

　그때 우리 아이들은 이미 중·고등학교에 다닐 때여서 사회의 흐름을 모를 리 없었다. 아이들은 저녁마다 축 처진 제 아버지 어깨에 힘을 실어주고자 무던히 애를 썼다. 평소 가족 간의 신뢰가 깊을수록 그 진가는 남들이 어렵다 하는 때에 발휘되는 것이라 수없이 말하지 않았는가. 나는 남편의 성실과 인내심을 믿었고, 아이들도 시종 제 아빠의 고집을 믿고 지지했다.

어느 광고의 카피처럼 가족보다 소중하고 따뜻한 단어는 없다. 할아버지, 어머니, 아버지, 삼촌, 고모, 세상에 이보다 더 힘을 주는 말이 어디에 있을까. 나는 아이들을 키우면서 늘 가족의 중요성을 설파했지만 아무리 해도 역시 미진한 말 또한 가족사랑이다. 그러므로 살아가는데 필요한 기본 에너지를 공급해주는 사람은 가족이고, 그 가족이 사는 집은 휴식을 담보로 에너지를 충전하는 특별한 공간이다. 누군들 이 사실을 부정하겠는가.

7. 효과의 극대화를 위해서라도 결핍은 필요하다

유치원에서 아이들을 가르치는 후배는 가끔 간식거리로 과일이나 과자를 줄 때, 혹은 무슨 날이 되어 선물을 나누어 줄 때, 한두 개씩 부족하게 준비(물론 한두 개는 감추어 놓고)를 한다고 한다. 그리고 아이들에게 나누어 주기 전에 "오늘은 선생님이 여러분에게 선물을 준비했는데 두 개가 모자라네요. 혹시 친구와 선생님을 위해 자기 몫을 양보할 친구 손들어봐요!" 하고 물어본다고 한다.

그럴 때 반응은 혹 자기만 못 받으면 어떡하나 그런 표정으로 서로 눈치보기에 바쁘다고 한다. 처음엔 의도적으로 그런 테스트를 했던 건 아니고, 한두 번 그런 일이 생기면서 아이들의 심리를 자연 체크하게 되었는데, 여기서 주목할 것은 매번 앞줄의 지훈이만 손을 든다는 것이다. 알고 보니 지훈이는 23명 반 아이들 중 형제가 4명으로 가장 많고 또 가장 경제적으로 어려운 여건에서 자라는 아이였다고 한다. 자기도 좋은 선물을 가지고 싶고 맛있는 간식을 먹고 싶었을 테지만 형제들 틈에서 양보하는 게 습관이 되어버린 지훈이는 아이들이 빵을 받아들고 좋아라 할 때 뒷전에서

"선생님 전 안 먹어도 돼요. 배고파도 참을 수 있어요. 엄마가 그러는데, 하고 싶은 것 다 하는 것 아니래요. 잘 참을 줄 아는 사람이 이다음에 훌륭한 사람 된 댔어요."

넉넉지 못한 여건에서 여러 형제들과 지내다보니 자연스럽게 양보하고 어려운 친구를 배려하는 습관이 6살 아이에게도 배어 있었던 것이다.

언제부턴가 후배는 간식이 남으면 지훈이가 돌아갈 때 친구들 몰래 가방 속에 넣어보낸다고 한다. 동생과 함께 나누어 먹으라고. 후에 알았지만 지훈이는 집에 가서도 자기는 안 먹고 동생만 준다고 했다. 혼자 크는 아이라면 생각할 수조차 없는 형제애다.

아이들이 대학생이 되면서 특별한 경우를 제외하면 용돈을 줄 때 철저한 계산 후에 주는데 물론 계산을 하고 나서도 계산된 금액의 80~90%만 준다. 부족분은 절약으로 충당하든가 아니면 노동의 보람도 느끼고 경제적인 인식도 키울 겸 아르바이트를 원하면 만류하지 않는다. 그러한 규칙들은 아이들에게 공부를 빙자해 느슨해진 정신

력을 무장시키는데 한 몫 했다고 본다. 이때 아이들이 용돈을 받고 조금 부족해 하는 것을 어른들은 안타깝게 생각하지 말아야 한다. 건강한 자녀를 원하는 부모라면 한번 권해보고 싶다.

적당한 결핍은 생활을 탄력 있게 하는 좋은 스승이다.

8. 아이들은 내가 닭다리를 싫어하거나 아예 먹을 줄 모른다고 생각할지도…

생각해보니 나는 치킨을 먹을 때, 한 번도 보통 사람들이 선호하는 다리를 먹어보지 못했던 것 같다. 그것은 내가 연한 날개부위를 좋아하는 것도 한 몫 했겠지만 그보다는 아이들이 다리를 좋아한다는 이유가 먼저였던 것 같다. 그것은 아예 혼자 치킨을 먹을 때조차도 선뜻 다리에는 손이 가지 않는 습관을 만들었다.

언젠가 둘러앉아 치킨을 먹으려 할 때 평소처럼 두 아이 앞으로 다리 하나씩을 나누어 주었는데 한 녀석이 내게 다리를 밀어 놓았다.

"엄마 드세요 이거!"

"엄만 닭다리 싫어하잖아, 너 먹어." 했더니 아이는 더 이상 어떤 반응도 보이지 않고 다리를 집어들고 맛있게 먹었다. 그 날 이후 나는 닭다리를 먹을 수 없는, 아니 못 먹는 어미가 되어 있었다.

과연 지금의 나는 물질적으로 별 부족함이 없는 시대에 살면서 아직도 조선시대 어머니 같은 이 진부한 사고가 아이들에게 어떤 영향을 줄지 생각하면 조금은 회의적이다. 아이들이 커서 결혼을 하고 자식을 품어본다면 그때는 달라지겠지만 교육이란 역시 가르치는 것보다는 보여주는 것이다. 그러나 거슬러 가면 닭다리를 못 먹게(?)된 원인은 전적으로 내 자신에게 있었다는 것을 부정할 수 없다.

큰아이가 집에 왔다.

나는 옛날을 회상하며 두 딸의 손을 잡고 봄 외출을 했다. 지현이가 월급을 탔는데 당당하게 번 돈을 자랑스럽게 쓰고 싶다해서 기회를 주고싶었다. 그러나 그 비싼 불란서 요릿집으로 안내할 줄은 몰랐다. 언젠가 셋이 떠난 파리여행에서 처음 맛본 달팽이요리는 별로 맛이 없다며 알을 까 녹색소스를 걷어내고 차례대로 아이들 입에 넣어주기 바빴는데 어느 새 그 반대가 되어 있었다. 이제 아이들은 엄마가 왜 늘 그 비싼 연어요리나 갈비 따위를 좋아하지 않는지 조금씩 눈치채고 있는 듯하다. 그것은 앞서 그 많은 닭다리를 독점하지 않았다면 영원히 몰랐을 지도 모르는 일이다.

그런 아이가 어제는 치킨을 사왔다기에 포장을 열어보니 하나 가득 다리만 있는 게 아닌가, "이제 엄마도 닭다리를 먹을 수 있다는 걸 아는구나!" 했더니 아이들은 서로의 표정을 번갈아 살피고는 죄송하다며 집안을 웃음바다로 만들었다. 그리 늦지 않게 엄마의 존재를 이해하려 하는 것을 보자 뭔가 가슴에 뭉클 차 올랐다. 이것이야말로 딸 가진 엄마만이 느낄 수 있는 특별한 사랑이 아니고 무엇이랴!

9. 한 편의 영화가 보여준 모성의 힘

나이 든 세대라면 "포레스트 검프"라는 영화를 기억할 것이다.

포레스트 검프(Tom Hanks 역)는 아이큐가 75이다. 그러나 그의 어머니는 교육에 대단히 열성적이며, 다리마저 불편했던 아들에게 다른 아이들과 같은 교육의 기회를 주기 위해 무엇이든 희생하는 미국 남부의 평범한 어머니였다. 포레스트는 보통 사람보다 좀 아둔한 자기에게 친절히 대해주고 나중에 동반자가 되는 친구 제니를 만나 학교를 무사히 다닌다.

어느 날 주위의 놀림을 피해 도망치던 포레스트는 바람처럼 달릴 수 있는 소질을 보이게 된다. 그로 인해 고등학교, 대학교에서 미식축구를 하게 되고 대학 졸업 후엔 군에 입대하여 베트남에서 빠른 다리 덕분에 전우들을 구하는 공로를 세운다.

그 공로로 훈장까지 받고 제대한 후 전장에서 죽은 동료의 꿈을 좇아 새우잡이 어선의 선주가 되어 군 상관이었던 댄 중위와 함께 큰돈을 벌어 그가 사랑했던 여자 제니를 기다린다. TV에서 포레스트를 본 제니는 그에게 연락해 아들이 있다는 것과 자신이 에이즈에 걸렸다는 걸 알리고 둘은 결혼을 한다. 제니가 죽고 아들과 사는 포레스트, 정상인 어느 남자보다 제니를 감싸주고 사랑했던 그는 각박한 세상에 사는 현대인에게 순수한 눈으로 세상을 보게 하고 사랑의 의미를 되찾게 한 영화다. 그런데 그 영화를 기억하게 하는 것은 줄거리의 감동보다는 눈만 뜨면 언제 어디서나 달리기만 하던 청년 포레스트의 모습이다. 누가 그 어떤 이가 자신의 일에 그토록 열정을 쏟을 수 있을까? 그 영화가 오래도록 마음에 남는 것은 한 가지 일에 열중하며 스스로 그 일에 어린아이 같은 만족감을 느끼는 바로 그것이다.

"말아톤"이라는 영화가 화제가 되고 있다. 이 영화는 5살짜리 지능을 가진 20살 청년, 초코파이와 자장면과 얼룩말을 좋아하는 배형진 군의 실화를 바탕으로 전개되는데, 엉뚱하고 순수한 자폐증을 가진 청년이 세상과 좌충우돌하며 마라톤 서브스리(마라톤 코스 42.195km를 3시간 안에 완주하는 것)를 해내기까지의 과정을 유쾌하게 그린 휴먼 스토리다.

이 영화는 제목부터 독특한데 실제 주인공이 자신의 그림일기에 "내일의 할 일 '말아톤'"이라고 적어 놓은 것을 보고 착안했다고 한다. 어느 날 형진(영화 속 이름은 초원)이에게 마라톤을 가르치던 코치로부터 "사랑과 집착을 착각하지 말라."는 충고에 아무런 답변도 할 수 없었던 어머니. 그런 이야기를 담은 말아톤은 올해 1월 27일 개봉한 후 2월 28일 현재 개봉 31일 만에 관객 400만을 돌파한 기록 행진을 계속하고 있다.

오늘(3월 6일자) 스포츠 뉴스에서 말아톤의 주인공 형진이는 하프 마라톤을 완주한 뒤 결승점에서 기다리고 있던 어머니 품에 안기는 모습을 생생하게 전해주고 있었다. 그의 결승점은 마라톤 완주 지점이 아니라 어머니 품이었을 지도 모른다는 생각을 하게 된 것은 나도 아이를 키우는 어미라서일까.

어머니가 아들을 껴안아주며 마라톤은 어떻게 해야 하지? 하고 물었을 때 그는 정말 씩씩하고도 당당하게 대답했다.

"재밌게, 신나게, 행복하게!"

며칠 후 인터넷 뉴스에서 형진이 어머니는 기자들의 질문에 이렇게 답하고 있었다.

"요즘 형진이가 직장에 다녀 충분히 연습하지 못했어요. 그래서 형진이에게 '잘 뛰려고 하지말고 즐겁게 하라'고 얘기해줬어요."

"형진이가 기록에 연연하지 않고 달리면서 행복했으면 좋겠어요. 화창한 햇살과 서늘한 바람을 헤치면서 지나가는 사람들도 보고 땀 흘리는 그만의 기분도 느꼈기를 바래요."

"형진이가 달리는 것은 자신의 즐거움을 위한 것인 만큼 특별한 목표는 없어요. 형진이가 달리기에 부담을 느끼지 않고 언제나 사람들 틈에서 행복하게 뛰었으면 좋겠어요."

마라톤은 나를 위해서가 아니라 아들 자신을 위한 일이며 달리는 과정을 통해 행복하고 즐거웠으면 한다는 것, 그런 아들에게 기록이 중요할 리 없다. 어머니는 행복하게 뛰는 아들을 보면서 즐겁고, 형진이는 결승점에서 기다리는 어머니가 있어 행복한 그들에게 더 무엇을 바라겠는가.

영화 "말아톤"의 주인공은 또 하나의 포레스트 검포였다. 조금 부족한 아들이 있고 그 아들 뒤에 훌륭한 어머니가 있고, 그리고 스스로 행복하다고 가르치고 믿는 두 모자(母子). 포레스트 검포가 그러하듯 이 영화는 슬픈 영화가 아니라 따뜻한 영화다. 그리고 작지만 뭔가 노력하고 이루어가는 눈물겨운 과정이 담겨 있다. 내가 그랬듯 영화관을 찾은 많은 어머니들은 이 영화를 단순히 모성애가 부른 인간승리로만 보지는 않을 것이다.

형진군의 어머니 역을 맡은 김미숙은 어느 인터뷰에서 형진이 같은 자식을 둔 어머니는 일종의 '조련사'가 되어야겠구나 하는 생각을 했다고 한다. 그리고 마라톤 완주를 위해서는 나름의 전략이 필요한데 그것은 누구나 알면서도 지켜지기 어려운 '속도조절'이라고 했다. 속도조절에 실패하면 그건 모두 실패한 것이나 다름없다고.

언젠가 아들이 엄마의 보살핌이나 간섭 없이 세상으로 나가 혼자 힘으로 달려서 가고자 하는 곳을 가고, 이루고자 하는 것을 이룰 수 있도록 하겠다는 어머니의 일념은 그렇게 엄격한 조련사가 되어 속도를 제지하며 세상을 향해 달려나가는 방법을 가르치고 있었다.

이 영화는 세상에 어머니가 아니면 할 수 없는 일들이 너무나 많다는 것을 생각하게 한다. 사랑은 혹독한 매질 속에서도 따뜻한 온기를 느끼는 것이 아닐까. 나는 내 아이들에게 그렇게 하고 있는지 자문하면서 영화관을 나와 차례대로 아이들에게 전화를 걸기 시작했다.

성공

하게 하라

그것은 자신의 잘잘못이 타인에게 있지 않고 자신에게 있다는 의식을 심어준다. 생이 온전히 자신의 것이라는 자각 없이 진

정한 노력을 바치기는 힘들다. 그리고 자신의 노력으로 작은 하나 하나를 이루어나갈 때 그 속도감으로 타인을 위한 배려도

생겨나는 것일 터, 누구에게나 자신을 극복하고 나면 그 다음은 크게 문제가 없다.

우체국 계단에 앉아

화사한 봄날
오래된 통장을 정리하기 위해
우체국에 갔다
언제부터 제비그림의 인줏빛 우체국이
그리운 사람에게
편지를 부치러 가는 게 아니라
잔고가 얼마나 남았는지
확인하러 가는 곳이 되었을까

낡은 통장을 창구에 들이밀다가
나는 문득 삶이 쓸쓸해져서
우체국 계단에 쭈그리고 앉아
누런 포장지에 싼 소포와 항공편지를
어디론가 부치고 가는 사람들을 구경하다가
그 동안 받기만 하여서
부치는 것을 잊어버린 먼 그리움으로 목이 말라
수첩을 꺼내 주소를 찾아보지만
내 낡은 수첩은 어느 새
많은 이름들을 지우고 있었다

팬지꽃이 노랗게 웃고 있는
우체국 계단에 서서
미국에도 있고 호주에도 있는
이제는 희미해진 이름들을 떠올리며
몇 장의 엽서를 손에 쥔 나는
살아 있는 한 잊어서는 안 되는
소중한 이름들을 다시 찾은 반가움으로
우체국 계단을 내려선다
봄바람이 아니면 아무도 가르쳐 주지 못할
내 기억의 소중한 이름들을

1. 성공은 목표를 이루는 것이 아니라 자신이 원하는 일을 하며 현재에 만족하는 것이다

평소 텔레비전을 잘 보지 않지만 그래도 보는 프로가 있다면 '뉴스'와 '인간극장'과 해외풍물을 소개하는 자연 다큐멘터리 정도인데 그 날은 인간극장에 초점을 맞추고 있었다. 뇌성마비 장애를 가진 청년, 그는 몸이 불편하다는 것 외엔 누구보다도 건강한 정신을 가진 시인을 꿈꾸며 시를 쓰는 청년이었다. 그는 좌판을 펼치고 거리에서 생필품을 판 수익금으로 생활을 꾸려 가고 있었다. 그의 발길이 머무는 곳이라면 어느 기둥, 전봇대, 좁은 골목의 낡은 의자 모퉁이 등 암호처럼 적어 놓은 시가 없는 곳은 없었다. 그는 노트에 시를 쓰지 않고 세상 구석구석에다 시를 쓰는 청년이다.

그는 의욕상실로 거리에서 먹고 자는 젊은 친구에게 시간도 보내고 돈도 벌 수 있으니 자신처럼 장사를 해보라고 권한다. 건강한 육신을 가지고도 아무것도 하지 않고 거리에서 시간을 소비하는 친구를 그는 매우 안타까워하고 있었다. 그러던 어느 날 가지고 있던 부채 몇 개를 친구의 손에 쥐어주며 팔아보라고 등을 떠민다.

"저기 가서 한번 팔아봐. 이거 아무것도 아닌 것 같지만 해보면 재밌어, 재밌다니까. 어서 가봐!"

몇 번이나 손에 들려주었던 물건을 그대로 가지고 돌아오던 친구가 드디어 어느 날 부채 하나를 팔았다고 자신만만해 하며 돌아올 때 그는 어떤 기분이었을까?

친구라면 저쯤은 되어야 한다고 생각했고 아무도 인정해주지 않아도 저토록 진지하게 생에 맞서는 모습이 아름다워 매번 화면 속으로 빨려 들어가곤 했었다. 나는 장애 청년의 건강한 삶을 들여다보며 스스로 얻어내는 노동의 기쁨, 할 수 있다는 자신감, 무한한 세상에로의 부딪침이 시청자들에게 어떻게 비춰질지 사뭇 궁금하기도 했다.

행복은 자신의 일에 긍지를 가지고 노력하는 과정을 즐기는 것, 보다 높은 곳으로의 꿈을 가지되 현재의 생활을 불평하지 않는 것은 아닐까.

2. 나는 딸을 성공하는 여자로 만들고 싶은 게 아니라 행복한 사람으로 만들고 싶다

나는 소위 스타라는 인물을 한 번도 부러워해본 적이 없다. 그렇다고 성공한 사람을 부러워했느냐 하면 그것도 아니었다. 그것은 내 자신이 이룰 수 없는 무능함이나 성찰보다는 그들 내면의 충족감을 생각했을 때 더욱 그렇다.

지금 당장 하던 일을 멈추고 잠시라도 자신을 정직하게 들여다보라. 과연 지금 어떤 목표를 향해 도움닫기를 하고 있으며 이루고자 하는 목표는 진정으로 원한 바로 그것인지. 아무리 지혜롭고 현명한 사람일지라도 이 확인은 수시로 해보는 게 좋다. 그래야만 아니다 싶을 때 제자리를 찾아 새로운 시도를 할 수 있기 때문이다. 20대를 전후하여 겪게 되는 수많은 시행착오는 적지 않은 회의와 절망감을 주지만 후에 보면 그것은 매우 생산적인 소모였음을 알게 된다. 그러므로 지금 당장 눈앞에 보이는 성적이나 계급으로 아이를 판단하는 것만큼 위험한 일은 없다. 부모의 가치관과 아이의 바라는 바가 다르다 하여 지레 판단하고 몰아붙인다면 우리 아이들이 설 자리는 어디이겠는가.

어미로서 내 딸에게 진정으로 바라는 바가 있다면 나는 성공하는 여자보다는 행복한 사람으로 키우고 싶다. 그러나 행복도 나의 기준이 아니라 아이들, 바로 그의 기준이 되어야 함은 말해 무엇하겠는가.

3. 완강하고 단호하게 말하되 윽박지르지 말라

아이와 대화할 때 가장 중요한 것은 마주 앉아 눈을 바라보는 일이다. 눈빛을 본다는 것은 "진정으로 네 마음을 읽고싶

다." 라는 무언의 뜻을 담고 있어 위장하고 싶어도 위장할 수 없게 한다. 눈빛은 그 어떤 대화보다도 설득력 있는 도구다. 물론 내가 말하고자 하는 것은 목소리의 톤을 높이지 않는 대화를 뜻한다. 그렇다고 마주 앉았을 때 무조건 목소리를 낮출 필요는 없다. 때로는 낮은 소리의 수많은 중언부언보다는 목소리를 높여 분위기를 제압하는 것도 한 방법이다. 그러나 이 같은 것은 아주 어쩌다 잠깐 거둘 수 있는 효과라서 매번 시도할 것은 못 된다.

아이와의 대화는 조목조목 잘잘못을 따지는 형식이어서는 안 된다. 다만 어른의 경험을 비추어 말하되 적절한 비유와 아이의 생각을 이해하려는 자세가 필요하다. 성숙한 대화란 부드럽고 유쾌한 말로 상대를 끌어들이는 것이지만 어른으로서 품위와 위엄을 지키는 것도 중요하다. 어렵게 시작한 대화가 어느 정도 진전이 되면 마음의 여유를 가지고 가벼운 산책이라도 하면서 남은 실마리를 풀어 가는 게 좋다. 이때 서로의 시선은 마주보는 형식이 아니라 자연스럽게 나란히 같은 곳을 보게 될 것이다. 같은 곳을 바라보며 이야기하는 동안 아이는 자신의 문제점을 인식하고 부모에 대한 맹목적인 반항과 경계심을 누그러뜨리고 절망의 미로 속에서 출구를 찾는 기쁨을 맛보게 될 것이다.

사실 어른들이 보기에 아이들이 뭘 알까 싶지만 그건 오산이다. 잘 드러나지 않더라도 이해하고 받아들이는 내면의 준비는 모두가 갖추고 있다. 그것을 보다 세련되게 드러내지 않는다 하여 모른다고 미루어 짐작하는 것은 옳지 못하다. 아무리 어려도 아이들이 참을 수 없어 하는 건 어른으로부터 인격을 모독당하고 있다고 느낄 때 그때가 아닐까 싶다.

엄격할 때 엄격하고, 자유로울 때 자유로운 나는 가끔 매력 없는 사감선생님 같다는 생각을 할 때가 있다. 때에 따라서는 말 한마디, 눈빛 하나로도 쉽고 간단하게 아이를 제압하기 때문이다. 그러나 사감선생님도 결국 애정 없이는 불가능하지 않던가.

평소 아이가 연락도 없이 귀가가 늦어졌거나, 사전 양해 없이 무단으로 조퇴를 하고 어디론가 사라졌거나 하는 예기치 못한 문제가 생겼을 때, 불안하고 초조한 마음으로 기다리다가 겁에 질린 아이가 돌아오면 보통 우리는 어떤가? 변명 따윈 안중에도 없고 흥분하여 폭력을 행사하기 일쑤인데, 이때 아이를 야단부터 치고 나면 예기치 못한 감정이 폭발해 본래의 마음은 사라지고 일이 더 어려워지고 마는 경험을 한두 번쯤 해보았을 것이다.

대화란 서로가 주고받는 말의 형식을 일컫지만 때로는 일방적으로 들어주는 대화도 필요하다.

격한 감정은 서로에게 상처가 될 뿐이다. 아이와 대화를 할 때는 그래도 좀 더 인내할 수 있는 엄마의 침착성과 이성이 필요하다. 호흡을 다듬고 나서 최대한 부드럽게 "너 무슨 일이 있었니? 엄마가 걱정했잖아." 그 한마디면 그만이다. 돌아보면 우리도 그맘때 시위나 다름없는 반항으로 철이 들고 어른이 되지 않았는가. 말하고 싶어하지 않을 때 말하지 않도록 도와주자. 궁금하고 힘들더라도 참아주자.

그렇게 조금만 기다리다 보면 아이는 교복을 갈아입고 거울 한번

처다보고는 거실에 나와 왜 그랬는지 슬슬 이야기를 풀어놓을 것이
다. 이때 엄마는 아이의 이야기를 끝까지 들어주는 인내가 필요하다.
그리고 어렵겠지만 조금 관대해져서 "오, 그랬구나!"로 끝맺는다.

　다음날 아침 아이는 언제 그랬냐 싶게 "학교에 다녀오겠습니다!"를
외치며 대문을 나설 것이다. 내심 엄마가 꼬치꼬치 캐묻지 않은 것에
안도하며 교문에 들어가기 전 전화라도 걸어 자초지종을 설명하며
"엄마, 어젠 정말 죄송해요. 다신 안 그럴 게요."라고 고백할 것이다.
그때 보이지 않은 곳에서 거듭 확인하게 되는 부모와 자식간의 사랑
은 새록새록 싹을 틔울 것이다.

4. 언제나 나를 웃게 하는 막내

오늘 해가 서쪽에서 뜬다면요?

　수년 전, 두 아이를 앞세워 정동진으로 해돋이여행을 갔을 때다. 전
날 청량리역에서 출발한 기차는 눈발 날리는 강원도 땅을 밤새도록
달려 새벽녘 잠시 동해역에 정차하고는 다시 달리기 시작했다. 얼마
후 기차는 밤새 안고 온 사람들을 바다가 보이는 정동진역에 풀어놓
았다. 늦게까지 잠들지 못 하고 뒤척이던 두 아이도 깨어 아직 어둠

속에 묻힌 푸른 바닷가로 뛰어갔다. 밤 기차를 타고 온 많은 여행자들이 바닷가에 내려서서 곧 떠오를 해를 기다리고 있었다. 누군가에게 말을 걸거나 소란을 피우는 사람은 아무도 없었다. 연인들끼리 친구들끼리 혹은 가족들끼리 새벽 추위를 견디며 숨을 죽이고 수평선을 바라보고 있을 때 내 손을 잡고 있던 지희가 귓속말로 속삭였다.

"엄마, 만약에 하느님이 나타나셔서 '여러분, 오늘 해는 서쪽에서 뜨겠습니다' 라고 하면요?"

대파라니!

집 근처엔 복개되지 않은 개울을 따라 2시간 정도 걸을 수 있는 산책로가 있다. 요즘은 토끼풀이며 다투어 피는 색색의 패랭이꽃이 볼거리이다. 제법 소리를 내며 흐르는 개울 속에는 피라미들이 놀고, 걷다보면 어느 새 장정의 키를 훌쩍 넘겨버린 갈대가 개울의 운치를 더한다.

길은 도심 속에 있지만 반듯한 직선을 피하고 휘어진 곡선으로 지루함을 덜어주고 밤이면 가로등을 밝혀 누구든 맘놓고 걸을 수 있도록 배려하고 있다.

늦은 밤, 제 방에서 붙박이가 된 아이의 손을 끌고 밤바람을 쐬러 나가는 건 드물지 않은 일이다. 시내 가운데 한때는 악취로 접근조차 힘들던 곳에 고기떼가 놀고 풀들이 자유롭게 키를 늘리는 산책로에서 아이가 다물고 있던 입을 열어 참새처럼 재잘거리기 시작하면 한두 시간쯤은 도둑맞은 것처럼 빠르게 지나간다. 어제도 피라미 떼를 보며 걷고 있는데 아이가 한마디 한다.

"엄마, 누가 저 개울가에다 저렇게 많은 대파를 심어놨을까?"

무성하게 자란 갈대 잎을 보고 17살 아이가 한 말은 나를 실소하게 만들었다.

어릴 때는 논에 벼가 자라는 걸 보고

"누가 저렇게 많은 파를 심어놨지?"

녹색에 가늘고 긴 것은 모두 다 파로 아는 아이.

며칠 전에는 주방에서 엄마를 돕는다고 대파를 썰면서 하는 말,

"엄마! 파가 왜 날 이렇게 슬프게 하지?"

눈이 매워 눈물을 흘리던 아이의 한마디가 다시 나를 웃게 만들었다.

김은 네모

연일 계속되는 찜통 더위 때문인지 입맛 없어하는 식구들을 위해 모처럼 해물과 김을 넣고 죽을 끓이고 있었다. 내가 식사를 준비하는 시간이면 배고픈 아이들은 집안을 돌아다니는 음식 냄새에 민감해지기 마련인데, 그 냄새 때문인지 막내가 내 곁에 와 죽 끓이는 일을 간섭하기 시작했다. 마른 멸치와 새우를 폭 고아 우려낸 국물에 찬밥을 넣고 구운 김을 가위로 잘라 넣은 뒤 밥알이 충분히 퍼질 때까지 끓여 소금으로 간하면 되는 간단한 요리이다. 막내는 구수한 냄새에 연신

코를 킁킁거리며 냄비 안에서 끓는 김의 정체에 대해 궁금해했다.

"끓고 있는 김이 꼭 미역같이 생겼네요, 엄마!"

"그렇지?"

마른 김에 익숙한 아이가 할 수 있는 당연한 소리라 여겨 하던 일을 계속했다.

"너, 우리가 매일 먹는 김이 어디서 어떻게 자라는지 알아?"

"응, 알지. 바다에서(그건 내 글을 보고 어깨 너머로 배운 상식)."

속으로 당연한 질문을 했군 하며 잠시 후회했다. 그리고 그 후회를 확인이라도 하듯 되물었다.

"그럼 김이 어떻게 생겼는지도 알겠네?"

문제는 그 다음 아이의 대답이다.

"참, 엄만 그것도 모를까봐서요? 김은 원래 네모잖아요."

네모라는 이 기발한(?) 대답에 어미가 웃을 일인가?

나는 끓고 있는 죽 냄비를 안고 배가 아프도록 웃고 또 웃었다. 아이는 자신의 말 한마디가 엄마를 왜 그렇게 웃게 했는지는 모르고, 다만 엄마를 웃게 했다는 것만 재미있어 했다. 유치원생도 아니고 오래 전에 내 키를 훌쩍 넘겨버린 17살이나 된 딸아이에게서 들을 수 있는 소리가 김은 원래 네모라니?

그 날 일은 며칠 동안 혼자 있을 때에도 많은 생각을 남겼다. 현장이 아닌 교실에서 교과서만을 고집해온 이 대책 없는 교육의 결과는 누구에게 물어야 하나!

이럴 때 나는

한바탕 부산을 떨던 식구들이 나가고 창문을 활짝 열고 집안을 대강 정리한 뒤 비로소 한가하게 차 한 잔을 마시고 있는데 문자메시지가 왔다. "엄마제책상에가면목걸이라는소설있는데저자가누군지알려주시면좋겠네요바로지금" 문자를 확인하는 순간 자리에서 벌떡 일어나 3층 아이 방을 향해 종종걸음으로 올라간 것은 거의 본능적인 반응이었다고 해야 맞다. 허겁지겁 책을 찾아 문자를 날리고 가만히 자리로 돌아와 생각하니 아차 싶었다. 이번 주부터 시험이라 했는데 혹 이 아이가 시험중에 SOS를 한 것은 아닐까. 그렇다면 어미인 나는 아이의 시험지 답을 커닝하도록 도운 공범자가 아닌가 하는 생각에 식은 커피를 마저 마시고는 혼자 웃는다. 이제 어쩌겠는가? 저녁 때 아이가 돌아오면 시험 때문이 아니라 그냥 궁금해서 그랬다고 말해줄 답을 기다릴 밖에.

오후에 현관을 들어선 아이에게 물으니 친구와 내기를 했다고 하기에 다행이다 싶었다.

작고 하찮은 것의 소중함 

지난 달부터 편의점에서 아르바이트를 하는 막내가 귀가 길에 종종 내가 좋아하는 커피 카푸치노를 들고 온다. 나는 분위기를 맞추어 카푸치노 커피를 즐기게 되는데 평소 일회용을 잘 쓰지 않는 나는 언제부턴가 인스턴트 커피를 담은 일회용 종이컵을 한 번 쓰고 바로 버리지 못한다. 일반 종이컵보다 조금 더 큰 컵은 평소 집에서 커피를 마실 때 활용해보니 그 느낌이 썩 괜찮다. 우선 보온이 오래되고 입에 닿는 감촉이 그만이다. 물론 일부러 일회용을 사서 쓰는 게 아니라 주어진 것을 몇 번이고 재활용한다는 것도 마음에 든다. 그러고 보니 오늘 쓴 이 종이컵은 벌써 다섯 번째가 아닌가. 낡은 일회용 컵을 선뜻 쓰레기통에 버리지 못하는 건 아무리 작고 하찮은 것일지라도 주인을 잘 만나면 얼마든지 존재가치를 높일 수 있다는 말일 게다. 종이컵이 낡으면 지희는 또 커피를 사다줄 생각부터 한다.

오늘도 "김 여사, 카푸치노 한 잔 하시죠." 너스레를 떨며 현관을 들어선다.

행복, 그거 별건가. 한 잔의 카푸치노, 막내의 사랑이 향기롭다.

엄마, 너무 좋지!

어제는 장마 첫날이었지만 예상보다 비가 많이 내려 종일 빗소리에 마음을 담그고 지냈는데 오늘은 다르다. 하루가 끝나 가는 시간이지만 비는 오지 않고 내내 흐림이다. 그래서 기분도 흐림일 수밖에 없었는데 낮 동안 책상에 앉아 있는 나를 보고 막내가 한마디한다.

"엄마, 오늘 너무 좋지?"

무슨 소린가 했더니, 날씨는 금방이라도 비가 올 것처럼 흐렸지만 그래서 사방이 고요하게 가라앉아 있으니 무엇을 하든 몰입하기에 좋은 날이라는 것이다. 특히, 몇 달째 하루도 거르지 않고 집을 짓느라 소음이 가실 날 없는 앞집의 공사 현장도 이런 날은 쉬는 날이니 시끄러운 기계소음이 들리지 않아서 얼마나 좋은가 하는 말이다. 그러고 보니 그렇다. 그 동안 소음 때문에 신경이 날카로웠던 때가 하루이틀이 아니었으니.

행복은 찾고자 하는 의지를 가진 사람에게만 주는 신의 선물은 아닐까?

어느 날 그렇게 바라던 안락한 행복이 내 곁에 있다 해도 불행했던 과거에 집착한 나머지 그게 행복인 줄도 모르고 지나쳤다면 그건 얼마나 불행한가. 오늘은 아이가 일러준 한마디로 몇 시간을 책 속으로 들어가 잘 쉬었다.

5. 지혜로운 사람은 화가 날수록 목소리를 낮추는 법

좋은 친구란! 

아이들은 화난 엄마의 침묵을 가장 두려워한다. 물론 여기서 침묵이란 평온하고 단순한 말없음이 아니라 예의 주시함은 물론 온당치 못한 것에 대해 섣불리 입을 열지 않는 것을 일컫는다. 어떤 일을 저

질러 놓고 엄마가 빨리 야단을 쳐 터트려 주었으면 좋으련만 그렇지 못할 때 아이들은 바늘방석에 앉아서 자신이 저지른 일을 반성하게 되는데, 반성의 지루한 시간들은 자신이 앞으로 나아갈 방향까지도 가늠해보는 기회를 갖는다. 이때 참는다는 것은 어느 한쪽이 아니라 양쪽 모두에게 반드시 필요하다. 그리고 그 시간을 극복한 사람에게 주어지는 것은 스스로 해결의 실마리를 찾았다는 위로와 안도감이 깃든 작은 깨우침이다. 그때 목소리를 낮추어 타이르듯 조용히 대화하는 엄마의 말 한마디는 백 대의 회초리보다 위력이 있다.

나는 천성적으로 목소리가 큰 사람을 좋아하지 않는다. 그렇다고 무조건 말없는 사람을 선호하지도 않는다. 나는 말 많고 똑똑한 사람보다는 말수가 적고 지혜로운 사람을 좋아한다. 지혜로운 사람보다 더 좋은 사람은 나와 다른 면을 가지고 있는 사람이다. 나는 이쯤에서 어느 부분 나와 아주 같으면서도 전혀 다른 친구 이야기를 하지 않을 수 없다.

푸른 30대 초, 나는 생에 너무나 소중한 동갑내기 친구 한 명을 얻었다. 문학을 공부하던 어느 사숙에서였다. 우리는 서로를 같은 영혼을 가진 다른 몸이라 생각했다. 우리는 동시대를 살았고 설익은 인생과 문학의 열병을 앓았으며 많은 여행을 함께 했고 그 어떤 절망 속에서도 친구는 나를, 나는 친구를 위로했다. 위로는 미사여구나 시간이나 돈이 아니라 사랑보다 더 깊고 순수한 우정이라는 이름으로 지켜졌다. 그러나 그와 나는 외모에서부터 습성, 취향까지도 다른 게 많았는데 그래서일까 우리의 우정은 주위 사람들로부터 많은 시선을 받

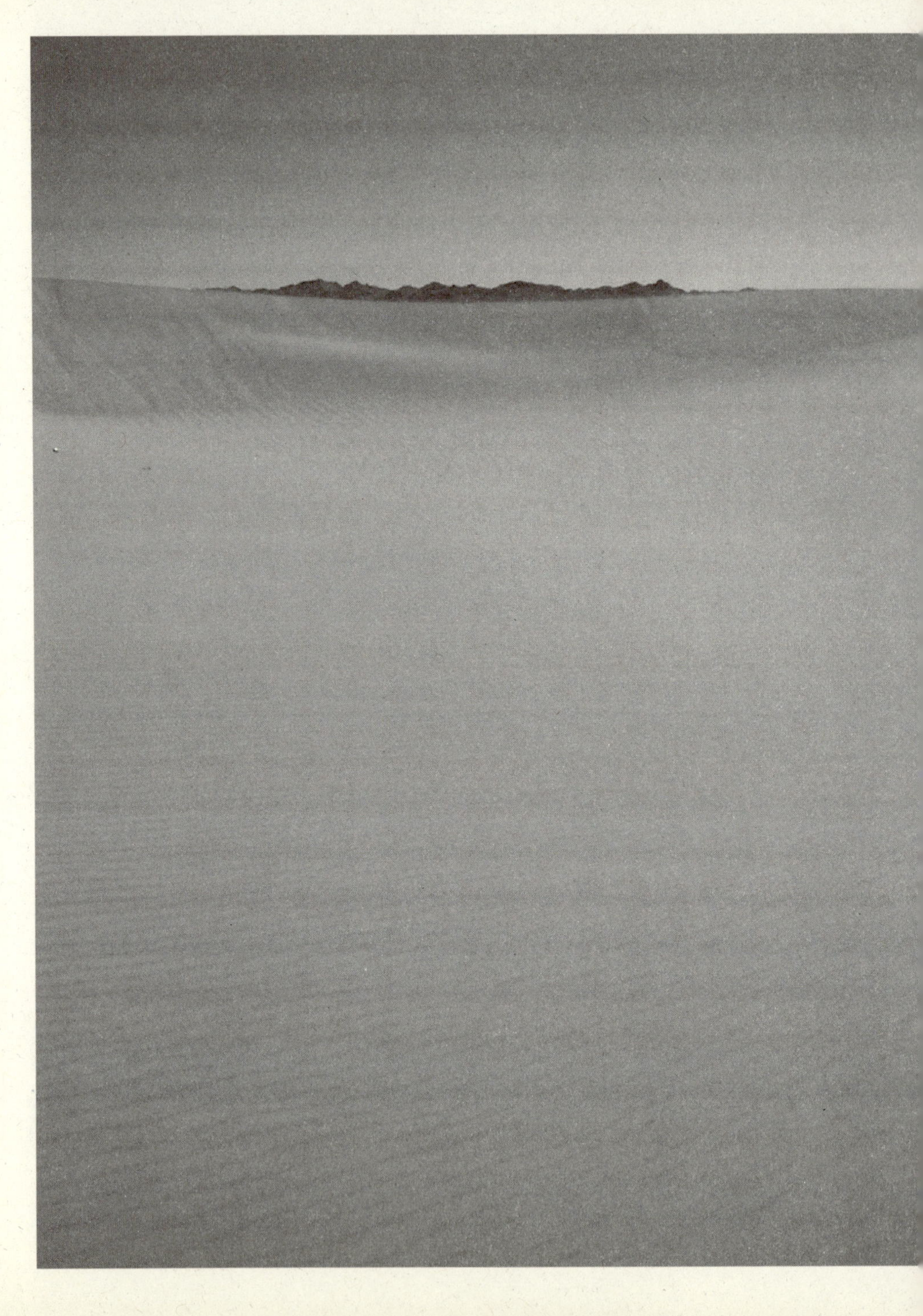

왔다. 그러나 그와 내가 닮은 건 시를 쓴다는 것과 검은 색을 좋아하고 아직도 긴 생머리를 고집하며 말수가 적은 것이나, 굳이 다른 것을 꼽는다면 그는 두 아들의 엄마이고 나는 두 딸의 엄마라는 것.

어느 여행지에서 만난 어른은 우리의 일거일동을 지켜본 후 이런 여행을 함께 할 수 있는 친구를 가졌다는 것은 인생의 절반을 성공한 것이나 다름없다고 말씀하시기도 했다. 나는 그 여행에서 그 같은 덕담을 준 분을 오래 잊지 못한다. 이유라면 나는 그분의 말씀을 듣기 전까지 그렇게 소중한 친구를 가졌음에도 그것이 절반의 성공이라는 생각을 한번도 해본 적이 없는 불행한 사람이었다. 되돌아보니 역시 내가 아는 불행은 지금 나에게 닥친 것이 행복이라는 것을 자각하지 못한 어리석음에 있었다.

나도 말수가 적은 편이지만 그는 정말 말이 없다. 하지만 말이 없어도 느끼고 나누는데는 아무 문제가 없다. 있는 듯 없고 없는 듯 있는 우리. 나는 절망 속에서도 친구를 생각하면 힘이 솟는다. 그 어느 누구, 무엇과도 바꿀 수 없는 함께 나이 들어 갈 내 친구, 나는 절반의 성공에 대해 다시 한 번 생각한다.

내 아이들도 엄마에게 늘 한결같은 친구가 있다는 것을 매우 부러워한다. 그리고 자신도 엄마와 같은 친구를 갖고 싶다고 버릇처럼 말한다. 친구란 무거운 짐을 나누어지고 끝까지 함께 가는 존재라 하지 않던가.

나는 아이들에게 공부하라는 부탁 대신 좋은 친구를 가지라고 충고한다.

좋은 친구를 얻어 천하의 반, 적어도 인생의 절반을 성공할 수 있는 그 귀한 기회를 부디 놓치지 말기를 당부한다.

독립의 의미

보통 부모처럼 나도 내 아이가 좋은 파트너를 만나 적령기에 결혼하여 평화로운 가정을 꾸려주었으면 싶지만 어디까지나 그것은 여러 희망 중 하나일 뿐, 일에 매달려 크고 작은 성취감에 빠져 아이들이 결혼을 원치 않는다 해도 상관하지 않을 것이다. 다만 큰아이는 대학 2학년이 되면서 통학이 가능한 거리(서울과 수원)였으나 혼자 지내보고 싶다하여 하숙집과 고시원생활을 경험했고 졸업 후엔 자취생활을 하고 있지만, 이제 대학 3학년인 작은아이도 원한다면 하숙이나 자취 정도는 하게 할 생각이다. 어차피 성년(내가 말하는 성년은 대학 졸업)이 되면 경제적인 자립은 물론 정신적인 자립을 요구할 참이었으니 사회인으로서의 준비과정이나 다름없는 재학 때까지만 경제적인 도움을 주고 졸업과 동시에 자신의 능력으로 컨트롤하도록 정한 규율을 바꿀 생각은 없다.

나는 엄마로서 이름을 얻거나 부를 축적하는 성공보다는 바른 정신으로 자신에게 만족감을 느끼고 사는 사람을 원하고 있다.

6. 나는 남자를 이기라 하지 않고 여자니까 더 잘 할 수 있다고 가르친다

- 어리석은 여자는 남자를 이기려 하고 지혜로운 여자는 남자를 극복한다. -

만약 당신이 딸에게 남자를 이기라고 가르쳤다면 그건 다시 한 번 생각해 볼 일이다. 남자는 우리 여자가 이겨내야 할 목표가 아니라 동지이거나 살아가면서 거쳐가야 할 무수히 많은 장애물 중 하나에 지나지 않는다. 그 많은 장애물 중에서 왜 하필 우리는 남자를 세상의 전부인 양 의식해야 하는가.

나는 아이들에게 중성을 강요하지 않는다. 그렇다고 남녀평등을 외치는 사람은 더욱 아니다. 당연히 너희들은 여자니까 여자로 태어난 것을 감사하라고 가르친다. 그리고 여자니까 더욱 여자다워지는 걸 잊지 말기를 당부한다. 언제부터인지 모르지만 "나는 여자니까." 라는 말은 공공연하게 남자보다 한 수 낮다는 의미를 일컫게 되었다. 그러나 여자는 여자니까 여자로서 정체성과 여자만의 가치가 있다는 것을 간과해서는 안 된다.

여자 대 남자의 경쟁관계란 어떤 상황이라도 이미 동등할 수는 없다. 신은 외형적(신체적)으로도 여자와 남자를 다르게 만들지 않았는가. 누가 그걸 부정할 수 있겠는가. 그럼에도 남자들과 동등해야 한다고 외치는 것은 여자 스스로 낮다는 것을 인정하는 것과 무엇이 다른가.

이와 같은 생각을 가지게 된 원인은 부모, 특히 어머니의 영향이 크다. 가정에서 딸과 아들이 다르게 대접받으면 그것이 사회생활에 연장이 되어 잘할 수 있고, 또 거뜬히 해낼 수 있는 것을 남자도 못 하는 일을 여자가 해냈다는 등, 스스로 평가절하 하는 건 생각해 볼 일이다.

나는 아이들에게 여자를 즐기라고 가르친다. 즉물적인 남자에 비해 부드럽고 섬세하며 감성적이고 모성적이며 인간적인 것들을 두루 갖춘 그야말로 너무나 많은 장점을 갖춘 존재가 아닌가. 무모한 힘 겨루기보다 두드러진 장점을 살려 그 일에 매진하고 보람과 성취감을 느낀다면 여자보다 더 괜찮은 존재는 없다.

주변에 중증 장애를 가진 친구들이 여럿 있다. 그들은 대부분 선천적으로든 후천적으로든 장애를 피해 살 수 없는 삶을 부여받았다. 그렇다고 방에만 틀어박혀 불편한 사지를 탓하며 생을 끝낼 것인가, 아니면 불편을 극복하고 적극적인 자세로 일을 찾아서 할 것인가는 전적으로 본인의 의지에 달려 있다.

친구 중에 뇌성마비로 팔을 전혀 쓸 수 없는 한 친구는 오직 두 발로 모든 생활을 한다. 그냥 생활만 하는 게 아니라 두 발로 그림을 그리고, 두 발로 시를 쓰며, 두 발로 차를 마시고, 머리를 빗으며, 그 두 발로 어디든 간다.

다른 한 친구는 서울에서 무학력으로 살다가 늦게 결혼하여 가족과 함께 미국으로 건너가 뒤늦게 어려운 공부를 시작했다. 지난 해 51살의 나이로 미국의 명문 버클리 대학에서 만점에 가까운 우수한 성적으로 졸업을 한 그야말로 기적에 가까운 일을 해냈다. 그의 전공은 정치학인데 하반신은 물론 손조차도 자유롭지 못한 중증 장애를 가지고도 안주하지 않고 지금도 열심히 봉사하며 살고 있다. 그의 꿈은 힘들게 공부를 했으니 언젠가는 한국으로 돌아와 같은 처지에 있는 친구들을 위해 일하는 것이다.

그들은 불편한 몸을 탓하지 않고 쓸 수 있는 몸으로 할 수 있는 일을 찾아서 한다. 내가 아는 그들은 철저히 장애를 즐기는 편에 속한다. 그리고 자신의 능력만큼 누군가를 도울 수 있는 일을 찾는다. 한 사람은 족필화가이자 시인이고 한 사람은 작가이자 정치학도인 그들, 한 사람은 한국에 있고 한 사람은 미국에 있다는 것만 다를 뿐 제각각 삶을 사랑하고 노력하는 것은 같다.

7. 도전은 정당했을 때만이 가치가 있다

1978년 에베레스트 최초 무산소 등정기록을 세웠고 그 후 낭가파르밧을 단독 등정, 1986년 로체 서쪽 벽을 마지막으로 14좌를 등정한 기록을 가진 라인홀트 메스너(Reinhold Messner : 1944~)는 『산은 내게 말한다』에서 이렇게 말하고 있다.

"등정의 가장 중요한 의미는 개인적인 경험을 쌓는 것이다. 경험은 늘 개인적이다. 경험을 하는 데는 수많은 방법이 있지만 본질적으로 물리적인 방향과 심리적인 방향이 있다. 두 가지 모두 옳고 중요하다. 당신은 다른 사람에게 마음 편해지는 방법을 배울 수 없으며 인생의 즐거움을 돈으로도 살수가 없다. 비록 도처에 널려 있다 할지라도 말이다. 존재론적인 경험은 누구도 알려주지 않는다. 모든 것은 스스로 해야 한다. 나는 황야에서도 살아남을 수 있다. 왜냐하면 수많은 아름다운 경험을 가지고 있기 때문이다."

우리가 학교에서 그 긴 시간 배운 교과서는 모두가 위대한 영웅의 성공기나 손익계산서를 작성하는 법, 물리법칙이 우리 생활에 주는 영향이나 전쟁으로 점철된 세계사 등 모두가 타인의 이야기일 뿐이다. 여기서 우리는 섣불리 타인의 경험을 자신의 것으로 착각하는 누를 범하기도 하는데, 메스너는 등정의 중요한 의미로 개인적인 경험을 이야기하고 있다.

교과서로부터 얻게 되는 지식은 그래서 시간이 가면 모두 흐지부지 없어지고 만다. 어떤 일이든 경험하는 동안 부딪히게 되는 많은 방해 요소들은 삶이 순탄치 않음을 암시하지만, 몸으로 얻은 것을 온전히 자신의 것으로 보상받는 기쁨은 그만큼 남다르다.

메스너의 말처럼 경험은 누구도 대신해 줄 수 없는 개개인의 소중한 자산이다. 부모는 처음 어느 정도까지는 이끌어주고 보살펴주겠지만 그것은 시한부와 같아서 언젠가는 스스로 선을 긋지 않으면 안 된다. 그러니 할 수만 있다면 조금 더 빠르게 독립을 가르칠 필요가 있다.

엄마의 몸을 빌려 세상에 오긴 했지만 아이는 아이 자체로 충분히 독립적이며 창조적인 존재다. 그러니 아이가 어떤 계기를 통해 어느 분야에 소질을 보이든 그것 또한 전적으로 아이의 몫이다. 아무리 어려도 네 삶은 네 것이라는 인식을 심어주는 일은 그래서 설득력을 갖는다.

나는 아무리 하찮은 일일지라도 스스로 책임감을 가지라고 명령한다.

그것은 자신의 잘잘못이 타인에게 있지 않고 자신에게 있다는 의식을 심어준다. 생이 온전히 자신의 것이라는 자각 없이 진정한 노력을 바치기는 힘들다. 그리고 자신의 노력으로 작은 하나 하나를 이루어나갈 때 그 속도감으로 타인을 위한 배려도 생겨나는 것일 터, 누구에게나 자신을 극복하고 나면 그 다음은 크게 문제가 없다.

8. 봄이 오면 그냥 오겠는가!

절망의 겨울을 견뎌낼 수 있는 건 봄이 있기 때문이다. 봄을 기다리지 않은 사람은 없다. 아무리 절망에 치를 떨던 사람도, 나와 아무 상관이 없다고 믿어온 사람에게도 봄은 온다. 그것은 신이 인간에게 준 가장 평등한 선물이 아닐까 싶다. 다만 형편에 따라 조금 늦게 오고 빨리 오는 차이가 있을 뿐.

이곳 아파트로 이사오기 전 나는 작지만 마당이 있는 주택에서 살았다. 대부분의 주택이 그러하듯 아파트에 비해 겨울은 춥기 마련이어서 봄, 여름, 가을을 잘 지내다가도 겨울이 되면 아무리 보일러를 가동시켜도 추위를 피할 수 없어 불평이 터지곤 했었다. 올해는 무슨 일이 있어도 추위걱정 없는 아파트로 주거지를 옮겨보리라. 나는 근간 매해 겨울마다 집을 바꿔보겠다는 일념으로 길고 추운 겨울을 보내야만 했다. 마음으로는 수없이 이삿짐을 싸며 입춘을 기다리고 우수, 경칩을 기다렸다. 그러나 기다리고 기다리던 우수, 경칩이 지나면 언제 그랬냐 싶게 마음의 변화가 일어나곤 했다. 그건 마당 텃밭에 숨어 있던 싹이 하나 둘 흙을 파헤치고 솟구쳐 오르고 제일 먼저 살구나무가 소식을 알려오고 다투어 목련이 꽃을 피우면 힘든 겨울 동안의 불편한 마음은 눈 녹듯 사라지고 이렇게 좋은 집을 두고 이사는 무슨 이사, 하면서 살아온 것이 14년이었다.

나뿐 아니라 우리 가족 모두를 그 집에 살게 하는 것도 봄이라고 믿었다. 꽃모종을 심고 누가 꽃씨라도 한 봉지 주면 천하를 얻은 것처럼 달떠서 집으로 달려와 마당 귀퉁이에 흙을 파고 씨를 뿌렸다. 꽃이 피고 잎이 피고 대추나무가 그늘을 줄 때 나는 대추나무 밑을 서성대며 아이들이 돌아와 초인종을 누르기를 기다렸다. 붉은 대추를 딸 때쯤이면 긴 겨울의 수고 같은 건 까마득히 잊고 행복이 차 올랐다. 그리고 다시 또 겨울이 오면 봄을 기다리고, 그 봄이 오면 다시 새로운 봄을 기다리고.

우리에게 봄이 없다면 겨울은 단지 조금의 추위를 견디기만 하면 되는 계절이 아니라 참을 수 없는 정신의 궁기로 지리멸렬하고 말 것이다. 그러나 이 궁기야 말로 겨울 다음에 반드시 봄이 온다는 위로로 견딜 수 있게 하지 않던가.

나는 아이들이 무조건 추운 겨울을 대책 없이 지내도록 강요하지는 않는다. 다만 유연하면서도 완고한 자연의 법칙을 잊지 않도록 가르친다. 그리하여 할 수만 있다면 추운 겨울 동안 내공을 기르고 그 대가로 봄을 원 없이 누리도록 한다.

봄을 가장 잘 느끼는 방법은 더 혹독한 겨울을 느끼는 일이 아니던가. 어찌 아이들에게 상처 없는 봄을 어른인 내가 기대할 수 있겠는가. 그러므로 내가 아이를 사랑하는 법은 아이가 고통을 느낄 때 대신 해주는 것이 아니라 그 자리에 함께 있어 주는 것으로 아이를 보호한다. 몸살, 그 피나는 기다림이 없는 겨울이 어디 겨울이며 봄이 온다면 어디 그게 진정한 봄이겠는가.

오늘 나는 이 한 줄의 말씀을 붙잡고 조용히 기다린다.

"깊은 침묵 속에 앉아 있거라. 봄이 오면 풀들은 절로 싹이 터서 자랄 것이니."

- 『반야심경』 중에서 -

9. 세상으로부터 받은 가장 감동적인 선물, 두 딸!

사전에서 '자연' 이란 단어를 찾아보면 '자연-스스로 그러함' 이라는 정의가 있다. 사전적 해석치고는 너무 시적(詩的)이다. 나는 자연이라는 단어 자체를 좋아하지만 그보다는 '스스로 그러함' 이라는 해석을 더 좋아한다. 어느 봄날 나란히 산책하는 두 딸을 보고 있으면 나는 스스로 그러함이라는 소박하고도 눈부신 단어를 떠올리지 않을 수 없다. 딸 가진 어미만이 느낄 수 있는 그것,

'오, 그렇구나, 스스로 그러하구나 하는'

며칠 전 지현이가 집에 와서 엄마 힘들다고 대청소를 해주고 가던 날 나의 짧은 일기는 이렇게 시작하고 있었다.

"내 아이들은 보다 따뜻했으면 좋겠다. 나는 아이들이 주말연속극으로 흥분하기보다는 자신의 정체성과 이상과 가치관으로 하여금 참을 수 없는

존재의 가벼움에 대해 생각할 수 있기를 바라지만 그럴 수 없다해도 상관하지 않겠다. 다만 나의 딸들은 화려한 포장 속의 장미가 아니라, 신문지에 둘둘 말은 붓꽃이면 좋겠다."

딸과 아들이 다른 점이 있다면, 엄마 생일날 화원에 가서 꽃바구니를 부탁할 때 아들은 "알아서 주세요!" 한다면, 딸은 "우리 엄마가 좋아하시는 프리지어로 주세요!" 라고 말하는 것이다.

세상으로부터 받은 가장 감동적인 선물을 꼽으라면 한아름의 프리지어보다 천만 배는 더 향기로운 두 딸이다. 나는 두 딸로 하여금 누구도 흉내낼 수 없는 삶의 희로애락을 맛보았다. 그것은 나의 생을 소소하지만 매우 은밀한 기쁨으로 전율하게 했다.

감히 나는 말한다. 아들이어도 좋았겠지만 딸이어서 더 즐거웠고 더욱 행복했노라고. 돌아보면 딸들은 솜사탕처럼 부드럽고 눈부신 사랑을 내게 주었다.

사람들은 나를 아줌마, 시인, 여행가, 선생님으로 부르지만 내겐 그것과 비교할 수 없는 귀하고 소중한 이름이 있다. 내 딸들이 부르는 "엄마!"라는 호칭은 내가 세상으로부터 들었던 많은 호칭 중에서 가장 특별했고 가장 귀했으며 가장 행복한 존재로 살게 했다.

너무 빨리 마친 내 어머니의 생을 대신해 나는 내 딸로부터 더 많은 "엄마!" 소리를 들으며 겨울 고목처럼 조용히 나이 들어갈 것이다. 젊은 날이 그러했듯 나이 들어서 듣는 엄마 소리는 나를 더욱 온전한 어머니로 살게 할 것이다. 나는 내 딸들에게 세상에서 가장 닮고 싶은 사람으로 남고 싶지만 그럴 수 없다해도 상관하지 않겠다. 나는 누구보다 즐거웠고 행복했다. 세상에 두 아이가 내 딸이었다는 것만으로도 충분히.

두 아이가 어렸을 땐 세상에서 가장 갖고 싶은 예쁜 장난감을 얻은 기분이었는데, 키가 자라면서 아이들은 귀한 보석이 되었다. 그러나 사랑이라는 이름으로 이제 나는 아이들에게 날개를 달아줄 때가 되었다는 걸 본능적으로 깨닫는다. 내 몸을 빌어 세상에 온 장난감이고 보석이지만 이제는 스스로 키운 날개로 멀리 보다 높은 곳으로 날려보낼 준비를 해야 할 때다. 장난감이나 보석보다 더 마음에 드는 것이 날개를 가진 새가 될 줄은 몰랐다.

나는 이 다음, 햇살 눈부신 흔들의자에 앉아 다음과 같은 회상을 할 것이다.

"내겐 눈에 넣어도 아프지 않은 딸이 둘 있었지, 수많은 희로애락의 선물 보따리를 안겨주었던 예쁘고 신비한 장난감들, 누가 그것들을 내 손에서 거둬갔을까? 시간이, 세상이, 그 어여쁜 새들을 하늘 멀리 날려보냈겠지, 다시 태어나 그분께서 내게 무엇을 갖고 싶으냐 묻는다면 나는 고민하지 않고 말하겠네, 딸을 달라고, 그것도 예전에 내게 주었던 그 두 딸을 다시 달라고 말야."

아름다운 것은

| 제6부 |

슬프단다

✳ 작은딸 지희에게

혹, 너 기원에 대해 생각해본 적 있니?

우선 원하는 것을 마음으로 정한 다음 자주 그것을 떠올리는 거다, 아니 입으로 마음으로 자주 암송하고 잊지 않으려고 노력하는 거다. 그리고 어떤 경우에도 그것이 마음을 벗어나지 못하도록 붙잡는 거다. 기원은 결과와 상관없는 과정을 뜻한다. 그러니까 엄마가 네게 가르쳐 줄 수 있는 기원의 기술은 눈을 감고 조용히 네 자신과의 대화를 끊지 않은 거다.

가을

나는
소나무에게 말한다
혹은 소나무에 기댄
상수리나무에게
'사랑해'
나는 어둠에게 말한다
시든 개망초꽃과
등 푸른 개구리에게
미친 바람에게 말한다 '사랑해'
달디단 슬픔에게
유리구슬에게 빗방울에게
못생긴 돌에게
상처에게 말한다 '사랑해'
나는 전쟁에게 미친 고속도로에게
인터넷에게 미사일에게
그러나 다시 빵에게
커피와 노래에게
혹은 인형에게 말한다
애인이 아닌 애인에게
'사랑해' 라고

1. 한 번 더 생각해 줄 수 없겠니?

🍎 어릴 적부터 어버이날이나 생일이 되면 엄마가 제일 원하고 기다리던 선물이 있었지. 그건 네 편지를 받는 것이었잖아!

기분에 따라 짧기도 길기도 한 편지였지만 편지를 받을 때마다 네가 얼마나 생각이 컸는지를 감지할 수 있게 했다. 감히 말하지만 네 편지는 엄마에게 뭐라 표현할 수 없는 은밀한 기쁨을 주었다. 매번 참 엉뚱한 발상으로 넌 엄마를 웃게 했잖아.

그때 네가 했던 말 기억하니?

승봉도에 가서 작은 책방 꾸며 놓고 읽고 싶은 책 실컷 읽으며 사는 게 소원이라고 했던 언니와 달리 에버랜드의 문을 닫아걸고 혼자 실컷 놀아보는 게 소원이라고 했던 말, 그런 말이 네 입을 통해 나왔을 때 엄만 참 너다운 발상이라며 많이 웃었다.

그랬지, 중학교 때, 우울한 사춘기를 보내는 널 보며 내가 생각하고 믿었던 것은 어떤 상황에서도 네 자유로운 사고가 꺾이지 않기를 바랐는데 엄마의 믿음대로 너는 잘도 그 긴 터널을 뚫고 여기까지 왔구나.

편지를 받고 너 못지 않게 엄마도 감동했다.

네가 엄마를 이해하려 하고, 이제는 엄마가 걱정하지 않아도 될 만큼 생각이 자랐다는 것에 대한 안도와 감사가 깃든 감동이었을 게다. 그러나 걱정이 아주 없는 건 아니다. 네가 공부에 별 흥미를 느끼지 못해 글을 쓰고 싶다고 했을 때 엄마는 가슴이 철렁했다. 유감스럽게도 가장 권하고 싶지 않은 그 일을 하고 싶다니 운명의 장난 같기도 하고 아이러니가 아닐 수 없다.

어느 심리학자의 이론을 빌리면서까지 그 말을 해석해보고 싶지는 않다만 여러 번 이해시키고 회유시킨 그 후에도 요지부동이라면 엄마로서도 달리 방법이 없다. 하지만 욕심 같아서는 네가 좀 더 생산적이고 건강한 정신을 가질 수 있는 안목 있는 전공을 택했으면 하는데 아직 늦지 않았으니 다시 한 번 엄마의 마음을 재고해 주겠니? 이 다음에 후회를 줄여줄 뻔한 계산 때문만은 아닐 거라 이해해 주었으면 좋겠구나.

막내야.

친구를 앞지르는 몇 점의 점수보다는 주위의 모든 사람들과 인간적인 유대관계가 더 중요한 것은 당연하다. 하지만 아무리 힘든 공부일지라도 하지 않으면 안 되는 날은 길지 않다는 것이다. 무슨 일이든 때가 있는 법이다. 때를 잘 활용하는 사람은 적은 시간을 투자하고도 보다 나은 효과를 누릴 것이고, 그렇지 못한 사람은 그보다 더한 시간과 노력을 기울이고도 결과에 만족하지 못할 것은 뻔한 이치지. 지혜로운 사람과 그렇지 못한 사람은 그럴 때 드러나는 법이다.

엄만 어떤 경우에도 네 정신적 후원자임엔 틀림없지만 그러나 누구에게나 있는 결정적인 순간에 인생은 그 어떤 후원자의 역할로도 대신 할 수 없는 일인극이라는 점 명심해라.

너는 아직 어리고 좋은 글을 쓰고 싶다는 희망이 있으니 그건 엄마의 희망과 그리 다르지 않아 위로가 되기도 하지만, 내가 알고 있는 그 길은 희망만으로는 갈 수 없는 도처에 잠복하고 있는 복병을 지레 겁먹고 다른 엄마들과 조금도 다름없는, 아니 갑자기 세상의 모든 비겁함을 내가 앞장서 지고 있는 듯한 무겁고 복잡한 심사를 피할 도리가 없다.

젊은 시인 지망생 카프카의 작품을 읽고 답장 형식으로 보낸 편지에서 릴케는 다음과 같이 말하고 있구나.

"쓰고 싶은 욕구가 당신의 가슴 깊숙한 곳으로부터 뿌리가 뻗어 나오고 있는지, 또 쓰는 일을 그만 두라면 차라리 죽음을 택할 수밖에 없는지 자신에게 물어보세요. 만일 당신이 글을 쓰지 않으면 죽을 수밖에 없다고 그 진지한 의문에 대해 명확한 답이 내려진다면 주저 없이 당신의 생애를 그 필연에 의지해 만들어 가십시오."

17살 너에게 분명 공부는 인생의 전부가 아니다. 그러나 따지고 보면 공부가 아닌 그 어떤 것 또한 인생의 전부는 될 수 없다. 굳이 욕심을 부린다면 지혜로운 선택이 네 삶에 진정한 행복을 가져다주기를 엄마는 바랄 뿐이다.

밤이 늦었다. 네 마음이 담긴 편지는 고마웠고 예쁘고 건강한 지금의 네 모습, 엄만 오래 간직하고 싶구나. 어제 집안의 페인트칠을 도와 주는 널 보며 뿌듯했다. 우리가 함께 노력하면 행복하지 못할 이유는 어디에도 없다.

잘 자렴, 기특한 내 새끼.

2. 이름에 답하는 삶

　지난 번 편지 서두에 너는 날 사랑하는 "김인자 엄마"라고 했었지? 너 어렸을 때 우리는 3층 맨션에 살았었잖아. 마당에 나가 신나게 놀다가 뭔가 필요하면 "엄마!" 하는 첫마디에 내다보지 않으면 다음엔 더욱 힘을 실어 고함을 쳤는데 그때 뭐라고 불렀는지 기억하니? 언제나 "김인자 엄마!"였다. 아파트에서 뿐만 아니라 네가 가는 곳은 어디든 엄마를 부르는 소리는 그냥 엄마가 아니라 유별나게도 늘 "김인자 엄마"였다. 지나가던 사람들은 저렇게 작은 애가 제 엄마 이름을 부르다니! 하면서 의아해했지만 대부분은 아이의 장난으로 여기며 웃고 지나갔다.

　네 손을 잡고 유럽으로, 미주로 돌아다닐 때에도 낯선 사람들 틈에 끼어 엄마가 조금만 안 보이면 그곳에서도 이름을 불러 찾곤 했잖아. 아무리 먼 곳에서도 나는 대한민국 국적을 가진 지희 엄마 김인자였고 너는 김인자 딸 허지희였지.

　어린 마음에 다른 아이들이 그냥 엄마라고 부르는데 너도 그렇게 부르면 엄마가 네 목소리를 알아듣지 못한 거라는 불안한 심리 때문이었는지 아니면 보다 확실하게 김인자가 다른 아이의 엄마가 아닌 네 엄마라는 구체적인 소속감을 주려했던 것인지 지금도 그 의문은 풀리지 않고 있다.

아파트에 사는 사람들은 매일 네가 마당에서 엄마 이름을 부르는 바람에 엄마를 모르는 사람은 없었다. 그 때문인지 신춘문예에 당선이 되고 내 이름을 신문에서 확인한 어느 분은 전화를 걸어 사실을 확인하는 등 너희들 때문에 일찍이 엄마 이름을 알리는 데는 별 문제가 없었다.

김인자 엄마! 그 김인자가 시인이 되고 묻혔던 이름을 여기저기 지면에 드러내자 사람들은 이 촌스런 이름에 대해 재미난 반응을 보였지만 이름 때문에 나를 소개할 때나 명함을 내밀 때 주춤거려본 적은 한 번도 없었다. 오히려 자랑스러웠다고나 할까. 무엇이든 그대로 보여주고 당당해야 한다는 소신은 변함 없는데 새삼스럽게 다 큰 네가 "김인자 엄마!" 하니까 옛날 생각이 되살아나 혼자 즐거워했다. 그래, 엄마를 불러도 이름을 함께 불러야 직성이 풀렸던 네가 이제는 엄마보다 한 뼘이나 더 키가 자랐는데도 여전히 목소리는 그 톤이다.

며칠 전 네 편지를 읽고 이제 와서 엄마는 네가 그렇게 큰소리로 불러주었던 이름에 충분한 역할을 했는지 자문하지 않을 수 없었다. 작가로서만이 아닌 오직 허지회 엄마로서 언제나 당당히 이름을 불러주기에 조금의 부끄러움도 없었는지 말이다. 엄마 이름을 지어준 외할아버지는 엄마에게 신(神) 같은 존재였다. 그러니 내 이름은 신이 지어준 이름이라 여겨 함부로 대할 수 없었고 절대의 애정을 가질 수밖에 없었다. 이를테면 그렇다.

태어나 처음 이름을 갖게 되면 대부분의 사람들은 죽을 때까지 하나의 이름으로 그 사람을 각인시킨다. 이름에 애정을 가지고 자랑스럽게 빛내 주기를 바라는 건 물론 이름에 부끄럽지 않을 만큼 책임의식을 가지라는 암시적인 체면까지도 담고 말이다.

예전 농경사회였을 때는 여자가 감히 어디서 이름 석자를 맘놓고 드러냈겠니. 하지만 지금은 남녀가 평등은 아니라도 비슷한 위치에까지 오르려하고 있으니 여자도 사회에 부흥할 수 있는 존재여야 함은 두말 할 필요가 없겠다. 그럴 때 이름은 최우선으로 자신을 구별해 소개할 수 있는 필수도구에 속한다.

지희야, 이름을 가진다는 건 존재의 증표(證票)로써 개개인에 대한 나름의 구별법이기도 하다. 앞으로의 네 삶이 이름을 준 부모의 기대에 조금이라도 부응해주기를 바라지만 그러나 자기 이름을 스스로 사랑하는 일은 어느 일 못지 않게 중요하다. 네가 작가가 되든 컴퓨터 프로그래머가 되든 현모양처가 되든 그건 충분히 생각한 다음 자유롭게 결정하면 된다.

그러나 은밀히 말하면 나는 원래 김인자가 될 수 없고 너 또한 허지희가 아니다. 생각해 보렴, 우리는 자신의 의지와 상관없이 세상에 왔고 내 것이 아니면서도 내 것이라 믿고 있는 것들은 이름 외에도 얼마든지 있으니까.

부탁이다. 주위 사람들의 기대나 시선은 그리 마음에 두지 마라. 누가 뭐라 해도 엄마는 엄마 방식대로 너를 믿을 것이니, 이제 너는 그런 관념으로부터 자유로워지는 훈련이 필요하다. 심사숙고했다면 결과에 집착하지 말고 과정을 즐겨라. 바란다면 김인자 딸이 허지희이고 허지희 엄마가 김인자라는 걸 서로 잊지 않았으면 좋겠다.

許智姬, 언젠가 네 이름이 엄마가 이곳을 떠나고 없는 후에도 변함 없이 네 삶을 빛나게 해주리라 믿는다. 아끼고 사랑해야 할 것이 어디 이름 석자만이겠니. 하지만 무엇을 이루려 하기 전 가장 먼저 자신의 존재를 긍정하고 사랑하는 일부터 시작하렴. 타인으로 인해 자신의 소중한 삶을 손해보는 어리석은 사람은 되지 말아야지. 김인자도 허 지희도 이 세상엔 참으로 둘도 없는 너무나 귀한 존재다. 그렇지?

아침에 지각했을 텐데 혼나지 않았을까 걱정스럽다. 이름처럼 지혜롭게 대처했겠지?

3. 벌써 고3이 되었구나

막내야! 고3 수험생, 이 말은 아주 오래 기다려야 적용될 것 같았는데 어느 새 너는 고3이다.

중학교에 입학할 때만해도 네가 고3이 될 때쯤이면 입시제도가 완전히 달라져 원하는 대학 가기가 한결 수월해질 거라 입을 모았었는데 무엇 하나 달라진 것 없이 너는 수험생이 되었구나.

걱정이 많겠지?

많은 사람들은 공부 못 해 결국 좋은 대학에 진학하지 못한다면 이 나라에서 살아남을 수 없다고 경쟁심을 부추기지만 너도 알다시

피 엄만 예외다. 바라기는 너희들에게만은 지혜로운 어른으로 남고 싶었는데 잘 지키지 못한 걸 보면 나도 많이 부족하고 모자라는 사람이다.

지금 너는 아침 7시에 등교하고 밤 10시 30분까지 자율이라는 명목 아래 교실을 지켜야 하는 어쩔 수 없는 수험생이다. 맘 같아서는 너를 그 교실 지킴이에서 자퇴시키고 싶지만 한편으로는 그렇게만 생각할 일만은 아닌 듯하다. 왜냐하면 공부만을 위한 공부라면 엄만 당연히 반대편에 서겠지만 맘껏 사유하고 체험해야 할 귀한 시간에 좁은 의자에 붙박여 이 좋은 봄날 교과서와 씨름하다보면 지식적인 그 이상의 무엇이 네 맘 한구석에 남지 않을까 하는 실낱같은 기대감 때문이다.

그러나 명심해 주겠니, 냉정하게 말해 네 정신의 곳간에 아주 열심히 지식을 쌓아야 할 때가 있다면 바로 이 순간 그러니까 지금이다.

이 다음에 성인이 되면 뜻하지 않은 시련들을 인내로 극복하지 않으면 안 될 일이 한두 번이 아닐텐데 지금의 네 자신을 다스리는 것만큼 결과가 따르지 못한다 해도 참는다는 것 한 가지만으로도 힘을 실을 수 있고 의미 있는 일이라 여겨 묵인하기로 했다. 이건 엄마의 사고가 흔들리거나 지금의 교육정책에 아부하는 동조성 발언이 아니라 어차피 너는 앞으로 이 땅에 뿌리를 내리고 살아야 할 사람이니 그 정도 인내는 당연히 감내해야 하지 않겠니.

그러나 보이지도 않은 것을 믿고 희망하는 것은 역시 어려운 일이다. 네가 처음도 아니고 고모나 삼촌 그리고 언니까지도 지금의 입시제도에 희생이 되었던 사람들이 아니더냐. 하지만 삶이 계속 지금과 같다면 누구도 순순히 견딜 사람은 없을 것이다. 다행히 공부, 그건 시한부 고통일 뿐이다. 그러나 성인이 된다해도 명목만 다를 뿐 고통이 줄어들거나 없어지는 건 아니니 지금의 시련을 피하지 말고 정면으로 맞서는 것도 필요하다.

늦은 감은 있으나 지난 번 엄마가 부재중인 동안 여러 모로 잘해 주어서 대견스러웠다. 기대 이상으로 집안 일이며 학교 일도 잘해냈더구나. 늘 어리다고만 생각해 반신반의했었는데 이제는 그럴 필요가 없으니 한편으론 고맙고 한편으로 어느 새 다 커버려 서운하기도 하다.

뿐만 아니라, 그 정도면 고등학교생활 1, 2학년 내내 기대 이상이었다. 이건 성적으로 말하는 게 아니고 학교 적응력이며 친구관계, 선생님과의 관계 등등 모두를 종합해서 하는 말이다.

늦지 않게 선생님께 마음을 다해 감사드리는 것 잊지 마라. 사람은 겉으로 보여지는 앞모습보다는 뒷모습이 오래 기억되어야 진정으로 좋은 사람이다. 마음이 아름다운 사람은 오래 향기를 지속시키는 법이지.

새벽에 교복을 입고 현관문을 나서는 너를 마중하고 돌아서면 네가 남기고 간 향기, 마치 싱그러운 열대과즙처럼 코를 흠흠거리게 되는 기분 좋은 느낌을 너는 잘 모를 게다. 그리고 하루 종일 아무도 없는 적적한 집에 혼자 있다가 네가 벨을 누르고 현관문을 들어서면 다시 엄만 봄 냄새에 취하고 만다. 18살, 너는 봄이고 봄꽃처럼 예쁘다. 아니 봄꽃보다 더 싱그럽고 눈부시다. 그러니 네가 곁에 있으면 엄마는 따로 봄을 찾을 필요가 없다. 네가, 네 향기가 바로 봄이니.

고단하지? 고3 수험생. 공부와 상관없이 정신적인 압박에서 어느 한순간도 자유로울 수 없는 지금의 자리. 그런 과정이 없으면 너는 건강한 성인이 될 수 없다.

힘들어도 잘해낼 거지? 너를 위해 감히 부탁하는데 싫은 공부라도 즐기려 노력하면서 남은 시간 보람되게 보냈으면 좋겠구나. 이른 새벽에 집을 나가 늦은 밤에 귀가하는 날이 이제 얼마나 되겠니. 엄마에게 늦은 저녁 너를 맞으러 가는 역할을 주어서 고맙구나. 과정에 충실했다면 결과는 아무래도 좋다. 쉬는 시간엔 교실에만 있지 말고 운동장에 나가 하늘을 보며 뛰고 소리 지르고 한껏 기지개도 켜고 그래라.

오늘도 나는 너의 상큼한 문자 메시지를 기다리며 한나절을 보냈다. 엄마에게 말하고 싶지 않은 고민이 있다면 언니와 의논하렴.

엄마도 아빠도 언니도 언제나 네 편이라는 것 알지?

4. 지금은 마인드 컨트롤이 필요하다

수능시험이 이제 100일이 남았다구? 이럴 때 나는 '이제 100일밖에 남지 않았구나' 그래야 하는지 '아직도 100일이나 남았구나' 해야 하는지 한 박자 호흡을 늦추면서 생각하게 된다. 그러나 엄만 분명 후자다. 아직도 100일이나 남았는데 뭐 그거다.

오늘 네가 학교에서 돌아오면 성인식을 치르듯 와인이라도 한 잔 권할까 했는데 뭐 친구 집에서 하루 저녁 놀겠다구? 그래, 그것도 좋은 방법이다. 요즘 더위 때문에 수능을 준비하는 아이들이 모두 지치고 힘들 때라는 걸 자율학습을 못 견디고 아무 때나 불쑥 현관문을 들어서는 널 보고 왜 모르겠니? 공부 안 하는 안타까움보다는 어디 또 아프지 않나 해서 일찍 귀가하는 날은 엄마 상상력이 현실을 앞질러 불편한 것도 사실이다.

모든 어른들이 원한다 하여 굳이 하기 싫은 것을 할 필요는 없다. 지난번에도 말했지만 한번쯤 죽을 힘을 다해 노력하는 그 정도의 시도는 해봐야 하지 않겠니. 엄만 노력하는 모습을 보고 싶을 뿐이다.

인생에 있어서나 학습에 있어서나 복습은 단순한 반복이 아니라 늘 새로운 시작이다. 조금 전까지 익혔던 공부는 조금 전으로 끝이고 지금 하는 공부는 지금으로써 새로운 시작이다. 공부를 지겹게 생각하지 않으려면 늘 새로운 시작을 하고 있다는 자기 최면도 필요하다는 말이다.

어젯밤 삼촌과 나란히 걷는 네 모습을 뒤에서 지켜보며 엄만 많이 대견하고 내심 흐뭇했다. 대화의 주제며 삼촌을 배려하는 마음이며 뒤따라 걷는 엄마를 헤아려주는 것 모두 그랬다.

모처럼 언니가 집에 와 엄마가 주방에 머무는 시간이 많아지면서 그 동안 있었던 크고 작은 일들을 재잘거리며 뒤에서 접시를 닦아주는 너희들. 무슨 할 말이 그렇게 많은지 이야기는 밥상에 둘러앉아서도 그치지 않았고 몇 시간이 얼마나 빠르게 흘러갔는지. 가족들이 큰 상에 둘러앉아 이야기꽃을 피우며 나누는 식사, 그 작은 일상의 소소한 풍경이 얼마나 소중한 행복인지를 아직 너는 잘 이해할 수 없을 것이다.

혼자만 즐거우면 그건 행복이 아니다.

진정한 행복은 자신은 물론 가족과 친지, 나아가서는 세상이 함께 화평해야 되는 일이다. 자신보다는 타인을 배려하는 마음이 우선되어야 하고 그것이 힘들다면 남에게 덕을 베풀지 못할망정 해를 끼쳐서는 안 되는 것도 그런 이유다.

막내야, 혹시 네게 마술 같은 일이 일어나기를 바란 적 있니? 생각해보면 어느 땐 마술처럼 문제가 스스로 알아서 해결되기도 했을 것이다. 문제가 생기면 그때 그때 감정적으로 대응하는 것만큼 어리석은 일은 없다. 시간이 지난 후 돌아보면 그 문제는 해결되었던 게 아니라 잠시 물밑으로 가라앉아 있었다는 걸 알게 될 것이다. 그러니까 한 발짝 물러나 냉정하게 생각한 후 대처하는 것이 현명하다. 문제의 올바른 해결은 뿌리를 뽑는 것 외에 달리 방법이 없다. 행여 눈 가리고 아웅을 생각했다면 지금부터라도 생각을 바꿔라 알았니?

이제 100일 남은 수능, 너무 예민하게 자신을 괴롭히지 마라. 편히 기다리다가 되는 대로 거두자. 조급할 필요도 섣불리 낙심할 까닭도 없다. 좋은 컨디션을 이어갈 수 있도록 힘들면 쉬고 놀고 싶으면 놀아야지. 그러나 때로 네 언행이 경박하거나 교만하거나 경솔한 것은 아닌지 생각하고 중요한 것은 평상심을 잊어서는 안 된다는 것이다. 네 삶은 네가 주인이니까?

그렇게 덥던 날씨가 웬 일로 소나기라니?

너도 연일 폭염 속인 엄마의 삶에 한줄기 소나기 같기를 기대한다면 지나친 욕심일까?

5. 수고했다, 막내야

　오늘 새벽, 곤히 잠자고 있는 네게 엄만 오래 엉덩이를 두드려주며 네 뺨에 몇 번인가 입을 맞추며 기도를 했다. 그 동안 참 많이 애썼다고. 그러니 오늘 하루 잘 마무리하게 도와달라고.

　너를 고사장으로 들여보내고 돌아서는데 주책없게 왜 또 눈물이 났을까? 그리고 집으로 돌아와 불과 서너 시간이 지났을 뿐인데 오늘 하루는 마냥 길게 느껴질 모양이다. 학교에 도착했을 때 배가 아프다고 했는데 괜찮은지? 머리는 아프지 않은지? 지금쯤 잘하고 있을까? 너를 들여보내는 순간 모두 잊으려고 했는데 그건 잠깐의 결심일 뿐 엄만 너를 또 걱정하고 기다리게 되는구나.

　미안하다.

　그 동안 엄마 역할, 생각만큼 현명하지 못해 정말 미안하다. 아무리 엄마가 널 배려한다 해도 그건 어디까지나 엄마 생각이고 네가 바라는 건 다를 수도 있었을 텐데 알게 모르게 많은 부분 엄마의 욕심이 개입했을 게다. 이제 엄마는 네가 어떤 결과를 가지고 돌아오든 그것으로 문제삼지는 않을 것이다. 왜냐하면 넌 아주 건강하게 고등학교 과정을 마쳐주지 않았니. 그것만으로 감사할 뿐이다. 자유롭고 감성적인 네가 학교 룰에 적응하는 동안 적지 않은 내면의 갈등을 겪으며 묵묵히 인내하고 극복해준 것 정말 고맙구나.

특히 고등학교 3학년 동안 하기 싫은 야간 자율학습에 묶여 밤늦게까지 그렇게 힘들어하면서도 어쩌면 한 번도 엄마에게 아니 그 누구에게도 짜증 한 번 부리지 않고 참아준 건 이제야 말하지만 정말 놀라운 절제였다. 그렇게 노력했으니 조금 부진한 결과가 나왔다 할지라도 너로서는 최선을 다했다는 것을 엄마는 인정하지 않을 수 없다.

등하교 시간에 이어폰을 나누어 끼고 했던 데이트는 짧아서 그랬을까 매우 달콤했다. 아무리 피곤하고 지쳐도 네가 나를 위로해 준 건 어려울 때마다 힘이 되었다. 우린 모녀이기보다는 친구였는데. 너도 알지? 늦은 밤 학교 운동장을 돌며 너를 기다려온 엄마가 무슨 생각을 했는지. 아쉽지만 교복차림으로 마트에서 맛있는 것을 고르며 깔깔대던 시간과 팔짱을 끼고 우리의 세느 강변인 매교 천변을 산책하던 일도 이젠 끝이다.

내키지 않겠지만 눈을 질끈 감고 더 넓은 세상으로 너를 떠밀어야 할 시간이 온 것이다. 곧 너는 성년이 될 것이다. 불행하게도 성년이란 네 마음대로 무엇이든 할 수 있는 자율보다는 모든 행동에 책임이 따르는 압박이 우선인지도 모른다. 이제 엄마가 해줄 수 있는 건 없고 모두 네 스스로 극복하지 않으면 안 되는 숙제만 남았다.

지금 생각하니 아침에 나도 모르게 눈물이 왈칵 했던 이유도 그 때문이었을 게다. 이제 곧 너를 세상으로 등 떠밀어야 한다는 것.

우리가 모녀인 것은 그냥 단순한 인연만은 아닐 게다. 생각해 봐라. 그 넓은 세상 수십 억 중에 우리가 엄마이고 딸인 것이 어디 간단하게 이야기할 수 있는 인연인지. 나는 네게 세상에서 가장 엄격한 선생이자 따뜻한 어른이고 싶었다. 그건 모든 사람에게 가능한 일이 아니라 엄마만이 할 수 있는 고유 권한이자 특권이기 때문이다. 엄만 네게 자처했던 악역을 사랑한다. 가장 나쁜 역은 가장 애정이 있는 사람에게만 보여줄 수 있는 단수 높은 연기이기 때문이다.

엄만 결과에 집착하지 않을 것이니 돌아오면 아무 생각 없이 푹 쉬고 내일은 내일 다시 생각해라.

된장찌개를 맛있게 끓여놓고 널 기다리마. 엄마가 널 위해 이제 몇 번이나 따뜻한 밥상을 마련할 수 있겠니? 그렇게 생각하면 오늘 저녁 한 끼의 밥상도 결코 작고 하찮은 행복은 아닐 것이다.

불과 몇 시간 전에 본 네가 또 보고 싶구나. 네가 돌아오면 아주 많이 안아주고 싶다. 그래서 엄만 못 말리는 아줌마인가보다.

정말 수고했다. 착하고 착한 내 새끼!

6. 비로소 너는 세상을 공부할 때

이제 비로소 너는 세상을 볼 나이에 이른 것일까? 대학 정시 원서 마감이 끝나고 3 대 1, 10 대 1, 12 대 1의 다양한 경쟁을 눈앞에 두고 어젯밤 너는 어떤 생각을 하며 잠자리에 들었을까? 그래, 그래서 해 볼 만한 거라고 스스로 네 자신을 타이르며 위로하지는 않았는지, 아니면 벌써 조금만 더 노력했으면 하는 생각이 너를 괴롭히지는 않았는지.

어른들이 네게 공부해야 하는 이유를 나열하며 왜 그래야 하는지 구체적으로 감이 오지 않을 때 너는 어떤 생각을 했는지. 내가 보기에 너는 어른들이 가르쳐서 안 되는 것들을 이미 배운 것이나 다름없다. 이를테면 절망이나 희망 같은 것.

이제 너는 많은 선택과 시험 중 고작 하나의 작은 시작을 눈앞에 두고 있을 뿐이다. 이 선택이 네 인생을 좌우할 수 있는 일이긴 하지만 전부는 아니다. 지레 겁먹거나 앞서 절망하기에는 너무 많은 세상의 시험이 너를 기다리고 있다.

그러나 네가 내게 늘 걱정 말라고 했던 것처럼 나는 걱정하지 않을 것이다. 길은 한 곳에만 있는 게 아니라 여러 곳에 있고 네가 찾으려는 의지만 꺾이지 않는다면 분명 위기가 기회가 될 수 있는 길은 얼마든지 있을 테니까.

오후에 어떤 시를 읽고 해석하는 우리의 관점은 매우 달랐다. 물론 네가 아직은 시를 이해할 수 있는 눈을 갖추지 못했다 해도 어디까지나 작품을 접하고 해석하는 것은 보는 이에 따라 각양각색일 수밖에 없지만, 문학은 옳고 그름이 없고 좋은 문학과 그렇지 못한 문학이 있을 뿐이다. 그러나 비평적인 사고로 본다면 자신의 생각, 그러니까 남과 다른 관점으로 접근해보는 건 누구에게나 필요하다. 문제는 그것을 이해하려는 노력이 얼마나 있었냐는 것이지 다르다는 것을 나쁘게 해석할 이유는 어디에도 없다. 문학은 뜬구름이 아니라 구체적인 시대의 반영이고 보다 적극적인 현실의 고찰이다. 글이 투명해야 하는 이유도 여기에 있을 것이다.

어제 너와 단둘이 앉아 음식을 놓고 내가 했던 이야기는 '편식'에 관한 것이었다. 나는 누구에게나 편식은 필요하다고 역설했는데, 그건 보다 발전된 삶을 지향하기 위한 단계로써 음식뿐 아니라 독서를 할 때도 마찬가지라고 했다. 똑같이 주어진 시간이지만 무엇을 선택하느냐는 삶의 질을 바꿀 수도 있기 때문이다. 바라건대 너도 편식할 줄 아는 혜안(慧眼)을 가졌으면 싶다. 그러기 위해서는 네 삶을 이끌어 줄 수 있는 훌륭한 스승을 한 분쯤 모시는 게 좋겠으나 그것은 생각만큼 쉬운 일이 아니니 기다려 보렴. 그리고 중요한 것은 무엇보다 많은 경험을 몸소 체험하는 것이다. 책에서 얻은 지식을 머리에 쌓아 두기만 하면 그건 죽은 지식일 수밖에 없다. 그래서 나는 해박한 이론을 가진 자들을 존경하지 않는 대신 작지만 그것을 실천하는 사람을 존경할 뿐이다.

돌아오는 성탄절에는 더욱 많은 감사가 우리를 찾아올 것이다. 언제나 예쁘고 착한 네가 있어서 우리 집은 더없는 축복이다.

어쨌든 우리가 기다리는 결과는 시간을 필요로 하는 일이다. 아껴야 할 것은 시간만이 아니지만 마음을 차분히 가라앉히고 남은 실기 고사를 위해 무언가 새롭게 시작하는 기분으로 학습하며 조용히 기다려보자. 좋은 결과가 있을 것이다.

지희야.

혹, 너 기원에 대해 생각해본 적 있니?

우선 원하는 것을 마음으로 정한 다음 자주 그것을 떠올리는 거다, 아니 입으로 마음으로 자주 암송하고 잊지 않으려고 노력하는 거다. 그리고 어떤

경우에도 그것이 마음을 벗어나지 못하도록 붙잡는 거다. 기원은 결과와 상
관없는 과정을 뜻한다. 그러니까 엄마가 네게 가르쳐 줄 수 있는 기원의 기
술은 눈을 감고 조용히 네 자신과의 대화를 끊지 않은 거다.

오늘 밤, 아니 당장 지금이라도 한번 시도해 보겠니? 산만한 심신
을 한곳으로 모으는데 도움이 될 것이다.

7. 프라하 성을 거닐던 그때처럼

막내야, 요즘 많이 힘들지?

1시간에 2,300원의 급료를 받고 일하는 네가 지쳐 귀가했을 때, 엄
마는 그 날 벌어들인 정신의 수익을 번 돈 더하기 10배쯤으로 계산
한다. 생각해보니 10배는 조금 더 될 것 같기도 하고 어쩌면 안 될
것 같기도 한데 너는 어떤 계산법으로 힘든 노동에 임하는지 궁금하
구나.

최고나 최상이 되기 위해선 바닥을 배우고 체험하는 일이 중요하지
만 네가 정말로 원하는 것이 땀흘려 일해 받는 돈 몇 푼인지, 아니면
세상을 보다 넓게 보겠다는 마음의 도전장 같은 것인지 묻고 싶다. 일
이 끝나고 쪼로록 뛰어 현관으로 들어설 때 너는 늘 웃는 얼굴인데 그
것은 걱정하는 엄마를 위한 배려인지 아니면 정말 하루종일 앉지도

못하고 노동을 견딘 자신이 스스로 자랑스럽고 대견해 그러는 건지 그것도 궁금했다.

진정 세상을 배우는 데 목적이 있다면, 되도록 저임금 중노동의 현장으로 보내고 싶지만, 지금 너는 일이나 돈 어느 것도 탐할 시기가 아니어서 무엇을 해야 하고 어떤 일을 해서는 안 되는지를 나는 세세하게 설명하고 싶은 생각이 없다.

사람들은 현재 자신이 안락하고 행복하면 힘들고 불행했던 과거는 순간에 잊고 만다. 그것이 보편적인 인간의 습성이다. 그런 면을 생각하면 너도 지난 해 이맘 때 학습에 매여 얼마나 힘들고 어려운 시간을 보냈는지 설마 벌써 그걸 잊지는 않았겠지? 그때를 생각하면 무난히 대학에 들어가고 한 학기를 마친 지금 열심히 해보겠다는 네 의지는 비단 아르바이트뿐 아니라 그 무엇이었어도 애초부터 나는 말릴 생각은 없었다. 세상을 생각하면 온통 불안뿐이지만, 더러는 엄마가 앉아서 아니다아니다 했던 것을 세상은 아주 엉뚱하고 새로운 것을 제시하며 그렇다그렇다로 가르쳐 주기도 할 테지. 그렇게 생각하면 위로가 없는 것도 아니다.

내가 너를 믿는 이유는 너를 낳은 어미라는 것말고도 많이 있지만 그 중 한 가지는 네 스스로 할 수 있다고 밝게 긍정하는 그것이다. 지난 해 이맘 때 입시를 앞에 두고 너는 늘 버릇처럼 나를 위로했다.

"걱정 마요, 엄마. 난 할 수 있어요, 난 된다니까요." 내 보기에 항상 너는 이어폰이나 귀에 걸고 룰루랄라 했었는데 언제 얼마나 진지한 학습을 네가 했다고 대학진학을 호언장담했는지. 그건 자신감보다는 엄마를 편하게 해주려는 마음이었다는 것을 알았지만, 그러나 시간이 흘러 너는 대학에도 가고 틈틈이 아르바이트로 용돈을 벌어 "엄마, 뭘 드시고 싶으세요?" 물어오는 여유를 보면 그때 "엄마, 걱정 마세요!"가 말 그대로 이루어진 것 같아 대견하구나.

 지난 2월 함께 떠난 동유럽여행에서의 시간들을 오래 잊지 않았으면 좋겠구나. 세상 건너다가 어려운 일이 닥칠 때면 부다페스트 어부의 요새에서 몰다우 강을 바라볼 때나, 프라하 성에서 블타바 강을 바라볼 때에도 우리가 절대로 손을 놓지 않았던 그 순간들을 떠올리렴. 엄마가 세상에 존재하는 한 나도 그때처럼 네 손을 놓지 않을 것이다.

 반드시 표본적인 삶을 위해 노력할 필요는 없다. 그건 무조건 최고를 위해 네 모든 것을 투자할 필요가 없다는 말이기도 하다. 네가 자족감을 느끼고 행복을 누릴 수 있는 일이라면 엄만 아무래도 상관없다. 물론 한 가지 염두에 두어야 할 것은 자신을 위해서도 그렇지만 세상에 필요한 존재가 되어야 한다는 것이다.

 아르바이트 때문에 필요 이상 시간을 빼앗기는 건 생각해봐야 할 일이다. 그건 언니나 너나 마찬가지다. 노력은 하되 지금 이 순간 네 자신에게 정말 중요한 일이 무엇인지는 항상 점검해봐야 할 항목이다.

 곧 일 끝내고 돌아올 너를 위해 엄만 저녁 식탁을 준비할 것이다. 해가 지면 하나 둘 벨소리와 함께 돌아올 식구들이 있다는 것은 내 삶에 있어 얼마나 큰 기쁨인지.

8. 아름다운 것은 슬프단다 

　이탈리아 밀라노였던 것 같다. 우리 세 모녀가 박물관을 돌아다니다 지친 몸을 이끌고 녹색과 붉은 색으로 치장한 현란한 호텔 욕실에서 발가벗고 장난을 치던 곳 말이다. 너도 기억하겠지?

　그때 내가 너를 살살(그래, 맞다 아주 살살) 구슬려 사진을 찍고 싶다고 했을 때 너는 별 망설임이 없었다. 초등학생이었으니 여자 몸이 얼마나 아름다운 일인지 알 리 없는 어린 네가 그 일에 순순히 응한 건 순전히 엄마에 대한 신뢰였을 게다. 그때 엄마는 연속으로 몇 컷의 사진을 찍었다. 물론 알몸의 사진이었지. 욕탕에서 금방 나왔으니 너만 알몸이었던 게 아니라 언니도 그리고 엄마도 모두 알몸이었다. 그때 너는 지금처럼 머리를 기르고 있었는데, 금방 감고 나온 머리를 수건으로 두르거나 물기를 말리는 모습이 뒤에서 보면 숙녀인지 소녀인지 분간하기 어려운 네 몸은 매우 심플하면서도 아름다운 곡선을 가지고 있었다(물론 그 증거물로는 사진이 있지만). 잘은 모르지만 그때 자연스럽게 네 몸을 기록할 수 있었던 것은 언니나 엄마도 모두 함께 벗고 있다는 동질감이었을 것이다.

　가치 있는 아름다움이란 가꾸어 피는 꽃보다 자연 그대로 순수한 모습이었을 때 진가를 발휘한다. 가끔은 세상 물정 모르는 두 딸을 보면서 절로 한숨이 나올 때도 있지만 반대로 이 영악한 세상에 눈 한번 부라리지 못하는 순정한 두 딸에게서 이제 엄만 드물게 남아 있는 이 시대의 순수한 매력에 빠진다. 그러나 아름다움이 아름다움일 수 있는 것은 유한하기 때문인데 돌이켜보면 너무나 잠시 머물다가 흘러가기 때문에 아름다울 수 있는 일인지도 모르겠다.

그렇다. 정말 아름다운 것은 슬프다. 언젠가는 너도 이 말을 공감하게 되겠지. 엄만 너를 보면서 지난날의 나를 상상하곤 하는데 정도가 조금 지나치다. 다시 말하면 너는 너무도 많은 부분 엄마를 닮았다. 그러나 엄만 유감스럽게도 너무 일찍 세사에 찌들어 너희들보다 곱고 아름답지는 못했다.

지희야, 아름다운 것은 슬프단다. 우리의 몸이 그렇고 영혼이 그렇고 자연이 그렇단다. 그렇지만 정말 중요한 것은 보이지 않는 곳, 내면을 가꾸는 일이다. 불변하는 것, 그것은 아름다울수록, 진짜일수록 드러나지 않은 법이다. 바람소리가, 새소리가, 흘러가는 구름을 보고, 열매를 안고 땅으로 고꾸라진 가지를 보고, 갓 태어난 새끼를 돌보는 어미 소를 보고 왠지 찡하고 눈물겨워지는 건 모두가 아름답기 때문이다.

오늘 뭔가를 찾다가 금고 깊숙이 감춰둔 그때의 네 사진을 꺼내 혼자 아주 은밀히 즐기면서 미소를 지었단다. 그리고 너무 예쁘고 아름다워서 슬픈 감정을 주체할 수 없었던 엄마로서의 감상도 아울러 전한다.

언젠가 우리는 헤어질 것이다. 그러나 영원히 헤어지지 않은 것도 있긴 있다.

한때 우리는 한몸이었잖아. 그리하여 내 몸이 너를 기억하고, 네 몸이 나를 기억하는 것.

다음 주는 하루 시간을 내어 너랑 서점에서 데이트하고 싶다. 엄마가 여행 떠나기 전에 방학 동안 네가 읽어야 할 책 몇 권을 골라주고 싶거든.

지금 네가 곁에 있어 엄만 슬픔이나 눈물도 위로다. 이유를 묻는다면 그건 떠나고 나면 모두 그리워할 모녀이고 가족이기 때문이다.

9. 신은 저 작은 꽃을 통해서도 희망의 메시지를 전하는구나

우연이라고 해야겠지. 몽골여행 중에 해외봉사를 나온 한국 대학생들을 만났었다. 나는 귀한 분의 인연으로 그들과 국립공원 게르 캠프에서 하루저녁을 같이 지내게 되었는데, 그들은 주말이 되어 빈민촌의 봉사를 잠시 접어두고 에델바이스가 지천에 널려 있는 그곳 국립공원으로 소풍을 나왔다고 했다. 인솔교수는 학생들에게 강을 따라 말을 타고 트레킹을 하며 그곳의 자연을 감상하도록 배려했다. 밤에는 삼삼오오 별 쏟아지는 풀밭에 누워 흘러가는 유성을 바라보곤 했었다. 한 사람으로 시작된 노래는 곧 합창으로 이어지고 별빛 때문이었을까 젊은 그들의 노래는 왜 그렇게 빛이 나던지. 나는 곁에서 그들의 노래와 웃음과 대화를 듣고 있었다. 이제 어디서든 싱그러운 학생들을 보면 모두가 내 아이들 같으니.

숙소인 게르에 돌아와 난로에 불을 피우고 몽골의 전통 술 아이락을 놓고 늦도록 이야기꽃을 피울 때 한 남학생이 내게 질문을 던졌다.

"선생님은 왜 혼자 여행을 다니세요? 겁나지 않으세요? 여행이 끝날 때쯤 매번 무엇을 느끼시나요? 외롭지 않나요? 그래서 혼자라는 것을 후회하진 않나요?"

한 학생의 질문이 시작되었을 때 모두 기다렸다는 듯 주위 학생들도 이와 유사한 질문들을 던지기 시작했다. 그리고 퍽 여러 차례 해외 배낭여행 경험을 가진 한 여학생이 말을 이어갔다.

"시인이고 여행가시라구요? 선생님은 정말 빛나는 명함을 갖고 계시네요. 제가 가장 갖고 싶은 명함을 그것도 두 개나 말이에요. 저는 국문학과에 재학중인데, 바라기는 세계를 여행하고 그 이야기를 글로 쓰는 것이거든요. 국문과를 지원했을 때, 저는 가장 하고 싶었던 것이 시 쓰는 일이었는데, 친구들 몰래 신춘문예에 몇 번 응모를 해봤지만 번번이 소식이 없더라구요. 벌써 졸업반인데 그래서 시인을 꿈꾼다는 건 그야말로 꿈으로 끝날 것 같기도 하고, 그래서 열심히 돈벌어 여행 다닐려구요. 그러려면 유능한 작가가 되어야 할텐데…"

어느 학생은 히말라야에 가는 것이 꿈이고, 또 어느 학생은 중소기업의 오너가 되고 싶다고 했고, 어느 학생은 더 많은 지식을 쌓고 싶다고 했다.

그러나 그들의 꿈이 무엇이든 그곳에 둘러앉은 학생 대부분은 엄마가 하는 일에 호기심을 보였다. 자신들도 그렇게 하고 싶다고.

그 날 엄마가 젊은이들과 그것도 한국이 아닌 몽골에서 주고받은 격의 없는 대화는 많은 것을 시사했다. 평소 알고 지내던 사이도 아니었고 또 멀리 떠나 있다는 것이 그들로 하여금 자유로운 대화를 끌어내게 했겠지. 하지만 그들의 이야기를 경청하며 느낀 아쉬움은 모두가 그럴 듯한 꿈을 가지고는 있지만 매우 우회적이고 추상적이라는 것이다.

헤어지면서 나는 그들에게 집에 남아 있는 너희들을 그리워하며 꿈을 이루는 방법 한 가지를 일러주었다. 그것은 남들이 하찮다고 여길지라도 구체적인 실천, 그러니까 그에 대한 정보를 수집하고 전문적인 지식을 쌓은 다음엔 앞뒤 가리지 말고 몸으로 실행하라는 것이었는데, 보통 사람보다 조금만 더 노력하면 꿈을 이루는 것은 시간 문제라고 말해줬다.

인생은 시간을 잘 운용하는 사람이 성공할 확률이 높다. 그것도 혼자만의 시간을 잘 운영하는 사람이라면 더욱 그렇다. 돌아보면 나 홀로 여행이 아니었다면 엄만 엄마의 정체성에 대해 보다 많이 회의하고 갈등했을 것이다.

알다시피 엄만 요즘 많이 바쁘다. '시인' 으로 살 때는 그런 분주함이 없었는데, 어느 날 '여행가' 라는 또 하나의 이름을 얻게 된 후 잡지와 신문의 연속 연재는 능력과 체력의 한계를 시험하게 하는구나. 좋은 글도 건강한 체력과 정신에서 나오는 것이니까 몸을 잘 돌보는 것도 엄마에겐 숙제다.

몽골에서 만난 한국 대학생들을 떠올리다가 생각난 것은 어느 새 나도 누군가 닮고 싶은 사람이 되어 있었구나 하는 것이었다. 그건 나름의 고집으로 한 우물을 판 당연한 결과일 지도 모른다. 그러나 내 이름은 목표를 위한 목표가 아니라 그냥 열심히 즐기다보니 여기에 와 있었다는 사실이다.

나는 스스로 '시인'이라거나 '여행가'라는 말을 해본 적이 없다. 부끄럽지만 그건 모두 타인이 붙여준 명예로운 이름이다. 나는 문인들이 단체를 만들어 규합할 때, 성의 없는 비평에 눈 돌리지 않고 혼자 묵묵히 여기까지 온 사람이다. 좌절이 없었던 것은 아니지만 그걸 뛰어넘을 수 있었던 것은 여행하고 글 쓰는 이 일을 너무나 좋아했기 때문이다. 남은 과제라면 너도 눈치챘겠지만 안주하지 않고 다양한 경험을 바탕으로 더 좋은 글을 쓰는 것이다.

요즘 들어 너도 글 쓰는 일이 어렵다고 했지? 걱정 마라. 다 때가 있는 법이다. 지금은 많이 읽고 보고 느끼는 것으로 충분하다.

오늘은 원고와 씨름하다 2주 만에 문밖에 나갔는데 개나리, 목련, 진달래가 흐드러졌더구나. 예술회관 앞에서 차 문을 내리고 신호를 기다리는데 어느 새 중앙 분리대 화단 가득 냉이꽃과 민들레가 노랗게 피었더구나. 너무 예뻐서 넋을 놓고 바라보는데 꽃들이 내게 뭐랬는지 아니?

"짓뭉개고 밟아도 살아났잖아, 나도 살았으니 당신도 살아봐!"

신(神)은 저 작은 꽃을 통해서도 우리에게 희망의 메시지를 전하는구나.

언젠가 너도 엄마를 닮고 싶다고 했었니? 그 마음 변하지 않았다면 앞으로 나는 네가 좀 더 많이 닮고 싶은 어른이 되고 싶다.

네 인생도

|제7부|

봄이다

＊ 큰딸 지현에게

내 편이 아니라 하여 모두 적일 수는 없다. 그러므로 상대의 생각이 나와 다르다고 하여 그 생각이 틀렸다고 말하는 건 옳지 못하다. 만약 보이지 않은 곳에 있으나 네가 잘못된 길을 가고 있다면 나는 책임을 면할 수 없는 네 어미다. 좋든 싫든 우린 그분의 허락으로 한몸을 빌어 태어났고 또한 살고 있는 동거인이다. 이제야 말하지만 네가 눈물을 흘리며 두 손을 모아 싹싹 빌고 있을 때 나는 더 큰 그분께 빌고 있었다. 내 죄를 용서하시라고.

끝
물
사
랑

생의 텃밭에서
붉은 고추를 땄다
끝물이다

딴청부리다 때를 놓친
어린것들이
저도 따달라고
파래진 입술로 징징거렸다

익어도 따고
익지 않아도 따는 건
끝물이다

끝물은 매우 달거나
아주 밍밍하다

1. 한 곳으로 치우치진 않아야지

그 날 엄마의 성난 회초리 많이 아팠니? 뭘 그렇게 잘못했는데 하는 반항 심리가 솟구치기도 했겠지? 그리고 한번쯤 그럴 듯한 변명도 하고 싶었을 테고.

매번 너를 몰라 그리하는 건 아니며 특히 옳은 것과 바른 것, 자유와 방종을 구분하지 못한다고는 생각하지 않는다. 늘 이르는 말이지만 너는 방법이 서툴고, 때로 옳지 못한 것을 옳은 것으로 알고 있다면 엄마에겐 당연히 그것을 바로잡아 줄 실천하는 사랑이 있어야 하잖니? 회초리는 작은 실천의 한 방법일 뿐이다. 하지만 그건 이쯤에서 끝내야 되겠지. 네겐 조금 더 정직한 용기가 필요한 것 같다. 네 자신이 인정하는 일을 고치지 못한다면 그건 모르고 저지른 일보다 얼마나 더 나쁜지 생각해보았니?

엄만 무엇 때문에 나쁘고 무엇 때문에 좋다는 식의 이분법을 원하는 사람이 아니지만 너는 예외다. 아직 너는 많은 것을 경험하고 받아들여야 할 나이이니, 설령 잘못 되었을지라도 고칠 수 있는 가능성을 어른보다는 더 많이 가지고 있으니까 섣불리 된다 안 된다로 속단하는 일은 성급하다.

한 곳으로 치우치는 것은 염려스럽다. 보다 넓은 무대에서 네가 할 수 있는 모든 역할에 최선을 다해야 하고, 되도록 많은 가능성에 자신을 투자하는 기회를 놓쳐서는 안 된다. 결과적으로 후회할 일이 생긴다 하더라도 지금 해볼 수 있는 것을 모두 하려는 의지는 매우 중요하다.

엄마가 딸에게 아직은 완강히 벌할 수 있다는 상징적 의미로써 몇 대의 회초리가 어느 정도 효과를 발휘했는지는 모르지만 엄마의 말에 "예."라고 답하지 않은 대가로는 그리 충분하지는 못했다고 생각한다. 하지만 엄마가 무엇 때문에 그랬는지 다시 한 번 생각해 주겠니?

대학에 가면서 엄마가 첫 번째로 원했던 것은 다른 사람들과는 달리 지금까지 해왔던 만년 모범생의 틀을 과감하게 깨주는 것이었다. 그런데 이건 아니다. 수원과 서울 그리 먼 곳도 아닌데 네게 하숙을 허락한 것은 너를 사랑이라 이름하는 엄마의 간섭에서 해방시켜 주고 내가 모르는 세상까지도 맘껏 자유로이 껴안을 수 있도록, 그 나이에 누리고 싶은 방종조차도 눈감아 주겠다는 무언의 전략이었는지 모른다.

너는 고집이 없는 대신 의지가 약하다. 남에게 피해를 주지 않아야 한다는 생각이 지배적인 반면 다른 어떤 사람에게도 네 손길이 정말로 필요하다는 것은 잘 모른다. 스스로 베풀지 않으면 네가 정말 어려운 일을 당했을 때 감당해야 할 몫은 너무 크다. 그뿐 아니라 남에게 베풀 수 있을 때 인간의 행복은 가장 온전할지도 모른다는 삶의 진리를 잊지 않기를 바란다.

가지고 있으면 드러날 수밖에 없는 게 내가 아는 사랑이다.

마음은 있되 드러내지 못하는 사랑은 바보나 하는 짓이지.

속 다르고 겉 다른 것은 이중의 자신을 감당해야 하는 숙제를 안고 살아야 하지만, 정직하게 마음이 시키는 것을 하고 산다면 그건 남 다른 용기가 필요하다. 그러나 생각해 봐라. 가슴에 응어리를 안고 사는 것보다 용기를 택하는 편이 낫지 않겠니?

용기는 그런 것이다. 할 수 있는 것을 정직하게 하는 것.

지금도 많이 컸지만 얼마 안 있으면 네 삶이 독자적으로 꾸려나가도 좋을 만큼 너는 성숙해질 것이다. 나는 누군가에게 내 틀을 고집하지 않는다. 하지만 넌 다르다. 그러나 그것 또한 머지않아 달라질 수도 있다. 생각을 달리 한다는 것은 너를 전적으로 신뢰하거나 포기하는 것 이 두 가지인데, 그 둘 중에서 어떤 것을 선택하는가는 전적으로 네게 달린 문제다. 최종 선택은 부디 신뢰가 되기를 바라지만, 다음 주 집으로 돌아온다면 조금 더 너그러워지고 싶다.

그리고 더 많은 이야길 하고 싶다. 힘든 고3 때, 11시가 넘어 학교가 끝나면 늦게 교복을 입은 채 화성에 올라가 네 손을 잡고 달밤을 마냥 걷던 그때처럼.

2. 너도 봄이구나!

　두 번에 걸쳐 보내준 영역문과 함께 동봉한 편지도 잘 받았다. 너도 봄을 깊이 느끼고 있구나. 벌써 3학년이 되어 본과 공부를 시작했다니, 어디 그뿐이냐. 지희가 벌써 고3이 되었으니 시간의 빠름을 실감하지 않을 수 없다. 늘 어리다고 걱정했는데, 네가 여러 모로 엄마를 염려하고 위로하는 걸 보면 어느 땐 정말 오래된 친구처럼 든든하기만 하다.

　다시 말하지만 너에 대한 염려는 역시 세상을 두루 크게 보아야 할 시기에 어느 한쪽으로의 치우침이다. 엄마가 말하고자 하는 것은 옳고 그름의 차원이 아니다. 좀 더 넓고 다양한 곳을 바라보아야 할 시기에 한 곳을 고집하는 건 바른 세계관을 갖는데 걸림돌이 될 수 있다는 것이다. 지금 네가 누리고 있는 종교활동이 그러하고 전공에 묶여 있는 편협된 사고의 관점이 그러하다.

　지금 네 인생은 누가 뭐라 해도 봄이다. 가장 많은 가능성에 열려 있는 계절이지. 한 해의 농사에 비유한다면 어떤 씨앗을 선택하여 언제쯤 얼마만큼의 손길이 필요하고 얼마를 거둘 것인지는 이 봄에 결정되는 일이니까. 나는 어떤 씨앗을 뿌리기를 꼬집어 말하고 싶지는 않다(한마디로 이 시기에 누구의 말만으로 씨앗을 선택하는 건 절대로 권장

할 좋은 방법이 못 된다는 것이다). 대부분 지난 몇 년 간의 경험으로 혹은 간접적인 모델을 보고 정하는 것이지만 그보다 중요한 것은 어느 체험이든 관념에 두지 말고 스스로 부딪쳐 얻은 결과로 선택되어야 한다는 것이다. 그러니 누구 말을 들을 것도 없고 매사에 시야를 넓게 가지고 수용하고 모험하려 하는 적극적인 자세가 있었으면 한다.

인생의 답은 어느 교과서에도 없다(적어도 지금까지 엄마의 경험으론 그렇다). 그것은 교과서를 믿지 말라는 말이 아니라, 그만큼 많은 변수를 가지고 있는 게 삶이라는 뜻이다.

너를 보고 있으면 나는 많은 사람들이 비웃을 것 같은 고민을 하게 되는데 그것은 네가 너무 반듯해 화가 나기도 하는 부분이다. 그러나 한편으론 왜 감사하는 마음이 없겠니? 무엇보다 엄마로서 감사하다. 그리고 긍정적인 자세는 네가 가진 특별한 강점이다. 그 동안 부족하고 아쉬운 점만을 강조하는 엄마 맘까지도 너는 잘 헤아려 주었고 다른 식구들에 대한 배려도 그랬다. 네게 자주 지희를 말하게 되는 것도 그런 연유에서다.

당부하고 싶은 것이 있다면, 지희가 고3이 되어 학교생활이 더욱 힘들어졌는데 언니로서 전보다 더 깊은 사랑을 보여주길 바란다는 점이다.

봄이 왔다고 가벼운 소식을 보내주어서 기쁘구나. 이 봄엔 너도 활짝 피어야지.

지현아! 너는 늘 그리운 내 딸이다.

몸이 더 마르지 않도록 하고 감기 조심하고 밥 잘 먹으렴.

오후엔 캠퍼스가 너무 아름답다고 자랑하는 네가 보고 싶었다.

언제 날 잡아 화사한 봄꽃이 다투어 피는 캠퍼스에서 우리 팔짱끼고 데이트나 할까?

그래, 봄이구나. 피지 않은 것 세상에 없는.

3. 기억하니? 신(神) 앞의 서약

21년 전 오늘 나는 몹시 배가 아팠겠지? 내 몸에 생명이 잉태되었다는 것을 알고 난 뒤 열 달 가까이 행복하고 불안한 기분은 이루 다 말할 수 없었지만 그러기에 마음은 출산을 위한 얼마나 많은 준비가 있었겠니?

급하게 병원으로 실려가고 다른 산모에게 방해가 될까봐 아프다고 소리도 못 지르고 하루 내내 진통을 견딘 후에야 너는 아픈 엄마보다 더 크게 울음을 터트리며 세상에 나왔다. 그때, 너만 울었겠니, 엄마도 울었다.

한데 섞여 울었던 그때의 울음이 무엇을 뜻하는지 너는 짐작이나 할지 모르겠다. 나는 귀하고 귀한 생명을 내 자식이라는 이름으로 얻었고, 너는 네게 주어진 미래가 어떨지 몰라 좋기도 하고 불안하기도 하여 본능적으로 울었을 것이다. 어쩌면 그게 아닐지도 모른다. 그냥 동시에 터트렸던 울음은 앞으로 우리에게 닥칠 어떤 희로애락도 함께 하겠다는 신 앞의 서약은 아니었을까?

불교에선 부모와 자식의 연을 맺는다는 일이 아주 오래 전에 이미 결정된 일이라고 하는데 우리의 특별한 관계는 구체적으로 그때가 시작이었다. 네가 세상에 나올 때 울었는지 안 울었는지 그게 뭐 그리 중요하냐고 묻고 싶겠지만 그 순간의 울음은 네 의지이기보다 본능적인 것이어서 의미는 더욱 각별한 것이겠지. 나는 자격미달의 어른이라고 할 수 있지만 그래도 네 엄마이고, 너는 때로 네 사고만을 중심으로 살려고 하는 딸이지만 그런 불평쯤으로 우리의 관계가 흔들리거나 어떻게 되는 법은 없다. 오히려 크고 작은 트러블을 통해 서로의 애정을 확인하게 되고 삶의 학습 또한 더욱 견고해질뿐이지. 말하자면 타에 의한 물리적인 변화로는 어떤 경우에도 천륜을 거스르거나 이길 수 없다는 것이다. 미워도 미워할 수 없고 버리고 싶어도 버릴 수 없는 것이 우리의 관계라면 달리 방법이 있을 수 없다. 죽도록 아끼고 사랑하는 수밖에.

그러나 현실은 그렇지 못하다. 나는 알게 모르게 내 방법에 네가 동의해주기를 바라고 너 또한 조용히 네 방법을 주장하고 있다. 나는 그것을 네가 커가는 기쁨의 하나로 생각하려 하지만 늘 잘 안 되는 숙제이기도 하다.

사람들은 쉽게 그것을 기대 때문이라고 말한다. 물론 부정할 생각
은 없다만 기대감과는 좀 다른 엄마만의 어떤 희구이다.

나는 네가 어떻게 했으면 하고 주문을 하다가 보면 스스로 많이 부끄러워
진다. 네가 눈치채고 있는지 모르겠다만 네게 어떤 것을 요구한다는 것은
그만큼 내 자신도 반성의 시간을 갖는다는 의미이다.

오늘 아침, 하숙집에서 미역국은 먹었니? 네가 집에 있다면 미역국
을 끓여 식구들과 식탁에 둘러앉아 그 날의 감동을 회상하고 이만큼
별 탈 없이 자라게 해준 것에 감사기도라도 드렸으련만 현실은 그렇
지 못하다. 네가 없는 네 생일날 나는 조갯살을 넣고 미역국을 끓였
다. 지희도 아빠도 맛있다고 했지만 나는 하나도 맛이 없었다. 오히려
입안이 썼다.

"어머니, 계속 비와서 우울하시죠? 힘내세요 사랑하는 두 딸이 있잖아요.
쪽쪽!"

종일 혼자 책상에 앉아 있는데 지금 막 지희가 메시지를 보내왔구
나. 엄마가 요즘 우울해 한다는 걸 지희는 아주 민감하게 느끼고 있는
것 같다. 수시로 보내오는 지희의 메시지를 읽고 나면 정말 우울한 엄
마의 마음에 '쪽' 소리를 내며 뽀뽀라도 해주는 듯하다. 비가 계속 오
니까 엄마가 우울할 거라는 힘든 고3 막내의 위로는 나를 얼마나 부
끄럽게 하는지.

너도 혼자서 힘든 시간이 많겠지. 앞으로는 더욱 그럴 것이다. 삶이
호락호락 계획대로 된다면 무슨 재미가 있겠니? 뜻대로 되지 않아서
인생이고 삶일 터인데 그 뜻을 이해하기에 아직 너는 많이 어리다. 전
공공부가 아무리 벅차고 힘들어도 더 넓은 세상을 향해 눈을 돌리고

216

가슴을 여는 것 잊지 마라. 시야가 좁아지는 것을 스스로 경계하지 않으면 나중에 많이 후회하게 된다.

21년 전 오늘, 못 견디게 아픈 배를 안고 뒹굴던 그때의 희열에 찬 고통을 생각하면 널 위해 못 해줄 게 없는 엄마이지만 이제 성인이 되어 언젠가는 독립하게 될 그때를 생각해서 엄마는 다소 혹독한 역을 자처할 수밖에 없다. 네가 엄마 뜻을 이해해주었으면 하지만 지금 이해할 수 없다해도 상관 없다. 언젠가는 너도 지금의 엄마 마음을 알 테니까.

요즘 부쩍 느끼는데 네가 세상 나올 때 빌린 엄마의 몸도 이제는 많이 쇠잔해졌다. 네 생명은 엄마 뱃속에서 0kg으로 시작하여 세상에 나올 땐 2.7kg, 지금은 49kg 몸무게로 자랐으니 눈에 보이지 않는 엄마 정신의 무게는 네 늘어난 몸무게에 반비례하는 게 당연하다. 그래서 시력도 나빠지고 건망증이며 순발력이 저하되는 것은 당연한데 가끔은 그 당연한 자연현상이 불안해지는 건 왜일까?

이번에 집에 돌아올 땐 전과 다른 기분으로 널 맞이하고 싶다. 너도 다른 기분으로 현관에서 엄마를 불러줬으면 좋겠구나.

좋은 책을 골라 읽는 독서습관을 지속적으로 기르고 적당한 운동과 너보다 어려운 친구에게 눈 돌리는 것 잊지 마라. 부디 건강해야지.

해피 버스데이 투 유! 사랑하는 내 딸, 스물 두 번째 생일 축하한다!

4. 우리는 매일 헤어지는 연습을 하지만

간밤의 태풍 무섭지 않았니? 태풍 '루사'가 한바탕 휩쓸고 간 마당에 아직 다 키우지 못한 시퍼런 대추알들이 부러진 가지와 함께 적나라하게 바닥에 드러누운 것을 보고 저 어린 것들! 하면서 끌끌 혀를 찼다. 집 떠나 너를 다른 곳으로 보내는 것은 마치 세상의 태풍 속으로 너를 떠미는 것 같아 푸른 대추를 빗자루로 쓸어모으는 마음이 편치 않았다.

매번 가방을 들고 대문을 나서는 너를 배웅하고 돌아서는 엄마 기분을 한 번이라도 생각해본 적 있니? 벌써 두 해 넘게 너와 헤어지는 연습을 해왔지만 그래도 네가 집을 나설 때마다 매번 나는 아득해진다. 멀리 가는 것도 아니고 학교와 하숙집으로 잠시 돌아가는 것뿐인데, 왜 매번 이런 기분이 드는 걸까. 모처럼 함께 지낸 며칠을 떠올리며 너 떠나고 없는 빈집의 오후가 허전해 견디기 힘들다.

어제 오랜만에 교회에서 너와 나란히 앉아 주일예배를 드릴 때 예전 생각을 했었다. 넌 예배시간에 늘 엄마 손을 잡고 성경을 읽었고 기도를 드렸지. 말썽 한 번 피우지 않고 그 긴 예배시간을 잘도 견뎌내던 어린 날, 나는 네가 무엇을 하든 할머니께서 바라시는 대로 되리라 굳게 믿었다. 네 믿음생활은 너를 특별히 아끼고 사랑해주신 할머니의 은총이 분명하다. 이제는 세상에 안 계시는 할머니 할아버지 추도예배를 네가 준비할 정도가 되었으니 높은 곳에서도 그분들은 얼마나 너를 예뻐하시겠니? 어제 우리는 마치 헤어지기 위한 의식을 치르듯 교회에 가서 함께 예배를 드렸는데 끝나고 너를 역에 내려주고 돌아서는 걸음이 좀 무거웠다.

너는 지금 상태에서 건강이 더 나빠지지 않도록 각별히 신경 쓰고 노력해야 할 것이다. 엄마가 세세하게 간섭하지 못하는 것들은 모두 네 몫이다. 혼자 하숙집으로 돌아간다는 것은 그 동안 무수히 해왔던 또 한 번의 이별연습에 불과할지도 모른다. 그러나 연습은 언제 닥칠지도 모르는 실전을 위해 반드시 필요하다.

이번 학기는 네가 좀 더 건강하고 가벼운 마음으로 지내주었으면 좋겠다.

끝으로 몇 가지 부탁을 덧붙인다.

- 요행을 꿈꾸지 마라.

- 시대의 흐름과 국가관은 외면하지 말아라.

- 전공에 비중을 두되 이제는 세상 공부에 눈을 돌려라.

- 잠은 규칙적으로 자고 독서시간을 조금 더 늘려라.

- 좋은 친구를 지속적으로 사귀고 존경할 스승을 찾아라.

- 교만하지 말고 경망스러운 언행을 삼가라.

- 다양성, 다르다는 것을 부정하지 말아라.

- 누구든 먼저 인사를 하거라.

- 귀는 열어두되 말은 아껴라.

- 고통은 피하지 말며 위기는 즐겨라.

- 규칙과 자율을 지혜롭게 넘나들어라.

- 작은 행복을 찾아 누려라.

- 타인을 배려하고 소신을 가져라.

- 하루 세끼 밥먹듯 기본을 지켜라.

- 용돈의 효율성 있는 관리를 통해 경제적 관념을 가져라.

- 자연을 네 안으로 끌어들여라.

- 시간을 잘 운용하거라.

- 기도는 노래처럼 하고 사랑은 드러나지 않게 실천해라.

- 부디 잘 놀아라.

5. 자식 잃은 아비와 세렝게티 초원의 누우들

간밤, 미친 바람과 함께 폭설이 내린 늦은 시간 나는 30년 전이나 다름없이 쏟아지는 눈〔雪〕을 맞으며 길 위를 서성거렸다. 물론 30년 전 방황과 지금의 방황은 근본적으로 다르다. 그러나 방황했다는 것, 무엇이 나를 저문 길 위에서 방황하게 했는지는 아직도 그게 무엇이었노라 확연히 답할 수는 없다. 그러나 궁금하다. 내가 밤길을 서성거릴 시간에 너는 어디서 무엇을 했는지?

어제 "소금바다"라는 시를 쓴 동기는 간단하다.

지난 주말과 SBS 〈그것이 알고 싶다〉라는 시사프로의 미아 찾기 특집에서 어린 딸을 잃은 아비는 어느 제보자의 연락을 받고 흑산도까지 딸을 찾으러 갔다가 이번에도 아니라는 걸 알고 육지로 돌아오는 배 위에서 이렇게 독백하고 있었다.

"제발 내 딸아이 한 번만 더 버려주세요. 제발 한 번만 더 아이를 버려주세요."라고. 엄만 그 아비의 독백에 울컥 가슴이 미어졌다.

다음 날은 지난 주에 이어 MBC가 방영해준 창사특집 자연다큐멘터리 〈야생의 초원 세렝게티〉에서는 먹을 것을 찾아 수만 마리의 누우 떼들이 대이동을 하는 동아프리카의 탄자니아와 케냐를 잇는 세렝게티 초원의 풍경을 생생히 담아 보여주었는데, 흥미진진한 야생동물들의 세계는 언제 보아도 그렇듯 이 날의 신비감도 마찬가지였다.

그 많은 누우 떼들이 비 한 방울 내리지 않는 건기에 먹을 것을 찾아 푸른 초원을 향해 이동하기 시작한 것은 약 250만 년 전부터 있어 왔던 일이라는구나. 4개월은 족히 이동해야 그들이 원하는 푸른 초원에 당도할 수 있다고 하니, 물 한 모금을 위해 가는 여정이 얼마나 험난한 지 상상이 가니? 가는 길에 굶주린 사자나 하이에나의 습격을 받기도 하지만, 더 무서운 것은 악어 떼가 기다리는 크고 작은 늪지와 물살 빠른 마라 강을 살아서 건너야 하는 일이다. 워낙 많은 누우 떼들이 움직이다보니 대부분 살아서 건너기는 하지만 그렇지 못한 누우들도 속출할 수밖에 없다.

강에는 헤엄으로 미처 건너지 못한 누우들이 산 채로 악어나 독수리의 밥이 되기도 했지만, 내 시선을 멈추게 했던 것은 단 한 장면이었다. 달리는 무리에 휩쓸려 어미를 따라 절벽에서 뛰어내리다가, 모두들 이미 강을 건너고 없는데, 실족한 새끼를 발견한 어미 누우만이 되돌아와 안타까운 듯 새끼가 일어나기를 기다렸다. 그런데 얼마 후 새끼가 정신을 차리자 이번에는 앞장서 강을 건너던 어미에게 일이 생긴 것이다.

이를 어쩌니? 어미의 오른쪽 발이 악어에게 잡히고 만 것이다. 누가 가르쳐 준 것도 아닐 테지만 살고자 하는 본능이야말로 질긴 것이어서 그렇게 얼마 동안 안간힘을 썼을까? 웬일로 악어가 물고 있던 다리를 놓아주는 게 아니겠니. 절뚝거리며 간신히 강 밖으로 나온 그의 다리는 으스러져 처참하게 너덜거리고 있었다. 함께 길을 떠났던 무리들은 어디쯤 갔는지 시야에서 사라지고 없고 뒤따라오던 어린 새끼도 보이지 않는데 몇 발짝 절뚝거리며 앞으로 나아가던 어미는 그만 쓰러져 숨을 거두고 만다. 눈을 뜬 채로.

야심한 밤, 혼자 세렝게티 누우를 보다가 가슴이 미어져 텔레비전을 끈 후에도 한동안 내 눈은 젖어 있었다.

앞서 언급한 어린 딸을 찾아 길을 헤매는 부성애(父性愛)와 동아프리카 세렝게티 초원의 어미 누우의 사랑은 조금도 다르지 않았다. 목숨을 내줄 수 있을 만큼 모두 바칠 수 있는 것은 역시 사랑일 게다.

엄만 세렝게티 초원의 눈뜨고 죽은 어미 누우와 아직 살아 있다면 낯선 무리들에 휩쓸려 지금도 이동하고 있을 새끼 누우, 그리고 어린 딸을 잃고 눈 내리는 겨울밤을 방황하고 있을 어느 아비를 생각하다가 그 생각 끝에 혼자 집을 떠나 있는 너를 떠올렸다. 시(詩) "소금바다"는 그 프로를 본 뒤에 쓰여진 작품인데 엄마가 왜 네게 이런 이야길 하는지 이제 조금은 감이 오니? 혼자가 되는 것은 자유와 방종을 보장받는 만큼 때로는 무섭고 참담한 현실과 대면해야 하는 두려운 일이기도 할 것이다. 아직 너는 실감할 수 없겠지만.

어제 저녁엔 지희와 수영장에 갔었다.

어린아이 같다고 생각했는데 예쁘고 건강한 숙녀로 변해가는 지희와 여전히 물 속에서 낄낄거리고 장난치며 등도 밀어주고 수다를 떨다가 저녁별을 보며 집으로 돌아오는데 문득 "언니가 있었으면 더 좋았을 텐데."라고 말해 몸도 마음도 많이 컸구나 했다.

민이 오빠는 여전히 투석 치료를 받고 있지만 무엇보다도 큰 고모가 문제다. 여전히 중환자실을 지키고 있으니, 이럴 때일수록 우리 가족 모두 힘을 모아야 할 것이다. 어려운 사람이 있다는 것은 바꾸어 말해 우리가 그만큼 축복의 삶을 살고 있다는 위안으로 감사해야 하지 않겠니. 기도를 드릴 때 반드시 그들을 위한 기도 잊지 마라.

네가 우울한 엄마를 걱정하는 것처럼 이웃을 걱정하고 조금이라도 타인을 위해 실천할 수 있기를 바라며 특히 하나님의 사랑을 말할 때, 그 말이 입에서 끝나지 않기를 바란다. 이제 지희의 입학원서 마감일이 사흘 앞으로 다가왔다. 중요한 결정을 해야 할 때니 만큼 너도 힘을 모아주겠니?

딸을 잃은 어느 아비처럼, 눈뜨고 죽은 세렝게티 초원의 어미 누우처럼, 나도 그렇게 살 수 있을까를 생각하는 늦은 밤이다. 춥다. 이불 잘 덮고 편히 자거라. 내 딸.

6. 과정은 길지만 결과는 순간이다

　휴일 잘 보내고 있는지? 곧 있을 장마 때문인지 오늘은 흐리고 습도가 높아 불쾌지수가 높다.

　편지 받은 지 며칠이 지났지만 아직도 엄만 네 편지를 그대로 가슴에 품고 있다. 이제 대학생활도 한 학기만을 남겨두고 있으니 눈앞에 닥친 현실이 너도 답답할 때가 많겠지. 내가 너만 할 때 외로움과 가난을 안고 건너야 했던 절망의 시간을 생각하면, 지금의 너와 그때의 나는 이미 고민의 대상이 판이하게 다르다는 걸 인정할 수밖에 없는데, 허나 지금의 네 생각은 그렇지도 않을 것이다. 너는 너 나름대로 예민한 면을 가지고 있어서 엄마의 염려와 간섭으로는 안 되는 것도 많이 있을 것이다. 그것 모두를 인정하더라도 지금의 삶이 얼마나 축복 받은 삶인지 알 것 같다니 다행이다.

　어제는 장롱 깊은 곳에 차곡차곡 쌓아둔 상자를 꺼내 한나절 그것들과 씨름을 했다. 이렇게 이야기하면 궁금해지겠지, 상자에 무엇이 들어 있었는지? 그건 너희들이 엄마에게 쓴 편지였다. 무슨 날(어버이날, 생일날, 성탄과 새해, 그리고 엄마가 부재중일 때 썼던)이 되면 썼던 너희들의 편지는 한 상자를 채우고도 넘쳤다. 그러고 보니 엄만 너희들 사랑으로 정말 부자다.

편지는 지희와 네가 한글을 읽히면서부터 엄마에게 쓴 편지들을 모아둔 것인데 가끔 너희들의 어린 시절을 추억하는 데는 그 편지보다 좋은 약은 없는 것 같다. 너는 동시를 자주 썼고 엄마를 속상하게(이건 너무나 하찮은 일상인데) 한 그 날의 일에 대해 상세히 기록하면서 "엄마 죄송해요."라는 말도 자주 했구나. 그러나 지금 생각해보면 네가 언제 엄마를 속상하게 했지? 하는 마음도 너에 대한 전반적인 믿음 없이는 어려운 일인지도 모른다.

너는 모를 것이다. 엄마가 속이 상했던 것은 네 행동이 무작정 못마땅해서가 아니라 너무 착해서 스스로 상처를 받는 마음이 싫었다는 걸 너는 알까? 그만큼 착한 딸이었다. 너는 매사에 치밀했고 생각이 깊었으며 한번 관심을 가진 것들은 누가 뭐라 해도 끝까지 해내고 마는 깊은 통찰력과 정신력을 가진 아이였다. 보통의 부모들과는 아주 다르게 나는 네가 가지고 있는 그 완벽한 교과서를 어느 정도는 자유롭게 탈출해주기를 바랐는데 그렇게 바라는 마음이 있어서 오히려 너는 더했을까? 한 번도 방종하거나 느긋하게 자신을 풀어내지 못하고 사는 네가 얼마나 안쓰러웠는지.

대학생활이 시작되고 어느 날 독립선언을 했을 때, 실은 섭섭한 마음도 컸지만 한편으론 엄마의 간섭이 없는 곳, 저 넓은 세상을 향해 어디 한번 멋대로 튀어보기를 얼마나 바랐는지 너는 모를 것이다. 그런데 너의 반듯한 천성은 엄마를 떠나 더 완벽해졌으니 입을 다물 수밖에. 물론 그러기 위해선 적지 않은 자신과의 싸움이 있었다는 것을 짐작 못 하는 바 아니지만 이제 그것은 어느 정도 스스로 체질화된 습성이기에 비로소 엄만 네 방법을 지지하기로 했다.

며칠 전 보낸 네 편지에 담긴 생각들은 충분히 수용하고 있다.

서두르지 말고 차근차근 지금 하고 있는 일들(공부)을 즐겨라. 과정은 길고 아득하지만 결과는 순간이다. 그러니 결과에 집착하는 일만큼 어리석은 일도 없을 것이다. 나는 네가 어떤 모양새로 살아가든 네가 즐겁게 그 일을 하고 있다면 나도 기쁘고 행복할 것이다. 타인의 표피적 관심에 집착하는 것은 성숙되지 못한 태도에 속하지만, 그렇다고 타인의 시선을 완전히 무시해서도 안 되는 것이 삶이다보니, 네가 고집으로 일관하는 그것들로 하여금 우선은 만족감을 높일 수 있게 조금은 이기적으로 자신을 배려하는 일도 중요하다. 하지만 엄만 네가 무슨 일을 하든 "잘했다. 참 잘했다." 지지하며 힘을 보태는 유일한 팬이 될 것이다.

학기말 시험도 끝나고 이제 본격적으로 방학이 시작되었지만 여전히 학교에 남아 있는 너를 생각하면 한구석 안타깝기도 하고 허전함을 감출 길이 없다. 그래서 욕심 같아서는 호통을 쳐서라도 집에서 쉬게 하고 싶지만 그랬을 때 과연 엄마가 너를 위해 무엇을 할 수 있나 생각해보면 답답하다.

내가 너에 대해 서운함을 이야기하면 항상 내 말을 막고 너를 옹호하고 지지하는 사람은 아빠다. 그런 면에선 지희도 삼촌도 예외는 아니다. 생각해봐라. 그렇게 염려해주는 가족이 세상에 없다면 이 지상의 소풍은 얼마나 쓸쓸하겠니. 지난 주부터 지희도 아르바이트에 적당한 시간을 투자하며 방학을 보내고 있다. 이제 한 학기 캠퍼스생활을 맛본 지희에겐 4년이나 앞선 선배 같은 언니의 조언이 필요할 것이다.

시간을 아끼고 효율적으로 활용하되 너무 오래 도서관에만 머물지 말고 아르바이트 과외에 지나치게 시간 빼앗기지 마라. 그 시간에 좋은 책을 읽거나 사색하는 시간을 늘리는 것도 한 방법이다. 삶을 질적으로 향상시키는 건 그럴 듯한 이론이 아니라 항상 몸으로 실천해 얻을 수 있는 것들이다. 그래서 자신만의 방식은 중요할 수밖에 없다.

다음 주말쯤 한번 집에 오렴. 다들 모이면 둥근 밥상을 가운데 두고 따뜻한 밥이라도 먹게 말이다. 엄마는 네가 집에 오는 날은 아침부터 시장 갈 생각부터 하는데 너는 집에 오는 날 아침 무슨 생각을 하는지 궁금하다. 보고 싶구나. 조근조근 곁에서 내 귀를 간지럽히며 이야기를 해주는 네가 그립다.

사랑하는 내 딸, 레떼로 보낸 편지 고마웠다. 더위에 몸조심하렴.

만날 때까지 우리 건강하자.

7. 네가 없는 집에 새 식구가 생겼구나

너도 알지? 생후 1개월 된 강아지 한 마리가 네가 없는 우리 집에 새 식구로 들어왔다는 걸. 녀석은 지희가 아르바이트하는 편의점주

인께서 특별보너스로 준 선물이다.

다시는 강아지 같은 건 키우지 않겠노라 선언했던 것이 벌써 몇 년은 되었을 게다. 마지막으로 나를 스쳐간 강아지는 뇌성마비 친구 성우가 준 골든리트리버였다(독일품종으로 시각장애인 안내나 마약을 색출하는 개였는데 이제야 말이지만 '세리'라는 이름을 가진 그 잘생긴 녀석은 어느 날 줄이 풀려 열린 대문으로 가출을 감행했는데, 그 후 기다려도 돌아오지 않아 결국 잃게 되었다. 분명 세리는 집을 기억하지 못해 돌아올 수 없는 개가 아니라 누군가에게 잡혀 감금당한 채 살고 있을 것이다. 어쨌거나 좋은 주인을 만나면 그보다 더 잘된 일은 없겠지만). 새로 온 꼬맹이는 잡종견이다. 크기가 주먹만한데 장난을 칠 때는 마치 이제 막 옹알이를 시작한 아가 같다.

처음 데리고 오던 날부터 녀석의 이름은 '돼쥐'로 결정되었다. 지희가 아가였을 때의 별명이 '돼지'였잖아. 그것은 엄마가 지어준 별명인데 토실토실 새끼 돼지 같은 모습에서 나는 사랑스러움을 상징하는 단어로 지희를 '돼지'라고 불렀다(물론 아직도 나는 지희를 부를 때 돼지라고 부르지만). 대개의 사람들은 돼지라 하면 오동통하거나 뚱뚱한 아이를 떠올리지만 지희는 그것과는 상관없는 아이잖니, 그래서 엄마가 부르는 돼지라는 별명을 지희도 좋아하는지 모른다.

생각해보면 엄만 돼지라는 이름에 각별한 애정을 가지고 있는데 그것을 아는 지희도 그래서 강아지에게 제 별명을 대물림하자는 것이었을까? 그런데 꼬맹이 녀석은 말 그대로 주먹만하고 얼굴이 꼭 쥐새끼를 닮았다하여 돼지의 '돼'와 쥐새끼의 '쥐'를 합친 단어 '돼쥐'가 된 것이다. 내가 지희를 부를 땐 그냥 돼지라 부르지만 강아지를 부를 땐 '작은 돼지' 라 부른다. 그러나 다른 식구들은 특별히 신경 쓰지도 않고 그냥 '대지' 라 부른다. 왜냐하면 세상에 지희를 돼지라고 부르는 사람은 엄마밖에 없으니까. 다른 사람들이 들으면 왜 개를 보고 돼지라고 하지? 하며 의아해할 테니 그것도 상상력을 발동시키는 재미난 이름이 아니겠니. 그래서 말인데 드디어 엄마는 우리 집에 두 마리의 새끼 돼지를 부양하게 되었다.

녀석의 재롱은 날로 발전하고 있다. 특히 이 녀석은 잠꾸러기인데 아무 곳에서나 잠을 자는 게 아니라 꼭 지희 침대에서 지희 베개를 베고 잠을 잔다. 지희가 부재중일 때에도 졸리면 침대에 올려달라고 이불을 물고 끙끙대는데 이젠 조금 컸다고 그 아래 조그만 장애물이라도 있으면 그것을 밟고 냉큼 올라갈 만큼 점프 실력도 늘었다. 한참 끙끙대다가 왠지 조용해져서 살펴보면 녀석은 영락없이 침대에서 잠에 골아 떨어져 있기 일쑤다. 녀석이 잠든 모습은 누가 봐도 재밌다. 네 다리를 벌리고 벌렁 누워서 자는데 그야말로 늘어지는 폼을 하고 있다. 얼마나 우스운지, 특히 아침에 일어나 화장실에 가서 볼일을 보고 나면 기분이 좋아 온 집안을 날뛰며 생 쇼를 보여주는데 가관이다. 녀석이 좋아하는 놀이는 바닥에 놓인 양말을 물고 쏘다니거나 바지 끝에 매달려 장난을 치는데 누군가 같이 놀아준다는 걸 알면 집요하게 달려든다.

아침나절, 식구들이 모두 나가고 없는 시간에는 거실 카펫 위에 그것도 햇살이 가장 잘 드는 곳에 엎드려 맑은 햇살을 찾아 즐기는 건 꼭 엄마를 닮았다. 좋아하는 음식은 참치와 고구마, 삶은 달걀, 불고기 정도인데 특별히 만들어주지는 않지만 아직은 먹는 양이 적어 그

때 그때 원하는 것을 주고 있다. 그런데 나는 녀석이 우리 집에 온 지 2주쯤 된 지금도 '키울 수 없다' 와 '키우고 싶다' 사이에서 갈등하고 있다. 만약 녀석을 계속 키우게 된다면 그건 지희 생각을 존중하는 의미일 것이고 그렇지 못하고 어딘가 보내게 된다면 그건 엄마의 이기심이 작용했을 것이다.

그러나 녀석은 낮 시간 엄마가 컴퓨터 앞에 앉아 작업하고 있을 때 어떻게든 엄마 무릎에 앉아 있으려고 떼를 쓰는데 이제는 습관이 되어서 그런지 혼자서도 포근한 담요 한 장이면 바닥에 떨어져서도 잘 자고 있다. 한편 네가 없는 자리를 녀석이 잘 채워주고 있어서 즐겁기도 하고 한편으론 이것저것 말썽을 피우거나 엄마마저 외출할 때는 부득이 혼자 목욕탕에 가두고 나가야 하는데 그때마다 마음이 불편하다.

지현아, 틈틈이 막내(?)의 소식을 네게 전하마. 그것이 네가 떨어져 있어도 우리가 한 식구로 살 수밖에 없는 이유라면 이유일 것이다. 작은 돼지 때문에 큰 돼지가 많이 행복해 하고 있다. 어렸을 때 너희 둘은 꼭 붙어서 잠을 잤잖아. 함께 자고 일어나고 네가 있어야 할 자리에 녀석이 있는 듯한 착각에 엄만 조금 혼란스러울 때도 있다.

다음 주에 있다는 시험은 좋은 결과를 기대하마. 좋은 결과란 실수하지 않고 네 노력만큼 거두는 것이니 게으름이 없도록 해라. 시험이 끝나면 한번 와 주겠니?

나는 지금처럼 날마다 늘 네가 행복했으면 좋겠다. 그분의 은총으로 밝게 말이다.

8. 시작이라는 끝

　무수한 사람들이 꽃을 들고 서성거리는 대학교 캠퍼스, 나는 그 많은 사람마다 안고 있는 형형색색의 꽃다발을 인식하지 못했다면 내가 무슨 일로 그곳에 갔는지를 잊을 뻔했다. 중앙도서관 시청각실을 찾았을 때, 마침 네 이름이 호명되자 너는 가벼운 걸음으로 단상에 올라가 학위증을 받고 내려섰다. 혼잡 속에서 식은 끝나고 학위증에 기록된 전공과목을 보니 '통역번역'과 '영어영문'이 나란히 적혀 있었는데 그것을 확인하는 감회는 새롭고 남달랐다.

　매사가 감사하다며 잘 먹고 잘 자고 잘 웃고 늘 긍정하며 살고 있는 너를 다시 확인하면서 안도감과 더불어 너를 내 마음에서 온전히 독립시킬 준비를 하고 있었던 것 같다. 검은 학사복과 흰 스카프에 노란 프리지어가 어울려 예쁘기만 했던 너. 그러나 네가 학사과정을 졸업하는 그 순간까지 내 눈엔 어린아이라는 생각을 떨칠 수가 없었는데 아마 그건 어미라서 가지게 되는 기우일지도 모르겠다. 식당에서 점심을 들 때 네가 말했지.

　"엄마. 건강하게 공부 잘 마치도록 뒷바라지 해주신 것 정말 고맙습니다."

　그 말에 나는 가슴이 뭉클했다. 어쩌면 자식이 부모에게 할 수 있었던 단순한 그 인사가 감사의 인사이기보다는 "이제는 저도 컸으니 부모님께 기대지 않고 제가 알아서 제 삶을 살아볼게요."라는 의미로 들렸기 때문이다. 그러나 나는 네 의도를 확인이라도 하듯 나무라듯, 아니 타이르듯 당부했다.

"지현아, 이제부터 엄마가 너를 대신하여 해줄 수 있는 일은 없다. 경제적인 것은 물론 의식까지도 말이다. 어떤 경우에도 누구 때문이라고 말해선 안 되며 앞으로 일어나는 모든 일들은 오직 네 몫일 뿐이다. 자유롭되 갇힘이 없는 자유를 누리고, 크고 높이 나아가되 교만하지 않으며 작은 것으로도 감사하고 즐겁게 사는 것, 그러나 진실과 수준 있는 깊이를 놓쳐서는 안 되며 무한의 세상을 네 두 발로 직접 걸어 나가지 않으면 안 되는 그것 또한 이 시점에서 숙지하지 않으면 안 되는 것들이다."

막내로 자란 엄마가 아주 어렸을 적 이야기지만 외할아버지께서는 늘 그렇게 말씀하셨다.

"너는 다 할 수 있다."고.

지금 내가 그 마음이다. 외할아버지께서 엄마에게 그러셨던 것처럼 나도 네게 그렇게 말하고 싶다. "너는 다 할 수 있단다." 그게 무엇이든 다….

졸업식을 마치고 지난 4년 동안 언제나 그랬던 것처럼 여전히 너 혼자 서울에 두고 집으로 내려와서 무슨 생각을 했는지 아니? 이제 나는 너를 내 마음에서 밀어내는 것만 남았다고 생각했다. 그 날 저녁 일찍 불을 끄고 자리에 누워 나는 조금 길게 울었다. 지희가 엄마를 웃겨보려고 애썼지만 크게 위로가 되진 못했다. 나는 엄마로서 한 사람을 세상에 태어나게 했고 성숙한 성인으로서의 올바른 삶을 위해 악역을 감당하지 않으면 안 되는 현실이 걷잡을 수 없이 괴로워 울고 또 울었다. 나는 결단코 인정하지 않을 수 없었다. 너는 이제 나의 딸이 아니라 '허지현'이라 이름하는 온전히 독립된 존재라는 것을.

모든 자식이 그러하듯 나에게도 너는 대견하고 사랑스런 자식이다. 그러나 사랑하므로 더욱 가혹한 등 떠밀기를 하지 않으면 안 되는 나는 어미 사자다. 다행히 너는 홀로 서기 위한 4년이라는 연습기간이 있었으니 잘 해내리라 믿는다. 욕심을 부리자면 내면이 아름다운 사람이었으면 좋겠다. 감성을 놓치지 않고 중심이 흔들리지 않았으면 좋겠다. 사랑이 메마르지 않은 사람이었으면 좋겠다. 세상의 중심이 너라는 걸 잊지 않았으면 좋겠고 어려울수록 타인을 배려할 수 있기를 바란다.

나는 네가 정직하고 용기 있는 성인이었으면 한다. 때로 생이 힘들다고 느낄 때, 드러내 도움을 요청하지 않아도 도움의 손길이 왔을 때 끝까지 자신의 힘으로 일어서 보려는 의지로 그 도움을 정중히 거절할 수 있기를 바란다.

혹여 목적지를 두고 지름길을 생각했다면 버려라. 그건 옳지 못하다. 길을 잃는다는 것, 잃어본다는 것은 단순히 재수 없어 할 일이 아니라 다른 길을 찾아 한 수 더 배울 수 있는 좋은 기회가 될 것이니 오히려 고마워해야 할 일이다. 잘못 들지 않고서야 그 길을 가볼 기회가 살면서 얼마나 있겠니?

길에서 태어나 길에서 삶을 마감하듯 우리가 답을 구하고 얻는 곳

역시 길이다. 이젠 책상에 앉아서 답을 찾는 어리석은 사람이 되지 말고 지금까지 학습으로 얻은 지식을 바탕으로 몸으로 구하고 깨우치거라.

끝은 곧 시작의 다른 말이라 하지 않던. 새로운 모습의 너를 기대하며 그 날, 학사모와 프리지어 향기에 묻힌 네 미소, 오래 기억할 것이다.

9. 파리와의 동거

프랑스 작가 베르나르 올리비에는 그의 나이 62살에 그 옛날 마르코 폴로가 그랬듯이, 이스탄불에서 중국 시안까지 1만 2천 킬로미터에 달하는 실크로드를 오로지 걸어서 여행하기로 결심하고 4년에 걸쳐 직접 걸었던 체험기 『나는 걷는다』에서 그는 걷기를 이렇게 말하고 있다.

"지금까지 나는 너무나 바쁘게 뛰어다녔다. 인생의 세 번째 시기에 나는 느림과 침묵에 굶주려 있었다. 검게 화장한 눈매, 살짝 드러난 여인의 장딴지, 몽상으로 가득한 안개 긴 평원 앞에서 잠시 멈추는 것, 풀밭에 앉아 코로 바람을 마시며, 빵과 치즈 한 조각을 먹는 것. 걷는 일이야말로 이런 것들을 하기에 더없이 적합하지 않은가?"

그의 여정에는 적지 않은 곤란과 위험이 준비되어 있었다. 실크로드는 오늘날 분쟁지역을 가로지르고 있다. 터키에 항거하는 쿠르드족, 이슬람 민병대에 의해 조각난 이란, 부족간의 분쟁에 휩싸인 쿠르키스탄 등. 그는 여기저기서 스파이 취급을 받기도 하고, 쿠르드족에게서는 터키의 앞잡이로 오인 받기도 했다. 이방인에 대한 배척뿐만 아니라 발의 상처와 피로, 사기꾼과 풍토병, 잘못 들어선 길, 트럭과 말들에 태워주겠다는 호의, 끝까지 가지 못할 지도 모른다는 두려움이 그를 괴롭혔다.

그러나 그는 앞을 향해 한 걸음씩 나아갔고, 서두르지 않고 느리게, 말이 잘 통하지 않은 사람들과 우정을 나누며 자신이 몰랐던 것을 하나하나 배워나갔다. 풍부한 역사를 지닌 땅을 걷는 일은 그가 세계와 화해하게 해주었고, 스스로 주인공이 되는 노년의 삶을 살게 했다.

오늘 아침 일찍 교회에 가서 예배를 드리고 화성에 올라간 것은 순전히 걷기 위해서였다. 때로 걷기 위해서라고 말하면 사람들은 '걷는 것 자체가 목적이 될 수 있는가?' 하는 반응을 보인다. 그럴 때 답은 "아니오."보다는 "예."에 치우쳐 있다. 걷기는 단순히 두 다리를 대지에 딛고 움직이는 행위만은 아니다. 걷기는 모든 자연과 사물을 온몸의 감각으로 접촉하게 하고 구체적으로 느끼게 한다. 그러니까 걷기는 추상을 구상으로 옮기는 작업과도 같은 것이다.

그렇다고 내가 잘 걷느냐 하면 그것도 아니면서 걷는 것이 목적이 된다고 답하는 건 아이러니다. 걷는다는 행위는 눈을 뜨면 일어나 몸을 씻고 밥을 먹고 해가 지고 밤이 오면 하던 일을 멈추고 휴식하며 잠자리에 드는 일처럼 너무나 일상적이어서 늘 있으나 느끼지 못하는 공기와도 같은 것이다.

그러나 내가 말하는 걷기는 어떤 일을 하기 위해 어쩔 수 없이 따라오는 부수적 수단이 아니라 몸과 마음이 모든 노동으로 하여금 자유롭게 함과 동시에 잔가지를 자르고 하나의 기둥만을 바라보되 인위적인 대상에 초점을 맞추지 않고 자연에 기대 원래의 순수한 모습으로 돌아가는 것을 뜻하는 말과 같다.

그래서 작은 일상에 매여 본질을 놓치고 살 때 잠시 일상을 접어두고 대지 위를 두 발이 느끼도록 움직이는 행위는 단순한 걷기가 아니며 잃었던 자신을 찾고 앞으로 나가야 할 방향에 대해 점검하는 귀중한 시간이 되는 것이다.

아침에 발견한 것인데 내 차안에 파리 한 마리가 있었다. 가만히 생각하니 문제의 파리는 어제도 있었고 지난 주에도 있었고 그 전에도 있었던 것 같다. 잊을 만하면 나타나 운전을 방해하는 바람에 내가 두어 번 창 밖으로 쫓아내긴 했는데 녀석은 묘하게도 다시 날아와 '나 여기 있지롱!' 하듯 약을 올렸다. 운전을 하다보면 드물지 않게 있는 일이라 나도 처음엔 그러려니 하다가 잊어버리는데 이번에는 달랐다. 녀석은 꽤 오래 전부터 허락도 없이 내 차에서 살았던 것 같다. 뜻하지 않은 파리와의 동거, 나는 녀석에게 묘한 연민을 느끼고 있었다. 녀석이 한동안 목숨을 부지할 수 있었던 것은 차안이 그가 살 수 있는 최소의 여건을 갖추고 있었기 때문인데 둘러보니 일회용 컵에 먹다 남긴 커피며 빵 부스러기 그리고 자주 차를 이용하니 질식하지 않을 만큼 공급되는 산소. 또 있다. 녀석의 동거를 알게 모르게 묵인해 준 차주의 연민….

오늘은 그랬다. 주차장에다 차를 세우고 양쪽 창문을 모두 내리고 기다렸는데 녀석은 밖으로 나갔다가 다시 들어가기를 반복하고 있었다.

슬그머니 약이 오른 나는 에잇 모르겠다 문을 꽝 닫았는데 돌아서니 세상에 걱정도 없는 개구쟁이 마냥 파리는 다시 차 유리문 안쪽에 붙어서 물끄러미 나를 보고 있었다. 파리는 그냥 그렇게 일상을 살고 있을 뿐인데 우리는 눈에 보이는 이익만을 쫓아 타인을 미워하고 내쫓기를 일삼고 있지 않은가. 차 유리문에 붙어서 두 손을 모으고 싹싹 비는 파리를 어떻게 나는 때려잡을 생각만 하고 있었는지.

네가 어렸을 때다. 아주 사소한 일이었지만 엄마가 몹시 화가 나 야단을 치면 너는 무릎을 꿇고 두 손을 모아 싹싹 빌곤 했다. 그래도 화가 안 풀리면 한나절 동안 네 방에서 꼼짝하지 않고 반성문을 쓰도록 했다. 그땐 무엇을 잘못했는지도 모르면서 엄마의 불호령이 무서워 그냥 그렇게 빌었을 것이다. 시간이 지나 눈물이 멎을 때쯤 안쓰러움에 엄마가 두 팔을 끌어당기면 너는 간신히 멈춘 울음을 더 크게 터트리면서 내게 안겨왔다. 그러나 네가 울 때마다 엄마 마음이 어떠했는지를 이해하기 위해선 조금 더 시간이 필요할 것이다.

오늘 차 문에 붙어서 나를 보고 싹싹 빌고 있는 파리를 보며 혼자 있는 너를 떠올렸다. 그래, 바꾸어 말하면 너를 생각하지 않았다면 나는 파리와의 동거를 허락하지 않았으리라.

내 편이 아니라 하여 모두 적일 수는 없다. 그러므로 상대의 생각이 나와 다르다고 하여 그 생각이 틀렸다고 말하는 건 옳지 못하다. 만약 보이지 않은 곳에 있으나 네가 잘못된 길을 가고 있다면 나는 책임을 면할 수 없는 네 어미다. 좋든 싫든 우린 그분의 허락으로 한몸을 빌어 태어났고 또한 살고 있는 동거인이다. 이제야 말하지만 네가 눈물을 흘리며 두 손을 모아 싹싹 빌고 있을 때 나는 더 큰 그분께 빌고 있었다. 내 죄를 용서하시라고.

로키 산맥 해발 3천 미터 수목 한계선이 있는데 이 지대의 나무들은 매서운 바람으로 인해 곧게 자라지 못하고 '무릎을 꿇고' 있다고 한다. 이 나무들은 악조건 속에서도 생존을 위한 무서운 인내를 발휘한다고 하는데, 세계적으로 가장 아름다운 소리를 내는 명품 바이올린은 바로 이 '무릎 꿇고 있는 나무'로 제작된 것이라고 한다. 척박한 환경에서 살아남은 그것들로 마침내 세상에서 누구도 따를 자 없는 명품을 만든다니,

신이 자연과 인간에게 내린 시련의 대가는 공평하다. 너도 그걸 믿지?

무엇보다 아이들 가르치는 일이 재미있고 감사하다니 다행이다. 혼자만의 시간이 이젠 책임이라는 관념적인 틀을 넘어 보다 큰 세상을 꿈꾸며 사귀는 시간이 되기를 바란다. 한 마리의 파리가 차안이 전부라고 생각하는 건 다른 넓은 세상을 보지 못해 가질 수 있는 한계일 것이다. 큰 세상을 보려면 지금은 몸을 조그맣게 웅크려 더 크게 도움닫기를 하거라. 그리고 작은 것들을 사랑하거라.

| 제8부 |

돌아오며

✽ 여행지에서 쓴 엽서, 아이들의 편지

이럴 때 저를 용서하지 마세요.

제가 화려한 조명 뒤에 숨어 비굴한 방법으로 친구를 이기려 할 때, 제가 맛있는 것과 좋은 것만을 고집할 때, 혹은 지름길에 서

있을 때, 엄만 엄마니까 저를 용서하지 마세요. 아셨죠?

날

칼날뿐 아니라
모든 날이란 날은
무엇이든 베기 위해 존재한다
그것은
아래로 잘 미끄러지라고 있는
스키날일지라도 예외는 아니다

씨즌 끝나고 겨우내 입었던
스키복을 세탁할 때 보았다
나도 모르게
바지 안쪽 발목 근처
칼날 스쳐간 섬뜩한 흔적들

사는 일도 이러할 것이다
서로 아니라 해도
한 발이 앞서 달릴 때
다른 한 발은
슬쩍 무기가 되기도 하는 것

1. 새로운 길을 준비하며

🍎 이젠 어떤 말을 해도 별로 놀라는 기색을 보이지 않는 너희들에게 엄마의 인도여행은 어떤 의미가 있을까?

이번에 가고자 하는 곳은 라다크이다.

작은 티베트라 불리는 라다크는 히말라야 산맥, 라닥 산맥, 잔스카르 산맥이 만나는 인도 최북부 지역에 해당하는 곳으로서 해발 3500m에 라닥의 중심도시 레가 있다. 엄만 전부터 『오래된 미래』로 불리는 라다크에 대한 꿈이 있었다. 그것은 헬레나 노르베리-호지 여사가 쓴 『오래된 미래(*Ancient Futures* : Learning from Ladakh)』를 읽고 시작되었지만, 구체적으로 나를 라다크로 가게 한 것은 이태 전쯤 어느 기업이 만든 텔레비전 광고에서 황량한 풍경이 등장했는데, 히말라야를 다녀온 뒤라 그 풍경이 그리도 확연히 마음 안으로 들어왔을까. 왜 있잖니? 배경엔 인도음악이 흐르고 멀리 우뚝 솟은 산 위에는 오색의 룽다가 펄럭이는 곰빠(사원)가 있고 축구공을 실은 트럭이 뽀얀 먼지를 날리며 언덕을 향해 올라오고 어린 스님들이 웃음을 흘리며 공차기를 하던.

내 여행의 시작은 그 사원에 배낭을 내려놓고 가족과 친구들에게 엽서를 쓰며 그곳 아이들과 먼지를 날리며 공차기를 하고 싶다는 것이었다. 그것이 나를 그곳으로 가게 했던 구체적인 동기였다고 말하면 너희들은 웃을까. 그러나 내 꿈은 아주 오래된 미래로 그렇게 돌아가고 싶었는지도 모른다.

후에 안 일이지만 그곳은 라닥의 중심도시 레에서 약 124km 떨어진 라마유르 사원이었다. 이번 북인도여행 역시 히말라야 권이라 추위와 고도를 염려하지 않을 수 없겠으나 갠지스 강과 인더스 강의 원류를 따라 삭막한 고원지대를 자동차로 달리거나 발로 걷는 일정이니 그리 호락호락할 것 같지는 않다. 그러나 쉽지 않아서 더욱 해볼 만하다고 한다면 엄마답다고 말해주겠니?

꿈을 갖는다는 것은 그 자체만으로 얼마나 행복하고 복된 일인지, 소박하지만 내가 그런 꿈을 갖지 않았다면 어떻게 오래된 미래 라다크 땅을 밟을 수 있는 구체적인 계획을 가질 수 있었을까.

월드컵으로 나라가 소란스러웠던 지난 해 사람들의 입에 가장 많이 오르내린 말도 "꿈은 이루어진다."였다. 실행도 중요하지만 구체적인 대상을 꿈꾸는 일은 그래서 더욱 중요하다. 혹 라다크가 어떤 곳인지 궁금하다면 엄마가 부재중인 동안 서가에 꽂힌 『오래된 미래』를 한번쯤 읽으면서 엄마를 상상하고 기다리는 일도 괜찮을 듯 싶다. 이제는 너희들과 내가 읽을 책을 따로 구별할 필요가 없게 되었으니 이것 하나만 보더라도 너희들이 얼마나 컸는지, 흐뭇할 뿐이다.

어떤 일이든 이제는 엄마가 앞서 가르치고 타이르기 전에 스스로 해결책을 찾아가야 하지 않겠니? 이건 아주 사소한 것에서부터 큰일을 결정할 때도 마찬가지다. 평소 흘려듣던 일들을 스스로 해결하고 그렇게 하지 않으면 안 되는 이런 기회를 미안해하기보다는 오히려 행운으로 위로하기로 했다.

　지희야 – 이번 방학에는 양질의 독서를 권하고 싶다. 광고디자인 카피 응모는 결과에 집착하지 말고 과정을 즐기는 것으로 만족해라. 되도록 많이 걸었으면 좋겠지만 자전거를 이용해 수영장 다니는 일은 아주 잘한 선택이다. 그러나 복잡한 시내를 달리는 일이 만만치 않을 것이니 늘 안전에 만전을 기하고 시간제 아르바이트는 일주일에 2~3일 정도로 제한하고 무엇보다 집안 일은 엄마를 대신하여 관리하고 마음쓰는 일은 온전히 네 몫이다. 아침엔 조금 일찍 일어나 아빠와 삼촌의 출근을 돕고 특히 구겨진 바지나 와이셔츠를 입고 출근하지 않도록 배려해라. 급할 땐 이모나 고모에게 SOS 해라.

　지현아 – 번역원에서의 공부는 꾸준히 지속하는 것이 중요하다. 자만하지 말고 노력하다보면 네가 원하는 것을 얻는 건 시간문제다. 지난번에도 말했지만 아르바이트에 너무 많은 시간을 빼앗기는 것은 지금으로선 낭비다. 네게 지금 정말 중요한 게 무엇인지 때를 놓치지 말고 점검하고 한 달에 한두 번 반드시 집에 내려와 가족들과 지내렴. 어떤 도움이 필요해서가 아니라 함께 있다는 것만으로도 가족은 위로를 얻는 법이니까. 그리고 항상 ‘가족들을 위해 무엇을 할 수 있을까?’를 잊지 마라.

　여행이 끝나고 돌아오면 이번에도 너희들의 조금 더 성숙해진 모습을 보고 싶다. 욕심 같아서는 잘 견뎌 주는 것이 아니라 즐기며 잘 살아낸 모습을 보여주었으면 좋겠구나. 아빠에게 푸근하고 사랑스런 딸이 되었으면 더 바랄 나위가 없겠다.

멀리 떨어져 있을수록 깊어지는 건 우리들 사랑만은 아닐 것이다.

오색 깃발이 펄럭이는 라마유르 사원에서 건강하게 너희들을 그리워하며 엽서 쓸 그 날을 기대하며.

2. 신은 공평하다

나마스떼!(히말라야 인사말)

보고 싶다. 도대체 현실 같지 않은 풍경 속을 걷는 동안 체력의 한계와 싸우며 일주일을 걸어 이곳 마낭까지 왔다. 고통이 없다면 감사 또한 없겠지만 이번 히말라야 트레킹은 엄마에게 많은 것을 누리고 느끼게 하는구나.

원시적인 불편을 감수하는 대신(신은 얼마나 공평한지 한꺼번에 모두를 다 주는 법은 없다) 이렇게 거대한 히말라야 설산의 연봉들을 원 없이 보는구나. 하지만 매일 멈추지 않고 걸어야 하는 날 속에서 엄만 새롭게 거듭나는 내면의 소리를 미미하지만 듣기 시작했다. 눈앞에 펼쳐진 안나푸르나와 강가푸르나는 눈부시게 거대하며 아름답기까지 하다. 흔히 거대한 것은 아름답기 어려운데 히말라야는 다르다.

하루 걷기가 끝나고 싸늘한 여행자 숙소에 누우면 흘러가듯 집 생각도 간절하지만 내일 또 걸을 생각을 하면 여기서 집 생각은 한낱 사치일 뿐이다.

방학이 시작되기까지는 꽤 많은 시간이 남았는데 깨워주지 않아도 늦지 않게 학교에 가는지? 지금 엄만 어느 때보다 힘들고 어렵지만 스스로 원했던 일이니 끝까지 최선을 다해 걸을 것이다. 약속하마. 트레킹 마치고 돌아가면 전보다 더 많이 너희들을 사랑해 줄 것이다.

내일은 더 힘든 코스가 기다리고 있다. 마치 우리들 인생처럼.

3. 황량한 산들의 파노라마

줄레!(우리의 안녕과 같은 라다크 지방의 인사말)

드디어 어제 라다크에 도착했다. 북인도 라다크 지방 라마유르는 오래된 라마교 사원이 있는 곳으로 유명한데 대개의 사원들이 그러하듯 라마유르 사원 또한 바위 절벽 위에 아슬아슬하게 세워져 있는 라마 사원이다.

어제는 고소증세 때문에 그렇게 오고 싶던 라마유르에 도착했으나 아무것도 보이지도 않고 또 볼 수도 없었는데 두통이 사라진 오늘은 다르다. 여행하면서 가끔 느끼게 되는 것은 건강에 대한 두려움이다. 몸의 컨디션이 좋을 때는 아주 사소한 것을 보아도 감동하게 되고 아름다운데 몸의 컨디션이 좋지 못할 때는 아무리 거대한 무엇을 보아도 감동은커녕 외면하고 싶어지니 말이다.

그러나 이제 정상적인 컨디션을 찾고 보니 비로소 이 대단한 자연을 지으신 그분도 생각하게 되고 멀리 있는, 그러나 항상 내 마음 안에 있는 너희들도 사무치게 그리워지게 되는구나. 이곳 하늘은 푸르다 못 해 검다. 8월의 뜨거운 태양 아래 좁은 밀밭을 개구쟁이처럼 뛰어다니는 바람은 호흡을 매우 감미롭게 하고 있다. 어쩌다 만나는 나무 그늘은 또 얼마나 신선한지. 집을 떠난 지 2주일이나 지났으니 엄마 없는 생활도 이젠 자리를 잡아가고 있겠구나.

이곳 자연은 황량함이 전부다. 풀 한 포기 없는 마른 흙과 바위산으로 둘러싸인 산의 파노라마를 보고 있노라면 신에 대한 경외감에 몸을 낮추고 머리를 숙일 수밖에 없다.

오늘은 마을에 나갔다가 꼬마를 만났는데 줄레라는 인사를 하도 예쁘게 해 머리핀을 선물로 주었더니 무척 행복해하더구나. 일상에서 작은 것의 행복을 너희들도 잊지 않았으면 한다.

내일은 그렇게 보고 싶던 인더스 강을 만나게 될 것이다. 인더스 강. 말만 들어도 가슴이 뛰는구나. 여건이 되는 대로 다시 라다크 소식을 전하마.

그럼, 안녕.

4. 딸들아!

따시델레!(티베트의 인사말)

라다크의 중심도시 레에 도착한 것은 사흘 전이다. 그러나 레는 엄마가 꿈꾸던 그런 레가 아니었다. 한 걸음 시외로 물러나 라다크다운 라다크를 보기 위해 찾아온 곳이 바로 레에서 버스를 타고 한나절이면 올 수 있는 알치마을이다. 레의 많은 사람들은 티베트의 인사말인 "따시델레!"를 쓰는데 이곳에 오니 다시 "줄레!"로 바뀌었다. 그만큼 레는 티베트 사람들이 많다는 말이고 이곳은 다르다.

미국의 인류학자 마빈해리스는 − 예전 자연과 공존했던 원시인들의 삶은 현대보다 훨씬 더 풍요했다고 전한다. 대자연 속에 숨쉰다는 것 그것만으로도 부족함이 없었다고. 가진 것이 없어도 불행이 무엇인지조차 모르고, 가난하지만 불평이 없는 삶 −

엄마가 본 이곳 사람들이 그렇다. 아니 내 눈엔 분명 그렇게 보인다. 보리타작을 하면서 아침부터 저녁까지 아낙네들이 부르는 가늘고 긴 고음의 노래는 여행자의 애간장을 끓게 만든다. 저 폭염 속에서 저렇게 끊임없이 노래를 부를 수 있는 것은 수확의 기쁨이리라.

내일은 인더스 강 자락, 이 마을의 유명한 알치곰빠(알치 사원)를 만날 참이다. 마을마다 노란 살구가 한창이다. 이곳 살구는 시지 않고 정말 맛있더구나. 언제쯤 너희들에게 라다크의 살구를 먹게 할 수 있을까? 마을에 갔다가 돌아오는 길에 할머니에게 얻은 살구 몇 개를 주머니 속에 넣고 만지작거리며 너희들을 생각했단다. 그립구나. 안녕.

5. 갠지스로 돌아가는 아기를 위해 꽃을 샀다

지현아, 지희야.

바라나시 가트에서 몇 자 쓴다.

어제에 이어 오늘도 인도 각지로부터 실려와 장작 위에서 연기로 사라지는 사자(死者)들을 보았다. 저들은 오늘 이곳에 오기 위해 평생을 기원한 사람들이다. 불에 타는 시신이 수없이 많지만 어느 가족도 우는 이는 없다.

이곳에 남아 있는 가족들은 신의 곁으로 가는 사자에게 지상의 마지막 인사를 나누고 형형색색의 꽃을 바치며 진언을 외우고 기도를 드린다. 두어 시간 불에 탄 시신은 남은 재와 더불어 갠지스로 흘려보낸다. 이곳 사람들은 죽어서 성스러운 강 갠지스로 돌아가는 것을 필생의 복으로 생각한다고 한다.

그런데 조금 전 좁은 골목에서 하얀 천에 아기를 싸서 안고 가트로 오는 젊은 아버지와 눈이 마주쳤다. 그의 눈빛에선 약간은 겁먹은 듯한 표정이 감지되었으나 크게 슬퍼 보이지는 않았다. 이곳 풍습은 뱀에게 물려죽은 사람이나 제 명을 다하지 못하고 병사(病死)한 아기는 화장(火葬)할 수 없다고 하는데, 그렇다면 그 아기는 그냥 갠지스에 던져진다는 말이겠지. 세상에 태어나 몇 달 살아보지도 못하고 갠지스로 돌아가게 하는 신의 뜻은 무엇일까? 이곳에서는 삶과 죽음이 크게 달라 보이지 않는다.

엄마는 오늘 갠지스로 돌아가는 어린 아기를 위해 조금의 꽃을 샀다. 노란 금잔화다.

매일매일, 아니 순간순간 특별한 축복으로 살아 있으나 우리는 그 축복을 잊고 산다. 돌아가면 너희들을 품에 안고 다시 그 축복을 확인하고 싶다. 다음 일정은 세계에서 가장 아름다운 무덤 타지마할이다. 또 쓰마.

6. 석양을 보지 못한 앙코르와트

좀 리업 수!(캄보디아 인사말)

"모든 것은 통로를 경유한다. 앙코르의 회랑도 그러하다."

노트에다 한 줄의 짧은 메모를 하고 차 한 잔을 마신다.

오늘은 그렇게 보고 싶었던 앙코르 사원을 둘러보았다. 크메르 건축의 극치인 왕코르와트는 석조 건축물로 만들어진 우주의 축소판으로 알려지고 있는데 소문대로 그 규모는 벌어진 입을 다물지 못하게 했다.

햇빛이 얼마나 뜨겁던지, 칙칙한 내부 구조와는 다르게 중앙탑에 올라서니 빛이 너무 강해 모자와 선글라스를 쓰고도 눈을 제대로 뜰 수가 없었다. 눈부신 하늘과 크메르 왕조의 영화는 눈으로 보지말고 마음으로 보라는 것일까. 천상계에 당도해 사원의 회랑을 통해 저 푸르고 아스라한 지상을 확인하는 감회는 남달랐다.

사원의 긴 회랑 벽에 새겨진 부조는 많은 인물과 이야기들이 등장하지만 그 수많은 인물들이 각각 누구며 어떤 의미를 담고 있는지 일부를 제외하고는 지금껏 미스터리로 남아 있다고 한다.

그리고 유명한 타프롬 사원의 나무들은 어디가 지상이고 지하인지도 모르는 무법자를 연상하게 했다. 인간의 힘으로 지은 사원이 인간의 영역이라면 나무는 신의 영역일 것이다. 그럴지라도 이곳에 사원을 지은 것은 인간이 신을 기쁘게 하려는 뜻이었을 텐데 왜 신은 인간의 정성을 외면하려는 것일까. 오랜 시간 수많은 희생을 감수하면서 지은 건축물이지만 시간 앞에서는 모두 저렇게 굴복하고 마는 것인지, 뿌리를 이기지 못하고 무너져 가는 사원을 보는 일은 그래서 더욱 마음이 착잡했다.

톤레삽 호수에서 만난 어린 사공의 이야기는 돌아가서 들려줄 것이다. 혹 다시 너희들이 세계사에 관심을 갖게 된다면 크메르 왕국의 비밀에 대해서도 공부해보면 좋겠다.

앙코르와트에서 석양을 보지 못한 아쉬움을 뒤로 한 채 내일은 국경을 넘어 방콕으로 갈 것이다. 안녕.

7. 여기는 바이칼

어제까지는 쌤바이노!(몽골의 인사말)였는데, 오늘은 즈드라스 뷔이쩨(러시아 인사말)다.

한국의 폭염소식을 들었는데 집엔 별 일 없겠지? 그렇게 믿고 싶다. 아니 믿는다. 몽골의 수도 울란바토르에서 32시간 동안 기차를 타고 달려온 곳이 러시아 이르쿠츠크다. 오는 동안 자작나무 숲과의 만남은 상상했던 것만큼 인상적이었다. 어제 리스트 비얀카에서 처음으로 바이칼과 인사를 나누었을 때 난 내 눈을 의심했단다.

"이게 바이칼이야! 이게 정말 바다가 아니고 호수란 말이야! 그런데 저 수평선은? 저 갈매기는?"

지금 엄마가 머무는 알혼 섬은 이르쿠츠크에서 다시 8시간 정도 차를 타야 닿을 수 있는 바이칼 호수 안에 있는 섬마을인데, 이름은 후지르이다. 이곳은 지구상에서 우리와 가장 많이 닮은, 몽골에서 건너와 정착한 브리야트족이 많기로 유명한 곳이기도 하다. 정말로 백인계를 제외하면 이곳 브리야트족은 우리와 얼마나 흡사한지 나도 모르게 한국어로 말을 걸 정도다. 그리고 확인된 바는 없지만 한때 대제국을 건설한 영웅 몽골의 징기스칸이 묻힌 곳이라는데 무덤을 만들지 않은 그들의 풍습에 따라 그것이 사실인지 아닌지는 알 길이 없다.

이곳 알혼 섬은 샤먼들의 고장으로도 유명하다. 그러나 무엇보다 중요한 것은 엄마가 바이칼에 왔다는 사실이다. 어제 이미 엄마의 주특기(물에 뛰어들기)를 살려 바이칼에 뛰어들었는데 단 1분도 견딜 수 없을 만큼 차가웠던 물, 저 차가움 속에 어떤 생명이 살 수 있을까 싶었는데 수만 가지의 어종이 서식한다니, 그래서 신의 호수라 하는지. 바이칼의 석양, 정말 눈물나게 아름답더구나.

이제 바이칼여행이 끝나면 다시 기차를 타고 몽골로 돌아갈 참이다. 몽골의 대장정이 벌써 기다려지는구나. 울란바토르에 돌아가면 다시 엽서를 쓰마.

방학은 알차게 보내고 있겠지? 정말 세상은 너무 넓구나. 공부보다 더 중요한 것이 많다는 걸 잊지 마라. 안녕.

8. 지희의 편지

엄마, 죄송해요

엄마! 우선 좋은 저녁이라고 인사하고 싶은데, 엄마는 바로 곁에서 제가 다른 작업을 하고 있는 줄로만 아시겠죠. ^^

사실 엄마에게 살짝 거짓말을 했는데 시간이 좀 지났으니 이젠 고백해도 되겠죠?

엄마가 선생님께 전해드리라던 편지는 물론 학교에서 정확히 전달해 드렸지만 도중에 봉투에 흔적이 남는 사태가 발생했습니다. ^^; 제가 궁금해서 살짝 열어보았어요. 물론 저에 대한 걱정과 어제 백일장을 통해 제가 새로 맛본 좌절감 등에 관한 내용일 거란 예상이 있었지만 엄마의 편지는 자율학습시간에 몰래 그것을 꺼내 읽어보는 저의 두근거림에 감사와 감동마저 함께 했답니다.

학교에 도착하자마자 백일장은 어땠으며, 즐거운 시간이었느냐, 결과는 좋았느냐라는 등 여러 가지 질문을 열심히 퍼부어 대는 아이들을 뒤로 하고 바로 자율학습시간이 다가왔습니다. 편지는 옆자리의 짝도 모르게 살짝 꺼내 보았지요. 첫 내용부터 엄마가 절 생각하는 마

음이 역시 남다르다는 걸 느꼈고, 전 행복한 아이라는 자기 최면까지
걸게 되었지요.

감동적이었어요.

제가 봉평에 머물면서 느꼈던 소소한 감정들을 엄마는 정확히 알고
계시더군요. 제가 감정을 너무 쉽게 드러냈던 건지 엄마가 족집게였
는지는 사실 조금도 중요하지 않았어요. 엄마가 절 걱정하는 마음은
단 두 장의 편지에서 모두 읽을 수 있었답니다. 그리고 그 편지를 읽
으며 저도 모르게 눈물이 났습니다. 다행히 짝의 두루말이 휴지가 제
책상에 올라와 있기에 끊어다가 아이들 모르게 슬쩍 닦았지요.

두 장의 편지와 그 밖의 글을 읽고 저도 엄마처럼 세상을 볼 수 있
으면 좋겠다는 생각을 했습니다. 바다에서 나는 김은 처음부터 네모
가 아니었냐고 물었던 저의 질문. 모두가 한 번 신나게 웃고 넘기는
차원을 넘어 우리 나라 교육현실까지 지적할 수 있는, 저는 아직 그런
시각을 가지기엔 많이 부족하다는 생각이 들었고 최근에 글을 쓴다
며 끄적끄적 펜만 잡고 있는 제가 참 많이 부끄러웠습니다.

저는 문학을 이해하지 못합니다. 그래도 10년 후쯤 아무런 장애 없
이 이해할 수 있을 거란 확신이라도 있다면 이 순간 겁은 나지 않겠
지요.

어제 저는 가산백일장에서 또래 친구들보다 미숙한 머리와 눈을 가
졌다는 사실을 새삼 깨달았습니다. 아니 스스로 그렇게 느껴보려 애
썼고 그런 최면으로나마 미숙한 저의 글 솜씨를 좀더 빛나게 해보려
는 처절한 노력이었는지도 모르겠습니다.

엄마, 솔직히 말씀드리자면 지금 현재로는 수능을 통해 대학에 입학하고

자 하는 생각은 없습니다. 제가 생각해봐도 무슨 믿는 구석이 있어서 이런 뻔뻔스런 얘기를 남들에게 떠벌리고 다니는지 저도 이해가 잘 가지 않습니다만 글을 쓰는 것이 제게는 하나의 휴식이기도 하기에 다그침만 없다면 충분히 즐거운 활동이라 생각하거든요. 그래서 대학으로 통하는 매개가 될 수도 있겠다 하는 기대감을 조금은 가지고 있는 것도 사실이지만, 솔직히 말씀드리자면, 드문 일이긴 하지만 어느 땐 글 쓰는 순간이 무척 행복하기도 하거든요.

제게 여느 아이 엄마들처럼 공부를 강요하지 않고 제 뜻을 존중해주는 엄마가 감사할 뿐입니다.

긴 이야기는 뒤로 미루고 저의 가장 든든한 후원자인 엄마, 오늘 하루도 저는 당신을 사랑했고 내일도 당신을 사랑하겠습니다.

사랑은 설명 없이도 이해하고 용서하는 거죠

엄마, 편지 잘 읽었습니다.

지금은 자율학습시간, 이렇게 펜을 들고 뭔가를 또 끄적대는 저를 보고 친구들은 '아, 맞아, 지희는 글 쓰는 아이였지!' 라고 다짐하는 듯 보입니다. 그리고 함부로 사소한 말을 던지지 않으려고 친구들은 노력합니다. 글 쓰는 작업을 방해한다고 생각하니까요.

그래요 엄마, 아이들이 저를 보는 시각을 이제 와서 바꾸기에는 그들도 저도 무리일 것 같아요. 친구들은 제가 글 쓰기에 특별히 재주가 있다는 착각을 아직도 하고 있답니다. 아니라고, 그게 아니라고 부정해 보지만 그들은 제 말을 겸손이라고 받아들일 뿐이지요. 그런 주위의 부축임 덕분에 제가 더욱 겉만 화려한 바보의 역할을 이유도 모르게 소화하며 즐기고 있는 것은 아닌지 모르겠습니다.

친구들은 저 정도면 대학에 쉽게 갈 것이라 생각합니다. 그게 현실이었으면 하는 바람이지만, 이 상황은 저로서도 얼마나 어이없던지 그들에게 차분히 뭔가를 말해주고 싶은 기분조차 이제 저는 갖고 있지 않다는 걸 오늘 알았습니다.

엄마. 엄마는 제가 문학에 눈을 뜰까 두려우신 거죠? 그렇게 되면 소위, 저도 언니 마냥 더 중요한 요소들을 외면하고 무시해버리진 않을까 하는 생각을 엄만 가슴속에 묻고 계실 거란 생각을 조심스럽게 해보았습니다.

며칠 전, 엄마가 언니를 나무라신 뒤, 언니와 옛 모교를 함께 거닐며 많은 이야기를 나누었습니다. 솔직히 얼마 전까지만 해도 언니를 이기적이라 말씀하시는 엄마를 잘 이해하지 못했습니다. 제겐 항상 착하디 착한 언니이고 너무 가까이 있다는 것 때문에 언니의 이기적인 면들을 캐치하기란 쉽지 않았나 봅니다. 아니면 저조차 이기심에 물들어 잠시 색안경을 끼고 세상을 바라보았는지도 모르겠구요. 언니와 함께 운동장을 거닐었던 짧은 시간이 서로의 진심을 알 수 있는 시간이어서 좋았습니다. 그만큼 허물없는 대화를 나누었거든요.

언니가 이런 얘기를 했습니다.

"나는 나의 역할을 얼마라도 하기 위해 집에 오면 방 청소를 하며 깨끗이 하려고 애쓴다. 하지만 청소를 한다고 해도 미처 우리 가족들이 가장 많이 생활하는 거실이나 엄마 방의 청소까지는 생각하지 못했다. 아주 사소한 것 같지만 나의 생각이 미치지 않는 이런 점들을 보면 난 정말 이기적인가 보다."

그 순간 언니가 얼마나 아름다워 보이던지. 저는 내색하지 않았지만 마음은 뿌듯했습니다. 이 정도의 생각을 가진 언니이니 그리 미운 딸만은 아니라는 거 아시죠?

엄마. 사랑은 설명 없이도 이해하고 용서하는 거라고 말씀하셨잖아요.

항상 가족을 위하는 마음이 누군들 없겠어요. 엄마가 언니를 야단치실 때, 진심이 약간 빗나가기만 해도 그게 서로를 노려보는 매개가 된다는 점이 오늘은 유난히 안타까워집니다.

엄마와 제가 이야기하지 않으면 마냥 조용하기만 한 우리 집. 나름대로 멋이 있다고 생각합니다만 그 틀 안에서 좀더 활기찬 가정이 되

었으면 하는 바람을 우리의 기도 속에 섞어보면 어떨까요.^^

오늘 저는 학교에서 '가정'이란 과목을 두 시간이나 배우게 됩니다. 그 시간 동안 우리 가족을 생각하지 못한다면 저는 너무 이기적인 아이인가요?^^*

엄마가 좋아하시는 햇살과 바람, 모두가 상쾌한 아침이네요.

사랑하는 엄마께 행복한 마음을 실어 드립니다. ♥♡♥♡♥♡

떠나는 엄마를 배웅하며

엄마 지희예요.

엄마가 떠난다는 지금에서야 이렇게 편지를 쓰는 제가 참 많이 부끄럽네요. 조금씩 미루어오던 편지는 아마 이런 기분이 연속되어서였을 거예요. 항상 예기치 못한 일이 코앞에 닥치면 뒤늦게 무엇이 잘못되었는지 깨닫곤 하는 저는 아직 철들지 못한 딸인가 봐요. 내일 이 맘 때면 떠나고 없을 엄마를 상상하는 일이 지금 벅차오는 것이 아마도 가장 좋은 예가 되겠죠? 충분한 시간을 두고 그간 이야기해 오던 이번 여행은, 말로 너무 익숙해져서 끝내 말로만 남을 줄 알았던 건 이 딸의 경솔함이었을까요?

엄마는 늘 새로운 경험에 눈을 돌리고 과감하게 행할 수 있는 용기를 가진 멋진 여성이세요. 엄마가 가진 이런 점을 저는 가지고 있지는 못해, 엄마는 저의 좋은 스승이 되는 것 같아요. 엄마께서 먼 곳으로 장기간 여행을 떠날 때마다 저도 새로운 것들을 느끼고 경험했으니까 이번에도 그렇겠죠. 이번엔 '도전'이란 단어가 어울릴 법한 새로운 모험을 하신다고 하니 내심 불안하고 걱정스럽지만 지혜롭고 건강한 정신을 지닌 엄마의 별은 히말라야 산중에서 더 빛날 거예요. ^^

어떤 주제를 갖고 깊이 있는 편지를 쓰고자 했던 제 의도는 오늘도 실패네요. ^^ 저 역시 보통 아이들과 다름없이 엄마를 걱정해주고 사랑한다는 말을 기분 좋게 속삭이는 다정한 글귀들이 더 익숙하고 좋은 걸요. 이제는 이 막내딸도 고3을 눈앞에 두고 있어 편안해지려 해도 가슴속에는 저도 어찌해 볼 수 없는 불안한 마음이 있어요. 물론 이 불안감들을 학습으로 이겨보려는 노력은 아직도 부족하지만 엄마와 마주보며 얘기하는 유쾌한 시간들은 친구들과 웃고 떠드는 시간들보다 불안감 해소에는 좋은 약으로 작용한답니다.

지금은 진로에 대해 어떤 갈피를 잡는 탐색기라 생각하고 엄마가 여행에서 돌아올 즈음에는 저도 어떤 확고한 꿈에 다가가고자 노력하는 확신의 눈을 가진 아이가 되도록 할게요. ^^

엄마가 제게 얼마나 소중한 존재인 줄 아시죠?

엄마 없는 동안 더 잘할게요. 아빠께도 더 멋진 딸이 될 거구요. 이번 모험에서 아무 탈없이 몸 관리 잘하셔서 엄마 인생에서 중요한 부분으로 자리하는 인상 깊은 여행이 되기를 바랄게요. 이 여행을 계기로 삶이 행복해진다면 더욱 좋겠구요. ^^

엄마, 저는 늘 엄마를 세상에서 가장 자랑스럽게 생각해요. 서재에서 뭔가 몰입해 계실 때 엄만 제가 불러도 잘 모르시잖아요. 그만큼 자신의 일을 사랑하시는 모습이 좋고, 우리 가족을 위해 늘 애쓰시는 건 물론 나이를 잊고 배낭을 지고 세상을 두 발로 걷고 뛰며 보겠다는 야심찬 의지까지도 저는 존경스러워요.

갑자기 머리가 어질어질해서 편지 마무리가 보기 좋진 않지만 엄마에 대한 사랑이 마이너스된 건 아니에요!♡

새로운 것에 도전하는 여성이 얼마나 아름다운 건지 이번 기회에 다시 한 번 보여주세요.

사랑해요 엄마! ♥

이제 걱정 마세요 

그 동안 저는 제가 세상에서 가장 사랑하는 엄마한테조차 수험생이란 이유만으로 너무 소홀했던 건 아닌지 반성의 마음을 갖게 되네요. 이제 내년이면 저도 대학생이고 요즘은 특히 진학문제로 고민도 많고 고3 동안 내가 날 위해 가꿔놓은 게 무언가 하는 회의도 자주 들어요. 두 분 다 제가 상처받을까 염려해 직접 표현은 안 하시지만, 제 수능 성적이 엄마 아빠의 기대에 미치지 못한 게 내심 죄송스럽고 제 자신도 실망스러워요.

오늘 선생님과의 상담에서 전 또 한 번 제가 잠시나마 꿈꾼 대학을 포기하는 상태에까지 이르렀어요. 하지만 엄마, 저는 엄마 아빠가 제 뒤에서 항상 응원해주신다는 걸 너무나도 잘 아는 우리 집의 막내이고 또 제 나름대로 미래를 설계하고 있으니 크게 걱정 마세요. ^^

262

언니는 우리 가족과 떨어져 서울에서 학업에 힘쓰지만, 저는 대학에 가면 집에서 통학하며 두 분을 외롭지 않게 하는 막내로서 역할을 다할 참이에요.

요즘 들어 제 자신에게 거는 최고의 주문은 '어디서든 내가 잘하면 된다'라는 거예요. 전 이 주문을 꼭 이루려고요. ^^

엄마, 제가 그 동안 두 분께 훌륭한 딸은 되지 못했지만, 이제 정말 저와 엄마 아빠를 위해 성실하고 유능한 허지희가 되도록 노력하겠어요. 엄마! 요즘 좀 우울해 하시는 게 제 탓 같아 죄송스러워요.

그리고 부탁이 있는데요 엄마. 이럴 때 저를 용서하지 마세요.

제가 화려한 조명 뒤에 숨어 비굴한 방법으로 친구를 이기려 할 때, 제가 맛있는 것과 좋은 것만을 고집할 때, 혹은 지름길에 서 있을 때.

엄만 엄마니까 저를 용서하지 마세요, 아셨죠?

잠시 후, 마녀사냥이 시작됩니다

엄마.

추운 겨울날에도 매일같이 자기 손으로 창문을 열어 교실을 환기시켰던 선생님 한 분을 저는 잊지 않고 있습니다. 아이들은 그 선생님을 참 싫어했지요. 체육복이며, 외투 등을 겹겹이 걸치고 아이들은 늘 그 수업을 견뎌냈어요. 그 선생님은 인간은 참 이기적인 존재라고 하시며, 춥다고 창문을 꼭꼭 닫고 히터의 희망온도를 30℃까지 올려놓은 아이들을 나무라셨죠.

　저는 그 선생님의 수업시간에 상쾌한 공기를 마시는 걸 은근히 즐기던 무리 중의 하나였죠. 교실로 들이닥치는 찬바람 덕분에 저는 그때가 겨울이라는 걸 깨달을 수 있었으니까요. 그리고 저는 한 가지 다짐을 했어요. 따뜻한 봄이 와도 지금의 추위를 잊지 않겠다고 말이죠. 그런데 지금 저는 다시 이기적인 대학생이 되어 겨울을 견디고 있습니다. 우선 저는 수험생생활을 마치고 엄마와 편지를 주고받지도 않았고, 제 방의 이중창문을 걸어 잠근 채 방학을 보내고 있지요. 저는 제 전공분야에 특별히 신경을 쓰지도 않는 대한민국의 그저 그런 대학생인지도 모르겠습니다.

　그 동안 저는 제가 좀 특별한 아이라고 스스로 생각했습니다. 친구들도 그렇게 말해왔지만 제 스스로가 남에게 좀 유별나고 고상한 척 보이길 바래온 것 같기도 해요. 우선 제가 글을 쓴다는 것이 친구들 사이에선 뭔가 대단한 능력을 가진 것처럼 보여졌으니까요. 고등학교 때 받은 그런 시선이 사실 저는 나쁘지 않았어요. 그런데 대학생이 되고 글을 쓰는 친구들과 수업을 듣고 함께 경쟁하다보니, 저도 모르는 사이 저는 점점 더 평범한 아이가 되어가고 있었습니다. 제가 쓴 글이 수업시간에 화두에 올라 칭찬보다는 비난을 받을 때 소심하게 금방 좌절하기도 했고, 칭찬이 쏟아질 땐 제가 무슨 '올해의 작가'가 된 듯한 착각을 하기도 했지요.

　글을 쓴다는 것은 참으로 어렵고 두려운 일인 것 같습니다. 늘 예대의 강의실에 들어설 때는 긴장을 하죠. 친구들이 마치 저를 마녀사냥 하는 기분도 들고, 더러는 제가 마녀사냥을 하는 기분도 들었습니다. 사실 글이든 뭐

든 형식을 파괴하고, 좀 더 과감해지면 조명을 받기 마련인데, 저는 그 동안 참 소극적이었던 것 같습니다. 왠지 그런 주목이 두려웠던 거지요. 하지만 이제 변화의 시점에 이르렀다는 생각이 들어요. 뭔가를 토론하고 대화하는 자유로운 창작 수업이 저는 정말 좋거든요. 다수의 의견보다 소수가 자신 있게 말하는 것이 제겐 더 끌리게 되었고, 모 광고에서처럼 모두가 '예스' 라고 말할 때, '노' 라고 말할 수 있는 사람이 되고 싶어졌습니다.

지금 이 순간이 제 인생에서 과도기라고 생각한다면 엄마는 웃으실 까요? 누가 보더라도 이번 방학은 참 안일하게 보냈습니다. 하지만 엄마에게 한 가지 변명을 늘어놓자면, 저는 방학 내내 생각과 행동 사 이에서 갈등하고 있었습니다. 젊음을 담보로 무작정 도전하라는 말 은 제게 있어 아직은 해결되지 않은 숙제입니다. 저는 아직도 가야 할 길을 결정하지 못한 상태이지만, 언젠가는 결정할 것이고 그때가 언 제든 결코 늦지 않을 것이라는 생각을 합니다. 엄마도 제가 어떤 아이 인 줄 아시죠? 언니와는 '성실', '부지런' 등의 단어가 어울리지만 저는 지금까지 결코 그런 인상을 엄마에게 주지 못한 딸임을 압니다.

저는 좀 더 낙천적이고 긍정적인지라, 수능시험을 앞둔 하루 전날 에도 항상 보던 드라마를 챙겨보았고, 늘 벼락치기 식의 공부를 즐기 던 아이였죠. 이것은 결코 낙천적인 성격으로만 설명되지 못할 것입 니다. 하지만 저는 이것을 앞으로의 제 인생에 있어 꼭 도움이 될만한 양념으로 사용할 생각입니다.

전에 엄마는 제게 인생에서의 편식에 대해 말씀하신 적이 있었습니 다. 그 말씀이 제 가슴 한편에 아직도 꾸물거립니다. 그때 저는 엄마 가 말씀하신 편식의 정의를 내리지 못해 혼란스러웠습니다. 편식을 할 때 인간의 이기심이 또 한 번 작용하는 게 아닌지 하고 말입니다. 그런데 이제 저는 확실히 그 뜻을 알겠습니다. 그건 이기심이 아니라 지혜나 현명함이라는 걸 말입니다. 단 건 삼키고 쓴 건 뱉는 식의 정의가 아니라, 제게 필요한 것만 적당히 취하는 편식 말입니다. 저는 이제 이 편식을 제 스타일로 소화해내려고 합니다.

작년에 길거리에서 만난 아주머니 한 분이 제게 삼재라며 조심하라고 했던 말이 생각납니다. 그리고 제 몸 속의 기(氣)가 막혀 있는 것 같다며, 뭔가 하고 싶어지면 망설이지 말고 바로 행동으로 옮기라고 하더군요. 그러면 잘될 거라면서요. 저는 1년이 지난 오늘에서야 여기서 제가 거두어들일 말과 버릴 말을 확실히 구분 짓게 되었습니다. 인생에서의 편식이 필요하다면, 저는 이제 편식해야 하는 순간에 조금 더 지혜로워지려고 합니다.

저는 이제 마녀사냥을 두려워하지 않으려고 해요. 예전에는 제가 수많은 사냥꾼 중 하나로 가려져 있길 원했다면 이제는 마녀가 되고 싶어요. 그게 엄마도 원하시는 일이겠죠? 자유롭고 자신 있는 삶을 놓치지 않기 위해서 저는 당분간 마녀가 되는 연습을 할 것입니다. 이것이 부디 옳은 편식이기를 바랍니다. 이 편식을 중요하게 생각하는 이유는 결과가 좋든 나쁘든 이 사냥이 끝나야 허물 하나를 벗을 수 있겠다는 생각이 들어서입니다. 그 허물을 벗으면 저는 이제 제가 가야 할 길을 분명히 알 수 있을 것 같아요.

엄마! 저는 두 분을 부모로 둔 것이 너무나 좋습니다. 엄마를 더 많이 닮긴 했지만, 저는 아빠의 인내와 고집스러움, 엄마의 지혜와 품성을 앞으로도 계속 배우고 닮아나갈 자식이니까요. 아, 저는 방금 또 엄마를 김인자 엄마라고 불렀네요. 제가 어렸을 적부터 엄마의 이름을 불렀던 건 다른 아이들의 엄마와 우리 엄마는 차원이 틀리다는 걸 내심 강조하고 싶었던 게 아닐까요? 엄마가 이름 있는 삶을 강조했듯이 저도 '엄마'라는 명사 앞에 엄마의 이름을 붙여 하나의 고유 명사로 만들고 싶었던 것 같습니다. 엄마도 엄마로서의 삶보다 '김인자'라는 사람으로서의 삶이 먼저였을 테니까요. 저도 이 다음에 엄마처럼 결혼한 후에도 이름 있는 삶을 살아가고 싶습니다. 누구누구의 아내이자 누구의 엄마라는 수식어보다 '허지희'라는 이름이 하루에 몇 번씩은 불릴 수 있게 말입니다. 누군가가 나중에 제 집으로 전화해 "허지희 선생님 댁이죠?"라고 묻는다면, 저는 그때마다 꼭 기분 좋게 엄마가 생각날 것 같습니다.

"앞으로 잘할게요."

이 말 기억하세요? 어렸을 적부터 엄마 아빠께 쓴 편지에 저는 꼭 이 말을 적었지요. 아마 해마다 아니 수없이 썼을 겁니다. 제가 만약 1살 때부터 저 말을 썼다면, 꼬박 스무 해를 엄마 아빠는 제 말에 속아주고, 또 속아주셨지요. 엄마 아빠는 앞으로도 계속 속아주실 거란 걸 저는 압니다. 하지만 이제 엄마 아빠의 사랑을 시험하는 일은 그만두고, 정말 잘하고 싶습니다. 제 자신을 위해서라도 말이죠.

도움을 받을 줄 모르는 사람은 나중에 남에게 도움 주는 법도 모른다 하잖아요. 저는 이 말이 부모자식간의 관계에도 잘 적용된다는 생각을 합니다. 스무 해를 지내는 동안 엄마 아빠에게 진 빚이 너무 많습니다. 제가 나중에 사냥에 성공해 인생의 갈림길을 지난다면, 그 빚을 모두 갚고 싶습니다.

그 빚을 갚기 위해 저는 우선 3월에 개강을 한 후 예대 강의실로 들어서야 할 것 같습니다. 예대 강의실은 유난히 창문이 커서 봄이 되면 햇빛이 아주 좋습니다. 지난 해 3월에는 함박눈이 쏟아졌던 기억이 있는데 올해 3월은 정말 봄이 올까요? 굳이 오지 않는대도 상관 없을 것 같습니다. 엄마가 제게 말씀하시듯, 엄마도 아빠도 제겐 늘 봄이니까요. 지금 같은 마음이라면, 저를 알래스카 한복판에 데려다 놓는대도 마음만큼은 봄일 것 같습니다. 이 마음가짐으로 앞으로 살아가고 싶습니다. 존경합니다. 엄마.

9. 지현이의 편지

엄마, 감사드려요

엄마, 잘 돌아가셨나요?

졸업식이 끝나고 식당에서 점심을 먹고 고모, 지희와 함께 다시 절 서울에 두고 돌아가시면서 엄마 눈시울이 젖어 있는 걸 봤는데 엄마 몹시 서운하셨죠? 그리고 내심 걱정도 되셨을 거구요.

제가 왜 엄마 마음을 모르겠어요. 그러나 엄마 너무 서운해하지 마세요. 이제 저도 스물 넷 충분히 독립할 때가 되었잖아요. 그간 곱게 길러주신 것 감사드려요.

　중학교 1학년서부터 고등학교 3학년까지 엄마가 멀리 여행중일 때를 제외하면 하루도 빠짐없이 저를 학교에 데려다 주고 데리러 오곤 하셨잖아요. 다른 아이들이 학원에서 공부할 때 저는 혼자 시간을 아껴 스스로 해보겠다고 고집을 부렸는데 지금 생각해봐도 그 방법은 다른 친구들에 비하면 매우 비생산적이고 비효과적이었어요. 하지만 그때 바친 노력은 목표에 도달하는 시간이 조금 늦어지긴 했지만 제 삶에 있어 매우 중요한 한 가지 노력으로 얻을 수 있는 성취감이 얼마나 소중한 지를 깨닫게 했던 것 같아요.

　엄마, 이제야 말씀드리지만 6년이나 제 등하교를 도와 주시는 동안 차안에서 나눈 엄마와의 대화는 제 영혼을 살찌게 한 밑거름이 되었어요. 그와 같은 엄마의 희생정신이 없었다면 오늘의 저는 힘들었을 거예요. 때로는 다정한 친구처럼, 때로는 엄격한 스승처럼, 그리고 때로는 언니처럼 제게 힘을 실어주셨던 엄마. 알파벳도 모르고 시작한 중학교생활을 끝마치고 체력적으로 힘들고 정신적으로 혼란스러웠던 여고생활을 마치고 영어만점 특기자로 대학 캠퍼스에 발을 들여놓았을 때 그때의 성취감은 다른 친구들에 비해 클 수밖에 없었어요. 다행히 저는 전공에 대한 회의감 한번 없이, 하고 싶은 영어를 공부하게 되었고 언젠가 농담처럼 말씀 드렸던, 더욱 열심히 해서 엄마 작품을 영어로 옮길 수 있도록 노력할 게요.

　졸업과 더불어 생각나는 또 한 분, 시종 제게 기둥이 되어 주셨던 아빠의 그 속 깊으신 지지에도 감사드릴 뿐이에요. 엄마는 말씀이 없으신 아빠를 답답해하시지만 저는 아빠의 그러한 부분이 매우 믿음이 가고 존경스러워요. 곧 시간을 만들어 아빠께 전화라도 드려야겠어요. 잘 가르쳐주셔서 그리고 저를 믿고 지지해주셔서 감사하다구요.

엄마, 저는 다른 친구들과 다른 것이 있다면 아시잖아요. 하느님 그분을 믿는 것, 너무 곱게 자라 몸도 의지도 약하지만 그분을 믿으면서 세상의 그 어떤 난관도 두려움이 없어졌어요. 할 수 있다면 가족뿐 아니라 남을 도울 수 있는 일을 생각하면서 제 삶에 보람을 느끼고 싶어요.

저는 지금 너무나 행복해요. 제 곁엔 늘 그분이 계시고 부족함 없는 엄마 아빠가 계시니까요.

첫 직장

엄마, 요즘 어떻게 보내고 계시나요?

마지막 학기가 종강되고 불과 한 달이 채 지나지 않았는데 여전히 학교도서관에서 시간을 보내며 친구가 나가고 없는 자취방에 혼자 남아 이런저런 생각이 많았습니다. 앞으로 제 진로에 대해서도 학부에 남았을 때보다는 보다 구체적으로 생각하게 되었구요. 학교에 다닐 때도 쉬어보지 못한 아르바이트는 여전히 계속하고 있습니다.

그런데 엄마, 오늘 제가 편지를 쓰는 이유는 첫 직장이랄 수 있는 일자리를 구했다는 소식을 전해드리고 싶어서인데 물론 영구적인 직장이 아니기 때문에 두고 봐야 할 것 같습니다. 일자리란 뭐 엄마가 놀랄 만큼 특별한 곳은 아니고, 학원에서 아이들에게 영어를 가르치는 강사로 아이들 앞에서 수업을 해야 하는데 벌써 이번 주에 저는 두 차례 중학생 반에서 수업을 했답니다.

한두 명씩 아르바이트로 영어지도를 할 때와는 사뭇 다른 분위기였고, 아이들은 다투어 선생님! 선생님! 부르며 질문도 하고, 수업이 끝나면 따라나와 말을 거는데, 조금은 긴장도 되고 조금은 뿌듯하기도 하고 그랬답니다. 그러나 이 일을 계기로 새내기 사회인으로서의 각오와 더불어 주어진 일에 남보다 더 노력하면서 보람을 느끼고 싶습니다.

엄마, 정말 아무것도 모르는 제가 아직은 서툴고 어설프지만 누구를 가르칠 수 있도록 키워주신 것 감사해요. 23년이나 그간 엄마와 학교로부터 배운 것을 이제는 아이들에게 가르칠 때가 되었구나 하고 생각하면 뿌듯하기도 해요. 제가 좋은 수업을 할 수 있도록 엄마 기도해 주세요. 저는 세상의 그 무엇보다 엄마의 기도가 필요한 아이잖아요.

아빠와 지희도 잘 있겠죠?

다음 주쯤 집에 한번 내려 갈까해요. 엄마 어깨도 주물러 드리고 지희와 많은 이야기도 나누고 싶어요. 삼촌, 고모, 그리고 이모에겐 제가 안부 전화 드릴게요.

늘 저를 믿어주시는 엄마의 사랑에 다시 한 번 감사드려요. 그리고 세상 많은 사람 중 엄마, 당신이 내 어머니여서 너무나 행복하고 감사해요.

엄마, 자연의 축복을 맘껏 누리세요

엄마!

여행 떠나시는 엄마께 몇 번째 편지를 쓰는지 기억조차 없지만 그간의 경험으로 미루어 엄마만의 여행 노하우가 있을 테니 크게 걱정하진 않아요. 다만 지난번처럼 난폭한 개에게 물려 오지에서 힘든 시간을 견뎌야 했던 그런 불상사만 없으면 좋겠네요.

엄마께서 몽골여행을 준비하신다고 했을 때, 저는 초원과 사막을 동시에 떠올렸는데 분명 몽골은 사막과 초원만이 전부는 아니겠지요.

집 걱정은 마세요.

어디에 계시던 엄마 마음이 즐겁고 행복할 수 있도록 그것만 생각하세요. 저희 가족들을 위해 평소 엄마가 보여주신 헌신적 희생은 엄마가 안 계실 때 그만큼 큰 공백으로 남겠지만 그것을 통해 엄만 우리 가족들을 더 강하게 만들어 주셨잖아요.

저는 평소 어떤 일이든 소신껏 당당하게 사시는 엄마 모습이 가장 마음에 듭니다.

엄마가 그렇게 가시고자 했던 모래 사막을 걸을 때 그분이 지어놓으신 눈부신 자연의 축복들을 고루 누릴 수 있기를 바랄게요. 힘들 때마다 그분의 말씀을 기억하시고, 좋은 여행하시기를 기도 드리며, 우리 가족을 위해서 늘 깨어 있는 딸이 될게요.

그럼 엄마, 건강하게 잘 다녀오세요.

이제 조금씩 독립의 의미를 생각하며

날씨가 다시 추워지고 있네요, 엄마.

엄마께서 문득 삶의 가치관에 대해 물었을 때 좀 놀랐는데 저는 어릴 때부터 특별히 큰 욕심이 없는 편이었지만 그래도 제게 주어진 시간은 행복하고 만족스럽고 복이 넘치게 살고 싶어요. 그렇게 살기 위해선 여러 방법이 있겠지만 무엇보다 학문에 대한 욕심도 있고 그리고 제가 믿는 하나님 말씀을 배우고 알리는 일을 마음에 두고자 해요. 때문에 엄마께서 아시는 대로 졸업을 한 이후에도 계속 캠퍼스에 나가 후배들을 영적으로 전도하며 돕고 있지요. 이 일에도 지극히 만족과 보람을 느끼고 있어요. 물론 감사하구요.

엄마도 아시잖아요. 제가 어떤 일에 보람을 느껴 이렇게 지속한 적이 있던가요?

이제 직장은 제가 자립할 만한 충분한 경제적인 공급을 받는 면에서 꼭 필요하다고 생각하구요. 특별히 영어를 좋아하기 때문에 영어에 관련된 직업은 제게 보람이 돼요. 사람들은 학원 강사 수입이 보잘것없다고 하지만 제 경우는 달라요. 엄마의 정신을 물려받아 검소한 생활은 물론 조금이라도 아껴 남을 도울 수 있는 길도 찾고 있어요. 제게 고정적인 수입이 있다는 것은 단지 생활고를 해결하는 것만이 아니라, 성인으로서 정신적인 자립을 뜻한다는 의미에서 중요하다고 생각해요. 엄마 보시기에 아직은 어리지만 저도 이제는 사회인이 되었으니 부모님의 도움을 받지 않는 자립은 너무나 당연하잖아요.

엄마, 현재 학원의 영어강사 일도 만족스럽고 이후라도 직장이 달라질 수는 있겠지만 많은 돈이나 사회적으로 높은 지위보다는 무엇보다 제가 만족스럽고 그분이 인도하시는 곳에서 일하고 싶은 마음이 커요.

"내 사랑하는 형제들아 속지 말라. 가장 좋은 은사와 온전한 선물이 다 위로부터 빛들의 아버지께로서 내려오나니 그는 변함도 없으시고 회전하는 그림자도 없으시니라(야고보서 1:16, 17)."라는 말씀이 있는데요. 저의 앞으로 직장생활에 있어서나 후일 결혼에 대해서도 그분이 최선으로 인도하실 것을 믿고 있어요.

엄마, 지켜봐 주세요. 일반적으로 생각하는 '사회적인 성공'이 아닐지라도 즐거운 일과 신앙 안에서 모범적인 생활을 보일 때 더 큰 축복과 평안으로 살아갈 수 있음을 보여드릴게요.

엄마, 아빠, 지희 항상 우리 가족과 이웃들을 생각하며 기도하고 있어요.

직장생활과 그 밖의 일들로 집에 자주 가지 못하는 것은 저도 늘 아쉽지만 이곳에서 맡은 일들을 최선으로 감당하며 늘 깨어 있을게요. 그분께서 제게 관계된 것을 완전케 하시겠다고 격려해주시니 저와 큰 관계를 가진 가족에 대해서 가장 큰 복을 주실 것을 믿어요.

아빠의 직장과 퇴직 후의 생활, 엄마의 작품 활동과 건강, 지희의 학교생활과 진로도 분명 평안이 있을 거예요.

그럼 이번 기회를 통해 삶의 가치관을 다시 돌아보게 해주신 엄마께 감사드려요.

늘 약과 씨름하시며 정신력으로 견디시는 엄마의 건강이 가장 걱정

돼요. 다시 말하지만 엄마, 당신이 내 어머니여서 너무나 행복하고 감
사해요!

또 편지 쓸게요. 건강하세요~!

저 햇살 아래 오래 앉아 있고 싶은
의자 하나 만들어드리고 싶네요, 엄마!

엄마, 봄 햇살이 참 따사롭네요.

요즘 건강은 어떠세요. 지난번 통화 때 감기기운이 있다고 하셨는
데 이제 나으셨나요?

언제부턴가 햇살이 좋은 날은 "오늘은 엄마가 좋아하시겠구나!" 그
런 생각을 하게 되는데 우울 코드를 가진 사람에게 햇살은 반드시 필
요한 비타민 같은 것이라잖아요. 이렇게 좋은 날에는 실내에 계시지
마시고 밖에 나가 운동 삼아 산책을 하시면 좋을 것 같은데 시간이 어
떨지 모르겠네요.

제가 어렸을 적에 본 엄마 모습은 주로 책상에 앉아 있거나 주방에
서 우리 가족을 위해 요리를 하는 모습이 대부분이었는데(특히 퇴근하
는 아빠를 기다리며 요리할 때가 가장 행복해 보이기도 했는데 ^^*) 벌써
몇 년째 제가 집을 떠나 있으니 엄마의 그런 안정되고 행복한 모습을

자주 볼 수 없어 유감이네요.

오늘은 아침 일찍 식사준비를 하다가 엄마 생각을 했답니다. 우리 가족을 위한 엄마의 요리솜씨는 언제나 특급이었잖아요. 닮고 싶은 엄마의 모습 중 음식솜씨가 있다고 한다면 엄만 믿으실까요?

오늘은 제가 사는 마당에도 봄 햇살이 가득하네요. 이곳 마당의 햇살을 보니 저희들이 자란 매교동 옛 집이 그립네요, 엄마.

그러나 오늘 제가 엄마를 위해 해드리고 싶은 것은,

"저 햇살 아래 오래 앉아 있고 싶은 의자 하나를 만들어드리고 싶네요, 오직 엄마를 위한 의자 하나를요."

그 마음을 전하고 싶어 몇 자 적었습니다. 그분의 보호 아래 늘 행복하시기를 바랄게요.

사랑하는 엄마, 늘 건강하세요!

당신은 불행한 일등을 원하십니까,
행복한 꼴찌를 원하십니까?

이 글은 어느 고등학교 교사의 홈페이지에 올려놓은 "공부는 정말로 꼭 해야만 한다?(한겨레신문의 토론방에 있는 고등학교 3학년 학생이 쓴 글)"라는 주제의 글을 읽고 보다 자유로운 방법으로 교육되기를 바라는 이 땅의 청소년과 오는 11월 대입수능시험을 앞둔 18살 내 딸아이를 위해 지극히 주관적인 경험을 토대로 쓴 글임을 밝힙니다.

저는 대학 3학년이 된 큰아이와 몇 달 후 수능시험을 치르게 될 18살 두 딸아이를 둔 학부모(엄마)입니다. 외람되지만, 소신껏 제 나름의 교육법(교육법이라 할 것까지도 없습니다만)이랄까 평소의 생각을 잠시 소개하고자 합니다.

제 아이는 새벽 5시 30분에 기상하여 6시 20분쯤 대문을 나가 6시 50분까지는 교문을 통과, 교실에 입실해야 하고 저녁 10시 30분까지는 정규수업과 자율학습 등 정해진 프로그램에 따라 생활하며 11시가 넘어 귀가하여 자정이 지나 잠자리에 드는 지극히 평범한 이 땅의 수험생 중 한 명입니다.

문과에 적을 두고 있는 아이의 장래 희망은 어학(語學)으로 대학을 마친 후 작가가 되거나 작은 체험을 바탕으로 자영업을 시작하여 홀로서기에 도전하겠다는 나름대로의 소박한 꿈을 가지고 있습니다.

문제가 있다면, 대학과정의 필요성을 본인이 인식하고 있는 반면 그것을 뒷받침해줄 공부에 좀처럼 의욕을 보이지 않는다는 점입니다. 그렇다고 남들처럼 아이를 설득해 원하지 않는 학원(저는 두 아이를 한 번도 사교육에 의존하지 않았음)에 보내거나 뒤떨어진 수학 등을 개인지도라는 무기를 동원해 단 얼마라도 점수를 올려보려는 얄팍한 생각은 해보지도 않았고 해본 일도 없습니다. 남들 다 가니까 내 아이도, 하는 식의 유혹에 흔들리지 않았던 것도 나름의 고집이었지 딱히 어디에 믿는 구석이 있었던 건 아니었습니다.

여느 때와 같이 며칠 전엔 지난번에 치른 모의고사 시험 결과를 우편으로 통보 받았습니다. 생각했던 대로 성적은 저조했습니다. 저를 놀라게 한 것은 저조한 성적이 아니라 성적 아래 평가란에 적힌 한 줄의 글이었는데 내용은 이러했습니다.

"진학이 어렵습니다."

이 한 줄의 단호하고 명료한 어조는 지금의 획일적인 교육제도가 안고 있는 맹점을 그대로 보여주고 있었다고나 할까요. 중간 모의고사 한 번의 결과만으로 진학이 어렵다고 단정적으로 평가한 기준은 오직 점수였고 아이가 잠재적으로 가지고 있는 많은 가능성에 대한 기대나 배려는 어디에도 찾을 수가 없었습니다.

청소년기에 공부란 필수지만 그것이 모든 청소년에게 절대의 기준으로 적용되는 건 아닙니다. 정말 공부가 싫은 아이에겐 공부를 하지 않아도 삶을 회의하지 않고 살 수 있는 기회를 기성세대들은 만들어 주어야 할 것입니다. 확률을 높일 수는 있겠지만 반드시 고학력자만이 우수한 삶을 선택받는 건 아닙니다. 하기 싫은 공부를 억지로 하게 하는 것은 지극히 정상적이었던 한 사람의 인격을 부정형(不定形)으로 몰아가는 무서운 결과를 초래할 확률 또한 남 보기에 하찮은 일이지만 신나게 룰루랄라 하며 사는 사람보다 나으리라는 보장은 없기 때문입니다.

　사회는 청소년에게 지금 눈에 보이는 성적보다는 개인의 인격은 물론 창의성과 미래지향적인 사고를 가질 수 있도록 이끌어야 할 의무를 소홀히 해선 안 될 것입니다. 이때 경쟁은 필수인데 바른 인격의 소유자라면 정정당당히 경쟁할 것이고, 그렇지 못한 사람에게 경쟁은 방법과 수단을 가리지 않는 동물의 세계처럼 물리적인 힘만으로 승부하려는 약육강식(弱肉强食)의 결과를 초래할 수도 있을 것입니다. 인간에게 경쟁이란 순리를 거스르지 않되 진정으로 원하는 것을 땀흘려 겨루는 것만이 비로소 참가치를 부여할 수 있는 것은 아니었습니까?

　제 아이는 한때 문필가가 되겠다는 꿈을 가지고 글 쓰는 일을 즐거워했습니다. 우연이었는지 교내외 백일장을 통해 몇 번 수상의 기쁨을 맛보았고 그럴 때마다 '그래, 나 같은 사람도 하면 되는구나' 하는 작지만 나름대로 성취감을 느끼는 듯 했습니다. 하지만 아이가 하나하나 경력을 쌓아가는 것을 기뻐하기보다 어미인 저는 왠지 모르게 불안했습니다. 그건 결코 제가 바라는 삶이 아니기 때문인데. 그렇다면 사랑하는 딸의 삶이 구체적으로 어떤 것인지를 묻는다면? 답은 간단합니다. 어쩔 수 없이 하는 일이 아니라 꼭하고 싶은 일만 동의하고 싶습니다. 분명히 제가 아는 아이는 학교에서 고행하듯 의자에 앉아 있기보다는 절망을 밥먹듯 하면서도 백일장에 참가한다는 명목으로 서울이나 여타의 곳으로 돌아다니는 것을 흥미로워하고 있습니다. 입시가 걱정이긴 하지만 굳이 말릴 수 없는 것은 이 중요한 시기에 학교공부에는 별 관심이 없고 그 일만은 즐겁게 한다는 것입니다.

그리고 한 가지, 지금의 교육 시스템이 과연 이 땅의 청소년들에게 얼마나 다양한 체험을 거친 후 선택의 여지를 주고 있는지 묻고 싶습니다. 도대체 교실에만 있는 아이들이 세상에 어떤 것이 있는지 얼마나 안다고 선택이다 아니다 말할 수 있습니까? 문제는 진정 자신에게 무엇이 최선인지도 모르고 선택해야 하는 것인데 그런 선택이라면 언젠가는 번복될 가능성 또한 불 보듯 뻔한 일일 것입니다. 이런 생각을 하면 제 아이의 선택도 결국은 우물 안 개구리인 듯 싶어 안타까울 뿐입니다.

아이는 지금 더위와 싸우며 나름대로 압박해오는 수능시험에 마음이 조급한 듯 하나 그래도 여전히 책(교과서나 문제집이 아닌)을 읽으며 글 쓰는 맛에 빠져 있는 듯 보입니다. 그러나 결코 그것이 평생의 일과 연결되리라 기대할 수 없는 건 불행하게도 책상에 앉아 밤늦도록 글 쓰는 일이 얼마나 힘든 노동인지 누구보다 저는 잘 알고 있기 때문입니다. 그렇더라도 아이가 진정으로 원하는 일이라면 제 욕심만으로 말릴 수는 없을 것입니다. 하지만 위안이 전혀 없는 건 아닙니다.

문학은 아이가 장래 어떤 일을 하든 삶의 질을 높이는데 기여하는 바가 적지 않으리라 믿습니다. 풍요로운 사고는 문학의 이해로부터 비롯된다고 해도 과언은 아닐 것입니다. 간접적이긴 하지만 다양한 경험과 의식의 차원을 높인다는 의미로도 그럴 것입니다.

다행히 아이는 문학(文學)을 공부해 작가(作家)를 꿈꾸는 것이 아니라 어학(語學)을 하겠다니 우리말의 폭을 확장시키고 삶의 균형감각과 옳고 그름을 흑백논리로 구분하지 않고 다의적인 해석과 우주적인 사고를 기르는 인격자로서 문학은 충분히 그 가치를 발휘하리라 생각됩니다. 다만 지금 아이가 글을 쓰고자 하는 것은 다분히 대학에 가고자 하는 자기 나름의 방법을 찾으려는 몸부림 같아 조금은 씁쓸하지만 말입니다.

공식적인 발표는 아니지만 아마 세계에서 우리 나라 청소년보다 공부를 많이 하는 학생은 없을 것 같습니다. 세계적인 각종 수학대회에서 톱 성적을 거둘 만큼 두뇌가 우수하고, 순발력 있고, 거기다 공부하는 시간을 합하면 더욱 그럴 것입니다. 하지만 그 결과 우리의 청소년들은 성인이 되었을 때 국내뿐 아니라 소위 선진국이라 일컫는 나라의 적재적소에 그 두각을 나타내야 하지만 살펴보면 그건 아닌 것 같습니다.

어른은 지속적으로 배움의 즐거움이 얼마나 소중한지를 아이들에게 가르쳐주고 이끌어 주어야 할 의무가 있지만 점수에만 치우치다 보니 세상의 호기심을 접고 자기 안에 무엇이 있는지 펼쳐볼 엄두도 못 내고 일찍이 꿈을 접어야 하는 현실은 시사하는 바가 큽니다. 만약 공부하는 시간과 행복지수가 반비례한다고 해도 기성세대들은 우리의 아이들에게 지금과 같은 사고를 고집할까요?

우선 제도를 비판하기 전에 우리들(학부모와 학생) 각자의 의식부터 달라져야 할 것입니다. 지금 내가 안 하면 그건 나만 손해본다는 피해의식이 팽배해 있는 한 근본적으로 바람직한 방향으로의 변화는 요원한 일일지도 모릅니다. 선배들이 그래왔기에 나도 그럴 수밖에 없다면 바람직하지 못한 교육은 누가 언제 무엇으로 바로잡습니까? 변화가 필요하다면 그건 마땅히 지금 당장 내 자신과 내 아이부터여야겠지요. 저는 그런 의미에서 제 방법(결국은 아이가 원하는 것)을 고집하며 지금까지는 아이를 건강하고 밝게 잘 길러왔다고 자부하고 싶습니다. 만약 성적이 부진하다는 이유로 학교나 친구들로부터 불이익을 당한다면 그건 부모로서 철저히 학습을 감독하지 못한 결과로 자책할 수도 있겠지만 제 생각은 다릅니다. 그건 자책할 일이 아니라 그것을 통해 아이가 인생의 또 다른 한 수를 배울 수 있는 좋은 기회라고 내심 위로할 것입니다. 인생을 성숙하게 만드는 지름길은 경험을 통해 시행착오를 실습하게 하는 것이지요. 아이를 옹호해주는 천 마디 말이나 풍요로운 물질보다는 때로는 여과 없는 고충을 통해 절망을 실습하게 하는 것이 더욱 효과적이라는 생각 때문이지요.

어쩌면 저는 엄마이기 전에 지나친 방관자인지도 모릅니다. 그러나 팔짱을 끼고 아이 뒤에 서서 입다물고 있다고 무조건 다 방관자라고 할 수만은 없을 것입니다. 꼭 필요한 시기에 걸어주는 적절한 제동이야말로 수없이 간섭하는 것보다 훨씬 나은 효과를 발휘할 수 있음을 아는 사람은 다 알 것입니다. 제가 말하는 기회란 언제나 적절한 타이밍을 놓치지 않는 일입니다.

앞서 언급했듯 지금까지 제 아이는 아주 잘 자라주었습니다. 보통 사람들이 말하는 공부를 잘해야 우수한 아이라는 선입견만 버리면 분명 또래의 친구들처럼 고민이 많은 만큼 긍정적이며 밝고 건강한 정신을 가진 여학생입니다. 하지만 이 정도의 자격을 갖춘 아이에게 문을 열어줄 대학이 있을지는 아직 미지수입니다. 최악의 경우 남들다 가는 대학을 못 갈 수도 있겠구나 하는 생각을 안 해본 건 아닙니다. 그렇게 된다면 차선의 방법이 있겠지요. 한순간을 놓친다고 최고의 삶이 요원한 건 분명 아닐 것입니다.

제 경험으로 미루어 보아도 한 번씩 정석의 순간을 놓칠 때마다 또 다른 기회가 생각지도 못한 곳에서 더 많이 찾아오고 확장되었으니까요. 운이 좋아 바닥을 모른 채 순조롭게 성공을 거둔 사람이라면 그 쓰디쓴 맛의 진의를 알 리가 없겠지요. 만약 이번에 아이가 진학에 실패하게 된다면 제도적 모순을 탓하기 전 결과에 대한 모든 것은 저와 아이가 정직하게 받아들여야 할 숙제로 남겠지요. 이제 겨우 18살밖에 안 된 아이가 혹시 진학에 실패한다면 인생이 끝난 것처럼 마냥 겁먹고 방황하게 내버려두지 않을 것입니다. 가고자 하는 길이 잠시 막혔다고 거기서 주저앉을 수는 당연히 없습니다. 그때 저는 아이를 거리로 내몰지 않고 묵묵히 다른 선택을 도우며 지켜볼 것입니다. 절망이 깊고 처절했다면 아이의 사고는 그만큼 넓어지고 깊어질 수 있는 기회를 다른 사람보다 더 갖는 셈이니 그것 또한 얼마나 감사할 일입니까.

참고로 우리 집 큰아이는 서울 모 대학교 3학년으로 영문학을 전공하고 있습니다. 이 아이의 수능 영어 점수는 만점이었고 고등학교 내신 성적은 1등급이었습니다. 저는 매사에 소심하고 치밀한 큰아이와 공부를 제외하면 언제나 낙천적이고 긍정적인 사고를 가진 작은아이를 지켜보면서 어미로서 아니 기성세대로서 많은 생각을 하게 됩니다. 서로 대조적인 사고를 가진 두 아이를 두고 누가 앞서고 누가 뒤처지는지 지금으로서는 아무도 독단할 수 없습니다. 저는 두 아이를 지지하고 믿습니다. 스스로 자신 안에서 작지만 소중하고 자족할만한 독자적인 삶을 살아내리라는 확실한 믿음이 있기 때문입니다.

　저는 공부를 열심히 하는 큰아이를 자랑스럽게 생각해 본 적이 없습니다. 그렇다고 공부하기 싫어하는 작은아이를 부끄럽게 생각한 적은 더욱 없습니다. 선생님을 면담한 자리에서도 감히 드린 말씀은 "공부 좀 못 하면 어떻습니까?" 그것이었습니다. 공부 못 하는 것을 문제삼는 어른이야말로 문제일 것입니다.

　인생은 감상이 아닙니다. 치열한 경쟁이지요. 그렇다고 미리 겁먹을 필요는 없습니다. 우수한 두뇌를 가진 인재는 그에 상응하는 대접을 받아야 마땅할 것입니다. 그것이 피나는 노력의 결과라면 더욱 그럴 것입니다. 노력여하에 따라 차등적용 되는 것에 이의를 가져서는 안 되며 그것이 삶의 질을 가늠하는 절대의 가치가 되어서도 안 될 것입니다.

　물론 저는 제 아이가 열심히 학업에 정진해주기를 바라는 이 땅의 평범한 어머니입니다. 그러나 모든 사람들이 바라는 오직 교과서에 충실하여 그 점수로 진학에 승부를 걸지 않고, 아이가 원하는 나름의 방법으로 우회하고자 하는 것에 질타는커녕 성원을 보냅니다. 다만, 몇 년 후 아이가 사회에 나가 그 많은 장애물과 부딪힐 때에도 제 소신 있는 선택에 회의하지 않고 한때 공부를 더 열심히 하지 못한 결과를 순순히 인정하되 망가진 자존심으로 자신의 선택에 무릎꿇지 않기를 바랄 뿐입니다.

　인생은 무작위로 많은 것을 가지는 것보다 거창하진 않지만 자기만의 것을 꽃피우며 사는 일이 무엇보다 중요합니다. 18살, 내 아이의 삶은 이제 시작입니다. 어른이 만든 틀 속에 아이를 가두지 않아야 한다는 것입니다. 어른은 제 아이에게 늘 그 자리에서 맴도는 성적을 볼모로 평가절하하고 등외의 인간으로 밀어내는 누를 범해선 안 될 것입니다.

　저는, 하기 싫은 공부를 강요하며 여타의 일들을 몰라라하기에는 너무 많은 가능성에 열려 있는 귀한 자식을 둔 어미입니다. 누구, 혹은 무엇(제도)을 탓하기 전 제 아이는 저 넓은 들판에 홀로 서서 제 의지로 폭풍우를 견디고 비로소 독야청청(獨也靑靑)한 나무처럼 온전한 인격을 갖춘 성인이 될 때까지 제가 할 일이 있다면 기도하고 가르치며 기다리는 것입니다.

　"공부는 정말로 꼭 해야만 한다?"

　특히 청소년기에 공부는 하지 않으면 안 되는 주업(主業)과 같습니다. 그러나 이것 아니면 안 되는 죽기만큼 싫은 사람에게 공부는 '반드시', '꼭', '절대'는 아닙니다. 경우에 따라 그 정의는 다를 수 있으나 제 경우 성공은 번쩍거리는 명암을 소유하는 것이 아니라 진정으로 자신이 원하는 일을 기쁜 마음으로 즐기는 그 자체를 일컫는 말입니다. 이른바 학력, 명예, 물질, 문명, 그것들은 우리들이 추구하는 행복지수와 무관할 뿐 아니라 오히려 저해하는 결과를 초래한다는 보고를 상기하지 않더라도 그렇습니다.

　아이가 고3이 되면서 저는 매일 밤 아이를 데리러 학교에 갑니다. 학교가 끝나는 시간 30분 전에 도착하면 먼저 운동화 끈을 조인 후 어둡고 빈 운동장을 천천히 몇 바퀴 걷습니다. 수험생들이 있는 교실은 누구를 위한 불빛인지 여전히 대낮처럼 밝습니다. 아이는 교실에 갇혀 있고 어미인 저는 넓고 깜깜한 운동장을 혼자 걷습니다. 마음의 기원을 암송하면서 말입니다. 그걸 아는 아이는 시간이 되면 엄마가 밖에서 저를 기다리며 운동장을 돌고 있겠구나 하겠지요. 제가 딸아이를 위해 할 수 있는 일은 고작 그 정도, 그것밖에 없을지도 모릅니다.

캄캄한 운동장에서 원하지 않은 이 땅의 교육제도지만 동참시킬 수밖에 없는 자식을 둔 어미. 그때 저는 빈 운동장을 돌면서 얼마 후면 받아들여야 할 일들을 생각합니다. 언젠가는 어린 새끼를 벼랑에서 밀어내는 어미 사자처럼 나도 아이를 혹독한 세상으로 등 떠밀 마음의 준비를 해야겠구나 하고 말입니다.

바라기는 제 아이는 명문 대학만을 지향하기보다는 좋은 친구를 사귀며 모든 일에 기본을 알고 질서를 지키되 정중한 예의와 사람됨을 유지하며 마음이 그늘지지 않고 잘 웃고 그것으로 행복을 맛보며 타인을 배려할 줄 알고 세상을 향해 열려 있는 눈을 가진 아이였으면 좋겠습니다.

끝으로 한마디만 묻고 싶습니다.

당신은 불행한 일등을 원하십니까, 행복한 꼴찌를 원하십니까?

가림출판사 · 가림M&B · 가림Let's에서 나온 책들

세계 최초 유전자 치료법을 개발한 저자가 당뇨병과 대항하여 가장 확실하게 이길 수 있는 당뇨병에 대한 올바른 이론과 발병 시 대처 방법을 상세히 수록! 신국판 / 360쪽 / 9,500원

신재용의 민의학 동의보감 신재용 (해성한의원 원장) 지음
주변의 흔한 먹거리를 이용해 신비의 명약이나 보약으로 활용할 수 있는 건강 지침서로서 저자가 TV나 라디오에서 다 밝히지 못한 한방 및 민간요법까지 상세히 수록!! 신국판 / 476쪽 / 10,000원

치매 알면 치매 이긴다 배오성 (백상한방병원 원장) 지음
B.O.S.요법으로 뇌세포의 기능을 활성화시키고 엔돌핀의 분비 효과를 극대화시켜 증상에 맞는 한약 처방을 병행하여 치매를 치유하는 획기적인 치유법 제시. 신국판 / 312쪽 / 10,000원

21세기 건강혁명 밥상 위의 보약 생식 최경순 지음
항암식품으로, 다이어트식으로, 젊고 탄력적인 피부를 유지할 수 있게 해주는 자연식으로의 생식을 소개하여 현대인들의 건강 길라잡이가 되도록 하였다. 신국판 / 348쪽 / 9,800원

기치유와 기공수련 윤한홍 (기치유 연구회 회장) 지음
누구나 노력만 하면 개발할 수 있고 활용할 수 있는 기 수련 방법과 기치유 개발 방법 소개. 신국판 / 340쪽 / 12,000원

만병의 근원 스트레스 원인과 퇴치 김지혁 (김지혁한의원 원장) 지음
만병의 근원인 스트레스를 속속들이 파헤치고 예방법까지 속시원하게 제시!! 신국판 / 324쪽 / 9,500원

김종성 박사의 뇌졸중 119 김종성 지음
우리나라 사망원인 1위. 뇌졸중 분야의 최고 권위자인 저자가 일상생활에서의 건강관리부터 환자간호에 이르기까지 뇌졸중의 예방, 치료법 등 모든 것 수록. 신국판 / 356쪽 / 12,000원

탈모 예방과 모발 클리닉 장정훈 · 전재홍 지음
미용적인 측면과 우리가 일상적으로 고민하고 궁금해 하는 털에 관한 내용들을 다양하고 재미있게 예들을 들어가면서 흥미롭게 풀어간 것이 이 책의 특징. 신국판 / 252쪽 / 8,000원

구태규의 100% 성공 다이어트 구태규 지음
하이틴 영화배우의 다이어트 체험서. 저자만의 다이어트법을 제시하면서 바람직한 다이어트에 대해서도 알려준다. 건강하게 날씬해지고 싶은 사람들을 위한 필독서!
4×6배판 변형 / 240쪽 / 9,900원

암 예방과 치료법 이춘기 지음
암환자와 가족들을 위해서 암의 치료방법에서부터 합병증의 예방 및 암이 생기기 전에 알 수 있는 방법에 이르기까지 상세하게 해설해 놓은 책. 신국판 / 296쪽 / 11,000원

알기 쉬운 위장병 예방과 치료법 민영일 지음
소화기관인 위와 관련 기관들의 여러 질환을 발병 원인, 증상, 치료법을 중심으로 알기 쉽게 해설해 놓은 건강서.
신국판 / 328쪽 / 9,900원

이온 체내혁명 노보루 야마노이 지음 / 김병관 옮김
새로운 건강관리 이론으로 주목을 받고 있는 음이온을 통해 건강을 돌볼 수 있는 방법 제시. 신국판 / 272쪽 / 9,500원

어혈과 사혈요법 정지천 지음
침과 부항요법 등을 사용하여 모든 질병을 다스릴 수 방법과 우리 주변에서 흔하게 접할 수 있는 각 질병의 상황별 처치를 혈자리 그림과 함께 해설. 신국판 / 308쪽 / 12,000원

약손 경락마사지로 건강미인 만들기 고정환 지음
경락과 민족 고유의 정신 약손을 결합시킨 약손 성형경락 마사지로 수술하지 않고도 자신이 원하는 부위를 고치는 방법을 제시하는 건강 미용서. 4×6배판 변형 / 284쪽 / 15,000원

정유정의 LOVE DIET 정유정 지음
널리 알려진 온갖 다이어트 방법으로 살을 빼려고 노력했던 저자의 고통스러웠던 다이어트 체험담이 실려 있어 지금 살 때문에 고민하는 사람들이 가슴에 와 닿는 나만의 다이어트 계획을 나름대로 세울 수 있을 것이다. 4×6배판 변형 / 196쪽 / 10,500원

머리에서 발끝까지 예뻐지는 부분다이어트 신상만 · 김선민 지음

한약을 먹거나 침을 맞아 살을 빼는 방법, 아로마요법을 이용한 다이어트법, 운동을 이용한 부분만 해소법 등이 실려 있으므로 나에게 맞는 방법을 선택해 날씬하고 예쁜 몸매를 만들 수 있을 것이다. 4×6배판 변형 / 196쪽 / 11,000원

알기 쉬운 심장병 119 박승정 지음
심장병에 관해 심장질환이 생기는 원인, 증상, 치료법을 중심으로 내용을 상세하게 해설해 놓은 건강서. 신국판 / 248쪽 / 9,000원

알기 쉬운 고혈압 119 이정균 지음
생활 속의 고혈압에 관해 일반인들이 관심을 가지고 예방할 수 있도록 고혈압의 원인, 증상, 합병증 등을 상세하게 해설해 놓은 건강서. 신국판 / 304쪽 / 10,000원

여성을 위한 부인과질환의 예방과 치료 차선희 지음
남들에게는 말할 수 없는 증상들로 고민하고 있는 여성들을 위해 부인암, 골다공증, 빈혈 등 부인과질환을 원인 및 치료방법을 중심으로 설명한 여성건강 정보서. 신국판 / 304쪽 / 10,000원

알기 쉬운 아토피 119 이승규 · 임승엽 · 김문호 · 안유일 지음
감기처럼 흔하지만 암만큼 무서운 아토피 피부염의 원인에서부터 증상, 치료방법, 임상사례, 민간요법을 적용한 환자들의 경험담 등 수록. 신국판 / 232쪽 / 9,500원

120세에 도전한다 이권행 지음
아프지 않고 건강하게 오래 살기를 바라는 현대인들에게 우리 체질에 맞는 식생활관, 심신 활동, 생활습관, 체질별 · 나이별 양생법을 소개. 장수하고픈 독자들의 궁금증을 풀어줄 것이다.
신국판 / 308쪽 / 11,000원

건강과 아름다움을 만드는 요가 정판식 지음
책을 보고서 집에서 혼자서도 할 수 있는 요가법 수록. 각종 질병에 따른 요가 수정체조법도 담았으며, 별책 부록으로 한눈에 보는 요가 차트 수록. 4×6배판 변형 / 224쪽 / 14,000원

우리 아이 건강하고 아름다운 롱다리 만들기 김성훈 지음
키 작은 우리 아이를 롱다리로 만드는 비법공개. 식사습관과 생활습관만의 변화로도 키를 크게 할 수 있으므로 키 작은 자녀를 둔 부모의 고민을 해결해 준다. 대국전판 / 236쪽 / 10,500원

알기 쉬운 허리디스크 예방과 치료 이종서 지음
전문가들의 의견, 허리병의 치료에서 가장 중요한 운동치료, 허리디스크와 요통에 관해 언론에서 잘못 소개한 기사나 과장 보도한 기사, 대상이 광범위함으로써 생기고 있는 사이비 의술 및 상업적인 의술을 시행하는 상업적인 병원 등을 소개함으로써 허리병을 앓고 있는 사람들에게 정확하고 올바른 지식을 전달하고자 하는 길라잡이서. 대국전판 / 336쪽 / 12,000원

소아과 전문의에게 듣는 알기 쉬운 소아과 119
신영규 · 이강우 · 최성항 지음
새내기 엄마, 아빠를 위해 올바른 육아법을 제시하고 각종 질병에 대한 치료법 및 예방법, 응급처치법을 소개.
4×6배판 변형 / 280쪽 / 14,000원

피가 맑아야 건강하게 오래 살 수 있다 김영찬 지음
현대인이 앓고 있는 고혈압, 당뇨병, 심장병 등은 피가 끈적거리고 혈관이 너덜거려서 생기는 질병이다. 이러한 성인병을 치료하려면 식이요법, 생활습관 개선 등을 통해 피를 맑게 해야 한다. 이 책에서는 피를 맑게 하기 위해 필요한 처방, 생활습관 개선법을 한의학적 관점에서 상세하게 설명하고 있다.
신국판 / 256쪽 / 10,000원

웰빙형 피부 미인을 만드는 나만의 셀프 피부건강 양해원 지음
모든 사람들이 관심 있어 하는 피부 관리를 집에서 할 수 있게 해주는 실용서. 집에서 간단하게 만들 수 있는 화장수, 팩 등을 소개하여 손안의 미용서 역할을 하고 있다.
대국전판 / 144쪽 / 10,000원

내 몸을 살리는 생활 속의 웰빙 항암 식품 이승남 지음
암=사형 선고라는 고정 관념을 깨자는 전제 아래 우리 밥상에서 흔히 볼 수 있는 먹거리로 암을 예방하며 치료하는 방법 소개. 암환자와 그 가족들에게 희망을 안겨 줄 것이다.

대국전판 / 248쪽 / 9,800원

마음한글, 느낌한글 박완식 지음
훈민정음의 창제원리를 이용한 한글명상, 한글요가, 한글체조로
지금까지의 요가나 명상과는 차원이 다른 더욱 더 효과적인 수
련으로 이제 당신 앞에 새로운 세계가 펼쳐진다.
4×6배판 / 300쪽 / 15,000원

웰빙 동의보감식 발마사지 10분 최미희 지음, 신재용 감수
발이 병나면 몸에도 병이 생긴다. 우리 몸 중에서 가장 천대받으
면서도 가장 많은 일을 하는 발을 새롭게 인식하는 추세에 맞추
어 발을 가꾸어 건강을 지키는 방법 제시. 각 질병별 발마사지
방법, 부위를 구체적으로 설명하고 있다. 텔레비전을 보면서 하
는 15분의 발마사지가 피로를 풀어주고 건강을 지켜줄 것이다.
4×6배판 변형 / 204쪽 / 13,000원

아름다운 몸, 건강한 몸을 위한 목욕 건강 30분 임하성 지음
우리가 흔히 대수롭지 않게 여기고 하는 습관 중에 하나가 목욕
일 것이다. 그러나 이제 목욕도 건강과 관련시켜 올바른 방법으
로 해야 한다. 웰빙 시대, 웰빙 라이프에 맞는 올바른 목욕법을
피부 관리 및 우리들의 생활 패턴에 맞추어 제시해 본다.
대국전판 / 176쪽 / 9,500원

내가 만드는 한방생주스 60 김영섭 지음
일반적인 과일·야채 주스에 21가지 한약재로 기본 음료를 만
들어 맛과 영양을 고루 갖춘 최초의 웰빙 한방 건강음료 만드는
법 60가지 수록!! 각 음료마다 만드는 법과 효능을 실어 우리 가
족 건강을 지키는 건강지침서의 역할을 한다.
국판 / 112쪽 / 7,000원

몸을 살리는 건강식품 백은희·조창호·최양진 지음
스트레스에 시달리는 현대인들에게 자연 영양소를 공급해 주는
건강기능식품에 관한 상세한 정보를 담고 있다. 나에게 필요한
영양소는 어떤 것이 있으며, 어떻게 섭취했을 때 가장 큰 효과를
얻을 수 있는 지 등을 조목조목 설명해 놓은 것이 눈에 띈다.
신국판 / 384쪽 / 11,000원

건강도 키우고 성적도 올리는 자녀 건강 김진돈 지음
자녀를 둔 부모라면 가장 먼저 생각하는 것이 자녀의 건강일 것
이다. 특히 수험생을 둔 부모라면 그 관심은 말로 단정지을 수
없다. 수험생 자신이나 부모가 알아야 한 평소 건강 관리법, 제
일 이겨내기 힘든 계절인 여름철 건강 관리법, 조심해야 할 질병
들에 대해 예방법, 치료법을 상세하게 소개하고 있다.
신국판 / 304쪽 / 12,000원

알기 쉬운 간질환 119 이관식 지음
간염이 있는 사람이 술잔을 돌릴 경우 간염이 전염될까? 우리는
간이 소중한 존재임을 알면서도 혹사시키는 일이 많다. 간염 전
염 및 간경화, 간암 등에 대한 잘못된 지식을 제대로 잡아주고
간과 관련된 병을 예방하는 법, 병에 걸렸을 때 치료하고 관리하
는 법 등을 상세히 수록하여 간을 건강하게 지킬 수 있도록 해준
다. 신국판 / 264쪽 / 11,000원

밥으로 병을 고친다 허봉수 지음
우리가 하루 세 끼 식사에서 대하는 밥상이 우리의 건강을 지켜
주는 최고의 건강지킴이다. 이 간단 명료한 진리를 알면서도 우
리는 다른 방법으로 건강을 지키려고 한다. 건강을 지키는 일은
어렵고 특별한 일이 아니라 보통의 밥상에서 지킬 수 있는 일임
을 강조하고 거기에 맞는 실제 사례를 제시하여 비슷한 사례에
서 응용할 수 있게 내용을 구성하고 있다.
대국전판 / 352쪽 / 13,500원

알기 쉬운 신장병 119 김형규 지음
신장병은 특별한 증상이 없어 조기진단이 힘들다고 한다. 그러
나 진단과 치료의 혜택으로 완치를 할 수 있는 병이라고도 한다.
일상생활 속에서 신장병을 파악할 수 있는 자가진단법, 신장병
을 검사하고 치료하는 방법, 신장병과 관련 있는 질병들을 일반
인들이 이해하기 수준에서 설명하고 있다. 또한 신장병과 관련
있는 생활 속의 정보를 부록으로 수록하여 내용의 깊이를 더해
주고 있다. 신국판 / 240쪽 / 10,000원

교 육

우리 교육의 창조적 백색혁명
원상기 지음 / 신국판 / 206쪽 / 6,000원

현대생활과 체육
조창남 외 5명 공저 / 신국판 / 340쪽 / 10,000원

퍼펙트 MBA IAE유학네트 지음 / 신국판 / 400쪽 / 12,000원

유학길라잡이 I -미국편
IAE유학네트 지음 / 4×6배판 / 372쪽 / 13,900원

유학길라잡이 II - 4개국편
IAE유학네트 지음 / 4×6배판 / 348쪽 / 13,900원

조기유학길라잡이.com
IAE유학네트 지음 / 4×6배판 / 428쪽 / 15,000원

현대인의 건강생활
박상호 외 5명 공저 / 4×6배판 / 268쪽 / 15,000원

천재아이로 키우는 두뇌훈련
나카마츠 요시로 지음 / 민병수 옮김
머리가 좋은 아이로 키우기 위한 환경 만들기, 식사, 운동 등 연
령별 두뇌 훈련법 소개. 국판 / 288쪽 / 9,500원

두뇌혁명 나카마츠 요시로 지음 / 민병수 옮김
『뇌내혁명』 하루야마 시게오의 추천작!! 어른들을 위한 두뇌 개
발서로, 풍요로운 인생을 만들기 위한 '뇌' 와 '몸' 자극법 제시.
4×6판 양장본 / 288쪽 / 12,000원

테마별 고사성어로 익히는 한자
김경익 지음 / 4×6배판 변형 / 248쪽 / 9,800원

生생 공부비법 이은승 지음
국내 최초 수학과외 수출의 주인공 이은승이 개발한 자기만의
맞춤식 공부학습법 소개. 공부도 하는 법을 알면 목표를 달성할
수 있다고 용기를 북돋우어 주는 실전 공부 비법서.
대국전판 / 272쪽 / 9,500원

자녀를 성공시키는 습관만들기 배은경 지음
성공하는 자녀를 꿈꾸는 부모들이 알아야 할 자녀 교육법 소개.
부모는 자녀 인생의 주연이 아님을 알아야 하며 부모의 좋은 습
관, 건전한 생각이 자녀의 성공 인생을 가져온다는 내용을 담은
부모 및 자녀 모두를 위한 자기 계발서.
대국전판 / 232쪽 / 9,500원

한자능력검정시험 2급 한자능력검정시험연구위원회 편저
국어사전식 단어 배열, 내용을 쉽게 이해할 수 있도록 도와 주는
일러스트, 기출 문제의 완전 분석을 바탕으로 한 예상 문제 수록
등 한자능력검정시험 2급을 준비하는 사람들을 위한 완벽 대비
서. 4×6배판 / 472쪽 / 18,000원

한자능력검정시험 3급(3급II) 한자능력검정시험연구위원회 편저
4급 한자를 포함한 3급·3급II 배정한자 1817자 각 한자에 대한
어원 및 실용 사례를 수록하였다. 각 한자의 배열은 가, 나, 다…
의 국어사전식 배열을 채택하여 음만 알아도 한자를 쉽게 찾을
수 있게 하였다. 또한 한자의 이해를 돕는 일러스트, 3급·3급II
한자를 포함한 실생활에 응용할 수 있는 생활 한자 코너를 배정
하여 학습의 깊이를 더해주고 있다. 끝으로 기출문제 분석에 맞
춘 예상문제와 쓰기 배정 한자를 실어 3급·3급II 한자 학습을
완전하게 익힐 수 있게 하였다. 4×6배판 / 440쪽 / 17,000원

한자능력검정시험 4급(4급II) 한자능력검정시험연구위원회 편저
국어사전식 단어 배열, 4급 한자 1000자 필순 수록, 생활에서
활용할 수 있는 활용 한자 요점정리, 생활 속에서 자주 쓰이는
약자, 한자의 이해를 돕기 위한 일러스트와 유래 설명, 4급 한자
1000자를 응용한 한자 심화 학습, 기출 문제를 완전 분석한 후
그에 따라 엄선한 예상문제 수록 등 4급 한자 익히기와 시험에
대비하는 모든 사람들을 위한 완벽 대비서.

4×6배판 / 352쪽 / 15,000원

한자능력검정시험 5급 한자능력검정시험연구위원회 편저
국어사전식 단어 배열, 5급 한자 500자 따라 쓰기, 생활에서 활용할 수 있는 활용 한자 요점정리, 생활 속에서 자주 쓰이는 약자, 한자의 이해를 돕기 위한 일러스트와 유래 설명, 기출 문제를 완전 분석한 후 그에 따라 엄선한 예상문제 수록 등 5급 한자 익히기와 시험에 대비하는 모든 사람들을 위한 완벽 대비서.
4×6배판 / 264쪽 / 11,000원

한자능력검정시험 6급 한자능력검정시험연구위원회 편저
국어사전식 단어 배열, 6급 한자 300자 따라 쓰기, 생활에서 활용할 수 있는 활용 한자 요점정리, 한자의 이해를 돕기 위한 일러스트와 유래 설명, 기출 문제를 완전 분석한 후 그에 따라 엄선한 예상문제 수록 등 6급 한자 익히기와 시험에 대비하는 모든 사람들을 위한 완벽 대비서. 4×6배판 / 168쪽 / 8,500원

한자능력검정시험 7급 한자능력검정시험연구위원회 편저
국어사전식 단어 배열. 각 한자 배우기에 도움이 되는 일러스트를 곁들이고 한자의 구성 원리를 설명해 놓아 한자 배우기가 재미있고 쉽다. 또한 따라쓰기를 통해 한자 익히기를 완전하게 끝낼 수 있도록 하였으며 활용 예문을 다양하게 예시해 놓았다.
4×6배판 / 152쪽 / 7,000원

한자능력검정시험 8급 한자능력검정시험연구위원회 편저
8급 한자 50자에 대해 각 한자 배우기에 도움이 되는 일러스트를 곁들이고 한자의 구성 원리를 설명해 놓아 한자 배우기가 재미있고 쉽다. 또한 따라쓰기를 통해 기본 한자 익히기를 완전하게 끝낼 수 있도록 하였으며 기본 50개의 한자를 활용한 예문을 다양하게 예시해 놓았다. 4×6배판 / 112쪽 / 6,000원

취미 · 실용

김진국과 같이 배우는 와인의 세계 김진국 지음
포도주 역사에서 분류, 원료 포도의 종류와 재배, 양조 · 숙성 · 저장, 시음법, 어울리는 요리와 와인의 유통과 소비, 와인 시장의 현황과 전망, 와인 판매 요령, 와인의 보관과 재고의 회전, '와인 양조 비밀의 모든 것'을 동영상으로 담은 CD까지, 와인의 모든 것이 담긴 종합학습서.
국배판 변형양장본(올 컬러판) / 208쪽 / 30,000원

경제 · 경영

CEO가 될 수 있는 성공법칙 101가지
김승룡 편역 / 신국판 / 320쪽 / 9,500원

정보소프트 김승룡 지음 / 신국판 / 324쪽 / 6,000원

기획대사전 다카하시 겐코 지음 / 홍영의 옮김
기획에 관련된 모든 사항을 실례와 도표를 통하여 초보자에서 프로기획맨에 이르기까지 효율적으로 활용할 수 있도록 체계적으로 총망라하였다. 신국판 / 552쪽 / 19,500원

맨손창업 · 맞춤창업 BEST 74 양혜숙 지음
창업대행 현장 전문가가 추천하는 유망업종을 7가지 주제별로 나누어 수록한 맞춤창업서로 창업예비자들에게 창업의 길을 밝혀줄 발로 뛰면서 만든 실무 지침서!! 신국판 / 416쪽 / 12,000원

무자본, 무점포 창업! FAX 한 대면 성공한다
다카시로 고시 지음 / 홍영의 옮김 / 신국판 / 226쪽 / 7,500원

성공하는 기업의 인간경영 중소기업 노무 연구회 편저 / 홍영의 옮김
무한경쟁시대에서 각 기업들의 다양한 경영 실태 속에서 인사 · 노무 관리 개선에 있어서 기업의 효율을 높이고 발전을 이룰 수 있는 원칙을 제시. 신국판 / 368쪽 / 11,000원

21세기 IT가 세계를 지배한다 김광희 지음
21세기 화두로 떠오른 IT혁명의 경쟁력에 대해서 전문가의 논리

적이고 철저한 해설과 더불어 매장 끝까지 실제 사례를 곁들여 설명. 신국판 / 380쪽 / 12,000원

경제기사로 부자아빠 만들기 김기태 · 신현태 · 박근수 공저
날마다 배달되는 경제기사를 꼼꼼히 챙겨보는 사람만이 현대생활에서 부자가 될 수 있다. 언론인의 현장감각과 학자의 전문성을 접목시킨 것이 이 책의 특성! 누구나 이 책을 읽고 경제원리를 체득, 경제예측을 할 수 있게 준비된 생활경제서적.
신국판 / 388쪽 / 12,000원

포스트 PC의 주역 정보가전과 무선인터넷 김광희 지음
포스트 PC의 주역으로 급부상하고 있는 정보가전과 무선인터넷 그리고 이를 구현하기 위한 관련 테크놀러지를 체계적으로 소개. 신국판 / 356쪽 / 12,000원

성공하는 사람들의 마케팅 바이블 채수명 지음
최근의 이론을 보완하여 내놓은 마케팅 관련 실무서. 마케팅의 정보전략, 핵심요소, 컨설팅실무까지 저자의 노하우와 창의적인 이론이 결합된 마케팅서. 신국판 / 328쪽 / 12,000원

느린 비즈니스로 돌아가라
사카모토 게이이치 지음 / 정성호 옮김
미국식 스피드 경영에 익숙해져 현실의 오류를 간과하고 있는 사람들을 위한 어떻게 팔 것인가보다 무엇을 팔 것인가를 설명하는 마케팅 컨설턴트의 대안 제시서! 신국판 / 276쪽 / 9,000원

적은 돈으로 큰돈 벌 수 있는 부동산 재테크 이원재 지음
700만 원으로 부동산 재테크에 뛰어들어 100배 불린 저자가 부동산 재테크를 계획하고 있는 사람들이 반드시 알아두어야 할 내용을 경험담을 담아 해설해 놓은 경제서.
신국판 / 340쪽 / 12,000원

바이오혁명 이주영 지음
21세기 국가간 경쟁부문으로 새로이 떠오르고 있는 바이오혁명에 관한 기초지식을 언론사에 몸담고 있는 현직 기자가 아주 쉽게 해설해 놓은 바이오 가이드서. 바이오 관련 용어 해설 수록.
신국판 / 328쪽 / 12,000원

성공하는 사람들의 자기혁신 경영기술 채수명 지음
자기 계발을 통한 신지식 자기경영마인드를 갖추어야 한다는 전제 아래 그 방법을 자세하게 알려주는 자기계발 지침서.
신국판 / 344쪽 / 12,000원

CFO 교텐 토요오 · 타하라 오키시 지음 / 민병수 옮김
일반인들에게 생소한 용어인 CFO, 즉 최고 재무책임자의 역할이 지금까지와는 완전히 달라져야 한다. 기업을 이끌어가는 새로운 키잡이로서의 CFO의 역할, 위상 등을 일본의 기업을 중심으로 하여 알아보고 바람직한 방향을 제시한다.
신국판 / 312쪽 / 12,000원

네트워크시대 네트워크마케팅 임동학 지음
학력, 사회적 지위 등에 관계 없이 자신이 노력한 만큼 돈을 벌 수 있는 네트워크마케팅에 관해 알려주는 안내서.
신국판 / 376쪽 / 12,000원

성공리더의 7가지 조건
다이앤 트레이시 · 윌리엄 모건 지음 / 지창영 옮김
개인과 팀, 조직관계의 개선을 위한 방향제시 및 실천을 위한 안내자 역할을 해주는 책. 현장에서 활용할 수 있는 실용서.
신국판 / 360쪽 / 13,000원

김종결의 성공창업 김종결 지음
누구나 창업을 할 수는 있지만 아무나 돈을 버는 것은 아니다라는 전제 아래 중견 연기자로서, 음식점 사장님으로 성공한 탤런트 김종결의 성공비결을 통해 창업전략과 성공전략을 제시한다.
신국판 / 340쪽 / 12,000원

최적의 타이밍에 내 집 마련하는 기술 이원재 지음
부동산을 통한 재테크의 첫걸음 '내 집 마련'의 결정판. 체계적이고 한눈에 쏙 들어 오는 '내 집 장만 과정'을 쉽게 풀어놓은 부동산재테크서. 신국판 / 248쪽 / 10,500원

컨설팅 세일즈 *Consulting sales* 임동학 지음
발로 뛰는 영업이 아니라 머리로 하는 영업이 절실히 요구되는
시대 상황에 맞추어 고객지향의 세일즈, 과제해결 세일즈, 구매
자와 공급자 간에 서로 만족하는 세일즈법 제시.
대국전판 / 336쪽 / 13,000원

연봉 10억 만들기 김농주 지음
연봉으로 말해지는 임금을 재테크 하여 부자가 될 수 있는 방법
제시. 고액의 연봉을 받기 위해서 개인이 갖추어야 할 실무적 능
력, 태도, 마음가짐, 재테크 수단 등을 각 주제에 따라 구체적으
로 제시함으로써 부자를 꿈꾸는 사람들이 그 희망을 이룰 수 있
게 해준다. 국판 / 216쪽 / 10,000원

주5일제 근무에 따른 한국형 주말창업 최효진 지음
우리나라 실정에 맞는 주말창업 아이템의 제시 및 창업시 필요
한 정보를 얻을 수 있는 곳, 주의해야 할 점, 실전 인터넷 쇼핑몰
창업, 표준사업계획서 등을 수록하여 지금 당장이라도 내 사업
을 할 수 있게 해주는 창업 길라잡이서.
신국판 변형 양장본 / 216쪽 / 10,000원

돈 되는 땅 돈 안되는 땅 김영준 지음
부동산 틈새시장에서 성공하는 투자 노하우를 신행정수도 예정
지 및 고속철도 역세권 등 투자 유망지역을 중심으로 완벽하게
수록해 놓은 부동산 재테크서. 신국판 / 320쪽 / 13,000원

돈 버는 회사로 만들 수 있는 109가지
다카하시 도시노리 지음 / 민병수 옮김
회사경영에서 경영자가 꼭 알아야 할 기본 사항 수록. 내용이 항
목별로 정리되어 있어 원하는 자료를 바로 찾아 볼 수 있는 것이
최대의 장점. 이 책을 통해서 불필요한 군살을 빼고 강한 근육질
을 가진 돈 버는 회사를 만들어 보자. 신국판 / 344쪽 / 13,000원

프로는 디테일에 강하다 김미현 지음
탄탄하게 자리를 잡은 15군데 중소기업의 여성 CEO들이 회사
를 운영하면서 겪은 어려움, 기쁨 등을 자서전 형식을 빌어 솔직
담백하게 얘기했다. 예비 창업자들을 위한 조언, 경영 철학, 성
공 요인도 담고 있어 창업을 준비하는 사람들에게 도움이 될 것
이다. 신국판 / 248쪽 / 9,000원

머니투데이 송복규 기자의 부동산으로 주머니돈 100배 만들기 송복규 지음
재테크 수단으로 새롭게 각광 받고 있는 부동산을 이용한 재산
증식 방법 수록. 부동산 재료별 특성에 따른 맞춤 투자전략을 제
시하고 알아두면 편리한 부동산 상식도 알려준다. 현직 전문 기
자의 예리한 분석과 최신 정보가 담겨 있는 부동산재테크 가이
드서. 신국판 / 328쪽 / 13,000원

성공하는 슈퍼마켓&편의점 창업 나명환 지음
슈퍼마켓이나 편의점을 창업하려고 하는 사람들을 위한 창업 가
이드서. 어느 위치에 얼마만한 크기로, 어떤 상품을 갖추고 어떤
마인드로 창업하고 영업해야 대형할인점과의 경쟁에서 살아남
을 수 있는지 등을 저자의 실제 경험과 통계, 전문가들의 의견을
바탕으로 상세하게 소개. 4×6배판 변형 / 500쪽 / 28,000원

대한민국 성공 재테크 부동산 펀드와 리츠로 승부하라 김영준 지음
새로운 재테크 수단으로 세간의 관심을 모으고 있는 부동산 펀
드와 리츠에 관한 투자 안내서. 리스크 없이 투자에 성공하기 위
해서 알아두어야 할 주의사항, 펀드 및 리츠 관련 상품 설명, 실
제로 투자되고 있는 물건을 수록하여 책을 통해서 실전 투자감
각을 익힐 수 있게 하였다. 신국판 / 256쪽 / 12,000원

주 식

개미군단 대박맞이 주식투자
홍성걸(한양증권 투자분석팀 팀장) 지음
초보에서 인터넷을 활용한 주식투자까지 필자의 현장에서의 경
험을 바탕으로 한 주식 성공전략의 모든 정보 수록.
신국판 / 310쪽 / 9,500원

알고 하자! 돈 되는 주식투자 이길영 외 2명 공저

일본과 미국의 주식시장을 철저한 분석과 데이터화를 통해 한국
주식시장의 투자의 흐름을 파악함으로써 한국 주식시장에서의
확실한 성공전략 제시!! 신국판 / 388쪽 / 12,500원

항상 당하기만 하는 개미들의 매도·매수타이밍 999% 적중 노하우
강경무 지음
승부사를 꿈꾸며 와신상담하는 모든 이들에게 희망의 등불이 될
것을 확신하는 Jusicman이 주식시장에서 돈벌고 성공할 수 있
는 비결 전격공개!! 신국판 / 336쪽 / 12,000원

부자 만들기 주식성공클리닉 이창희 지음
저자의 경험담을 섞어서 주식이란 무엇인가를 풀어서 써놓은 주
식입문서. 초보자와 자신을 성찰해볼 기회를 가지려는 기존의
투자자를 위해 태어났다. 신국판 / 372쪽 / 11,500원

선물·옵션 이론과 실전매매 이창희 지음
선물과 옵션시장에서 일반인들이 실패하는 원인을 분석하고,
반드시 지켜야 할 투자원칙에 따라 유형별로 실전 매매 테크닉
을 터득함으로써 투자를 성공적으로 할 수 있게 한 지침서!!
신국판 / 372쪽 / 12,000원

너무나 쉬워 재미있는 주가차트 홍성무 지음
주식시장에서는 차트 분석을 통해 주가를 예측하는 투자자만이
주식투자에서 성공하므로 차트에서 급소를 신속, 정확하게 뽑아
내 매매타이밍을 잡는 방법을 알려주는 주식투자 지침서.
4×6배판 / 216쪽 / 15,000원

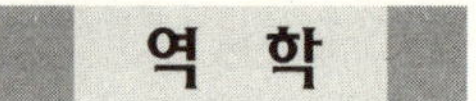

역 학

역리종합 만세력 정도명 편저 / 신국판 / 532쪽 / 10,500원
작명대전 정보국 지음 / 신국판 / 460쪽 / 12,000원
하락이수 해설 이천교 편저 / 신국판 / 620쪽 / 27,000원
현대인의 창조적 관상과 수상
백운산 지음 / 신국판 / 344쪽 / 9,000원
대운용신영부적 정재원 지음 / 신국판 양장본 / 750쪽 / 39,000원
사주비결활용법 이세진 지음 / 신국판 / 392쪽 / 12,000원
컴퓨터세대를 위한 新 성명학대전
박용찬 지음 / 신국판 / 388쪽 / 11,000원
길흉화복 꿈풀이 비법 백운산 지음 / 신국판 / 410쪽 / 12,000원
새천년 작명컨설팅 정재원 지음 / 신국판 / 492쪽 / 13,900원
백운산의 신세대 궁합 백운산 지음 / 신국판 / 304쪽 / 9,500원
동자삼 작명학 남시모 지음 / 신국판 / 496쪽 / 15,000원
구성학의 기초 문길여 지음 / 신국판 / 412쪽 / 12,000원

법률 일반

여성을 위한 성범죄 법률상식 조명원(변호사) 지음
성희롱에서 성폭력범죄까지 여성이었기 때문에 특히 말 못하고
당해야만 했던 이 땅의 여성들을 위한 성범죄 법률상식서. 사례
별 법적 대응방법 제시. 신국판 / 248쪽 / 8,000원

아파트 난방비 75% 절감방법 고영근 지음
예비역 공군소장이 잘못 부과된 아파트 난방비를 최고 75%까
지 줄일 수 있는 방법을 구체적인 법적 근거를 토대로 작성한 아
파트 난방비 절감방법 제시. 신국판 / 238쪽 / 8,000원

일반인이 꼭 알아야 할 절세전략 173선 최성호(공인회계사) 지음
세법을 제대로 알면 돈이 보인다. 현직 공인중계사가 알려주는
합법적으로 세금을 덜 내고 돈을 버는 절세전략의 모든 것!
신국판 / 392쪽 / 12,000원

변호사와 함께하는 부동산 경매 최환주(변호사) 지음

새 상가건물임대차보호법에 따른 권리분석과 채무자나 세입자
의 권리방어기법은 제시한다. 또한 새 민사집행법에 따른 각 사
례별 해설도 수록. 신국판 / 404쪽 / 13,000원

혼자서 쉽고 빠르게 할 수 있는 소액재판 김재용 · 김종철 공저
나홀로 소액재판을 할 수 있도록 소장작성에서 판결까지의 실제
재판과정을 상세하게 수록하여 이 책 한 권이면 모든 것을 완벽
하게 해결할 수 있다. 신국판 / 312쪽 / 9,500원

"술 한 잔 사겠다"는 말에서 찾아보는 채권 · 채무 변환철(변호사) 지음
일반인들이 꼭 알아야 할 채권 · 채무에 관한 법률 사항을 빠짐
없이 수록. 신국판 / 408쪽 / 13,000원

알기쉬운 부동산 세무 길라잡이 이건우(세무서 재산계장) 지음
부동산에 관련된 모든 세금을 알기 쉽게 단계별로 해설. 합리적
이고 탈세가 아닌 적법한 절세법 제시. 신국판 / 400쪽 / 13,000원

알기쉬운 어음, 수표 길라잡이 변환철(변호사) 지음
어음, 수표의 발행에서부터 도난 또는 분실한 경우의 공시최고
와 제권판결에 이르기까지 어음, 수표 관련 법률사항을 쉽고도
상세하게 압축해 놓은 생활법률서. 신국판 / 328쪽 / 11,000원

제조물책임법 강동근(변호사) · 윤종성(검사) 공저
제품의 설계, 제조, 표시상의 결함으로 소비자가 피해를 입었을
때 제조업자가 배상책임을 져야 하는 제조물책임 시대를 맞아
제조업자가 갖추어야 할 법률적 지식을 조목조목 설명해 놓은 법
률서. 신국판 / 368쪽 / 13,000원

알기 쉬운 주5일근무에 따른 임금 · 연봉제 실무
문강분(공인노무사) 지음
최근의 행정해석과 판례를 중심으로 임금관련 문제를 정리하고
기업에서 관심이 많은 연봉제 및 성과배분제, 비정규직문제, 여
성근로자문제 등의 이슈들과 주40시간제 법개정, 퇴직연금제
도입 등 최근의 법 · 시행령 개정사항을 모두 수록한 임금 · 연봉
제실무 지침서. 4×6배판 변형 / 544쪽 / 35,000원

변호사 없이 당당히 이길 수 있는 형사소송 김대환 지음
우리 생활과 함께 숨쉬는 형사법 서식을 구체적인 사례와 함께
소개. 내 손으로 간결하고 명확한 고소장 · 항소장 · 상고장 등
형사소송서식을 작성할 수 있다. 형사소송 관련 서식 CD 수록.
신국판 / 304쪽 / 13,000원

변호사 없이 당당히 이길 수 있는 민사소송 김대환 지음
민사, 호적과 가사를 포함한 생활과 밀접한 관련이 있는 생활법
률 전반을 보통 사람들이 가장 궁금해하는 내용을 위주로 하여
사례를 들어가며 아주 쉽게 풀어놓은 민사 실무서.
신국판 / 412쪽 / 14,500원

혼자서 해결할 수 있는 교통사고 Q&A 조명원(변호사) 지음
현실에서 본인이 아무리 원하지 않더라도 운명처럼 누구에게나
닥칠 수 있는 교통사고 문제를 사례, 각급 법원의 주요 판례와
함께 정리하여 일반인들도 쉽게 이해할 수 있도록 내용 구성.
신국판 / 336쪽 / 12,000원

생활법률

부동산 생활법률의 기본지식
대한법률연구회 지음 / 김원중(변호사) 감수
신국판 / 480쪽 / 12,000원

고소장 · 내용증명 생활법률의 기본지식
하태웅(변호사) 지음 / 신국판 / 440쪽 / 12,000원

노동 관련 생활법률의 기본지식
남동희(공인노무사) 지음 / 신국판 / 528쪽 / 14,000원

외국인 근로자 생활법률의 기본지식
남동희(공인노무사) 지음 / 신국판 / 400쪽 / 12,000원

계약작성 생활법률의 기본지식
이상도(변호사) 지음 / 신국판 / 560쪽 / 14,500원

지적재산 생활법률의 기본지식
이상도(변호사) · 조의제(변리사) 공저 / 신국판 / 496쪽 / 14,000원

부당노동행위와 부당해고 생활법률의 기본지식
박영수(공인노무사) 지음 / 신국판 / 432쪽 / 14,000원

주택 · 상가임대차 생활법률의 기본지식
김운용(변호사) 지음 / 신국판 / 480쪽 / 14,000원

하도급거래 생활법률의 기본지식
김진홍(변호사) 지음 / 신국판 / 440쪽 / 14,000원

이혼소송과 재산분할 생활법률의 기본지식
박동섭(변호사) 지음 / 신국판 / 460쪽 / 14,000원

부동산등기 생활법률의 기본지식
정상태(법무사) 지음 / 신국판 / 456쪽 / 14,000원

기업경영 생활법률의 기본지식
안동섭(단국대 교수) 지음 / 신국판 / 466쪽 / 14,000원

교통사고 생활법률의 기본지식
박정무(변호사) · 전병찬 공저 / 신국판 / 480쪽 / 14,000원

소송서식 생활법률의 기본지식
김대환 지음 / 신국판 / 480쪽 / 14,000원

호적 · 가사소송 생활법률의 기본지식
정주수(법무사) 지음 / 신국판 / 516쪽 / 14,000원

상속과 세금 생활법률의 기본지식
박동섭(변호사) 지음 / 신국판 / 480쪽 / 14,000원

담보 · 보증 생활법률의 기본지식
류창호(법학박사) 지음 / 신국판 / 436쪽 / 14,000원

소비자보호 생활법률의 기본지식
김성천(법학박사) 지음 / 신국판 / 504쪽 / 15,000원

판결 · 공정증서 생활법률의 기본지식
정상태(법무사) 지음 / 신국판 / 312쪽 / 13,000원

처 세

성공적인 삶을 추구하는 여성들에게 우먼파워
조안 커너 · 모이라 레이너 공저 / 지창영 옮김
사회의 여성을 향한 냉대와 편견의 벽을 깨뜨리고 성공적인 삶
을 이루려는 여성들이 갖추어야 할 자세 및 삶의 이정표 제시!!
신국판 / 352쪽 / 8,800원

聽 이익이 되는 말 話 손해가 되는 말
우메시마 미요 지음 / 정성호 옮김
직장이나 집안에서 언제나 주고받는 일상의 화제를 모아 실음으
로써 대화의 참의미를 깨닫고 비즈니스를 성공적으로 이끌기 위
한 대화술을 키우는 방법 제시!! 신국판 / 304쪽 / 9,000원

성공하는 사람들의 화술테크닉 민영욱 지음
개인간의 사적인 대화에서부터 대중을 위한 공적인 강연에 이르
기까지 어떻게 말하고 어떻게 스피치를 할 것인가에 관한 지침
서. 신국판 / 320쪽 / 9,500원

부자들의 생활습관 가난한 사람들의 생활습관
다케우치 야스오 지음 / 홍영의 옮김
경제학의 발상을 기본으로 하여 사람들이 살아가면서 생활에서
생각해 볼 수 있는 이익을 보는 생활습관과 손해를 보는 생활습
관을 수록, 독자 자신에게 맞는 생활습관의 기본 전략을 설계할
수 있도록 제시. 신국판 / 320쪽 / 9,800원

코끼리 귀를 당긴 원숭이-히딩크식 창의력을 배우자
강충인 지음
코끼리와 원숭이의 우화를 히딩크의 창조적 경영기법과 리더십
에 대비하여 자기혁신, 기업혁신을 꾀하는 창의력 개발법을 제
시. 신국판 / 208쪽 / 8,500원

성공하려면 유머와 위트로 무장하라 민영욱 지음
21세기에 들어 새로운 추세를 형성하고 있는 말 잘하기. 이러한
추세에 맞추어 현재 스피치 강사로 활약하고 있는 저자가 말을
잘하는 방법과 유머와 위트를 만들고 즐기는 방법을 제시한다.
신국판 / 292쪽 / 9,500원

등소평의 오뚝이전략 조창남 편저
중국 역사상 정치 · 경제 · 학문 등의 분야에서 최고 위치에 오른
리더들의 인재활용, 상황 극복법 등 처세 전략 · 전술을 통해 이
시대의 성공인으로 자리매김하는 해법 제시.
신국판 / 304쪽 / 9,500원

노무현 화술과 화법을 통한 이미지 변화 이현정 지음
현재 불교방송에서 활동하고 있는 이현정 아나운서의 화술 길라
잡이서. 노무현 대통령의 독특한 화술과 화법을 통해 리더로서,
성공인으로서 갖추어야 할 화술 화법을 배우는 화술 실용서.
신국판 / 320쪽 / 10,000원

성공하는 사람들의 토론의 법칙 민영욱 지음
다양한 사람들의 다양한 욕구를 하나로 응집시키는 수단으로 등
장하고 있는 토론에 관해 간단하고 쉽게 제시한 토론 길라잡이
서. 신국판 / 280쪽 / 9,500원

사람은 칭찬을 먹고산다 민영욱 지음
현대에서 성공하는 사람으로 남기 위해서는 남을 칭찬할 줄도
알아야 한다. 성공하는 사람이 되기 위해서 알아야 할 칭찬 스피
치의 기법, 특징 등을 실생활에 적용해 설명해놓은 성공처세 지
침서. 신국판 / 268쪽 / 9,500원

사과의 기술 김농주 지음
미안하다는 말에 인색한 한국인들에게 "I' sorry."가 성공을 위
한 처세 기법으로 다가온다. 직장, 가정 등 다양한 환경에서 사
과 한마디의 의미, 기능을 알아보고 효율성을 가진 사과가 되기
위해 갖추어야 할 조건을 제시한다.
신국판 변형 양장본 / 200쪽 / 10,000원

취업 경쟁력을 높여라 김농주 지음
각 기업별 특성 및 취업 정보 분석과 예비 취업자의 능력 개발,
자신의 적성에 맞는 직종과 직장 잡는 법을 상세하게 수록.
신국판 / 280쪽 / 12,000원

명 상

명상으로 얻는 깨달음 달라이 라마 지음 / 지창영 옮김
티베트의 정신적 지도자이자 실질적 지도자인 달라이 라마의 수
많은 가르침 가운데 현대인에게 필요지고 있는 인내에 대한
이야기. 국판 / 320쪽 / 9,000원

어 학

2진법 영어 이상도 지음
2진법 영어의 비결을 통해서 기존 영어학습 방법의 단점을 말끔
히 해소시켜 주는 최초로 공개되는 고효율 영어학습 방법. 적은
시간을 투자하여 영어의 모든 것을 획기적으로 향상시킬 수 있
는 비법을 제시한다. 4×6배판 변형 / 328쪽 / 13,000원

한 방으로 끝내는 영어 고제윤 지음
일상생활에서의 이야기를 바탕으로 하는 영어강의로 영어문법
은 재미없고 지루하다고 생각하는 이 땅의 모든 사람들의 상식
을 깨면서 학습 효과를 높이기 위한 공부방법을 제시하는 새로
운 영어학습서. 신국판 / 316쪽 / 9,800원

한 방으로 끝내는 영단어 김승엽 지음 / 김수경 · 카렌다 감수
일상생활에서 우리가 무심코 던지는 영어 한마디가 당신의 영어
수준을 드러낸다는 사실을 깨닫게 하는 영어 실용서. 풍부한 예
문을 통해 참영어를 배우겠다는 사람, 무역업이나 관광 안내업

에 종사하는 사람, 영어권 나라로 이민을 가려는 사람들에게 많
은 도움을 줄 것이다. 4×6배판 변형 / 236쪽 / 9,800원

해도해도 안되던 영어회화 하루에 30분씩 90일이면 끝낸다
Carrot Korea 편집부 지음
온라인과 오프라인을 넘나들면서 영어학습자들의 각광을 받고
있는 린다의 현지 생활 영어 수록. 교과서에서 배울 수 없었던
생생한 실생활 영어를 90일 학습으로 모두 끝낼 수 있다.
4×6배판 변형 / 260쪽 / 11,000원

바로 활용할 수 있는 기초생활영어 김수경 지음
다양한 상황에 대처할 수 있도록 인사나 감정 표현, 전화나 교
통, 장소 및 기타 여러 사항에 관한 기초생활영어를 총망라.
신국판 / 240쪽 / 10,000원

바로 활용할 수 있는 비즈니스영어 김수경 지음
해외 출장시, 외국의 바이어 접견시 기본적으로 사용할 수 있는
상황별 센텐스를 수록하여 해외 출장 준비 및 외국 바이어 접견
을 완벽하게 끝낼 수 있게 했다. 신국판 / 252쪽 / 10,000원

생존영어55 홍일록 지음
살아 있는 영어를 익힐 수 있는 기회 제공. 반드시 알아야 할 핵
심 센텐스를 저자가 미국 현지에서 겪었던 황당한 사건들과 함
께 수록, 재미도 느낄 수 있다. 신국판 / 224쪽 / 8,500원

필수 여행영어회화 한현숙 지음
해외로 여행을 갔을 때 원어민에게 바로 통할 수 있는 발음 수
록. 자신 있고 당당한 자기 표현으로 즐거운 여행을 할 수 있도
록 손안의 가이드 역할을 해줄 것이다.
4×6판 변형 / 328쪽 / 7,000원

필수 여행일어회화 윤영자 지음
가깝고도 먼 나라라고 흔히 말해지는 일본을 제대로 알기 위해
노력하는 사람들에게 손안의 가이드 역할을 하는 실전 일어회화
집. 일어 초보자들을 위한 한글 발음 표기 및 필수 단어 수록.
4×6판 변형 / 264쪽 / 6,500원

필수 여행중국어회화 이은진 지음
중국에서의 생활이나 여행에 꼭 필요한 상황별 회화, 반드시 알
아야 할 1500여 개의 단어에 한자병음과 우리말 표기를 원음에
가깝게 달아 놓았으므로 든든한 도우미가 되어 줄 것이다.
4×6판 변형 / 256쪽 / 7,000원

영어로 배우는 중국어 김승엽 지음
중국으로 여행을 가거나 출장을 가는 사람들이 알아두어야 할
기초 생활 회화와 여행 회화를 영어, 중국어 동시에 익힐 수 있
게 내용을 구성. 신국판 / 216쪽 / 9,000원

필수 여행스페인어회화 유연창 지음
은행, 병원, 교통 수단 이용하기 등 외국에서 직접적으로 맞닥뜨
리게 되는 상황을 설정하여 바로바로 도움을 받을 수 있게 간단
한 회화를 한글 발음 표기와 같이 수록하여 손안의 도우미 역할
을 해줄 것이다. 4×6판 변형 / 288쪽 / 7,000원

바로 활용할 수 있는 홈스테이 영어 김형주 지음
일반 가정생활, 학교생활에서 꼭 알아야 할 상황별 회화 · 문
법 · 단어를 수록, 유학생활 동안 원어민 가족과 살면서 영어를
좀더 쉽게 배울 수 있도록 알려주는 안내서.
신국판 / 184쪽 / 9,000원

레포츠

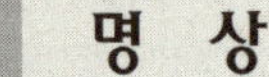 **삼바 축구, 그들은 강하다** 이수열 지음
축구에 대한 관심만으로 각 나라의 축구팀, 특히 브라질 축구팀
에 애정을 가지고 브라질 축구팀의 전력 및 각 선수들의 장단점
을 나름대로 분석하고 연구하여 자신의 의견을 피력하고 있는
축구 길라잡이서. 신국판 / 280쪽 / 8,500원

마라톤, 그 아름다운 도전을 향하여
빌 로저스 · 프리실라 웰치 · 조 헨더슨 공저

오인환 감수 / 지창영 옮김
마라톤에 입문하고자 하는 초보 주자들을 위한 마라톤 가이드
서. 올바르게 달리는 법, 음식 조절법, 달리기 전 준비운동, 주자
에게 맞는 프로그램 짜기, 부상 예방법을 상세하게 설명하고 있
다. 4×6배판 / 320쪽 / 15,000원

퍼팅 메커닉 이근택 지음
감각에 의존하는 기존 방식의 퍼팅은 이제 그만!!
저자 특유의 과학적 이론을 신체근육 운동학에 접목시켜 몸의
무리를 최소한으로 덜고 최대한의 정확성과 거리감을 갖게 하는
새로운 퍼팅 메커닉 북. 4×6배판 변형 / 192쪽 / 18,000원

아마골프 가이드 정영호 지음
골프를 처음 시작하는 모든 아마추어 골퍼를 위해 보다 쉽고 빠
르게 이해할 수 있도록 내용이 구성된 아마골프 레슨 프로그램
서. 4×6배판 변형 / 216쪽 / 12,000원

인라인스케이팅 100%즐기기 임미숙 지음
레저 문화에 새로운 강자로 자리매김하고 있는 인라인 스케이팅
을 안전하고 재미있게 즐길 수 있도록 알려주는 인라인 스케이
팅 지침서. 각단계별 동작을 한눈에 알아볼 수 있도록 세부 동작
별 일러스트 수록. 4×6배판 변형 / 172쪽 / 11,000원

배스낚시 테크닉 이종건 지음
현재 한국배스스쿨에서 강사로 활약하고 있는 아마추어 배스 낚
시꾼이 중급 수준의 배스 낚시꾼들이 자신의 실력을 한 단계 업
그레이드 시킬 수 있도록 루어의 활용, 응용법 등을 상세하게 해
설. 4×6배판 / 440쪽 / 20,000원

나도 디지털 전문가 될 수 있다!!! 이승훈 지음
깜찍한 디자인과 간편하게 휴대할 수 있다는 장점 때문에 새로
운 생활필수품으로 자리를 잡아가고 있는 디카·디캠을 짧은 시
간 안에 쉽게 배울 수 있도록 해놓은 초보자를 위한 디카·디캠
길라잡이서. 4×6배판 / 320쪽 / 19,200원

스키 100% 즐기기 김동환 지음
스키 인구의 확산 추세에 따라 스키의 기초 이론 및 기본 동작부
터 상급의 기술까지 단계별 동작을 전문가의 동작사진을 곁들여
내용 구성. 4×6배판 변형 / 184쪽 / 12,000원

태권도 총론 하웅의 지음
우리의 국기 태권도에 관한 실용 이론서. 지도자가 알아야 할 사
항, 태권도장 운영이론, 응급처치법 및 태권도 경기규칙 등 필수
내용만 수록. 4×6배판 / 288쪽 / 15,000원

건강하고 아름다운 동양란 기르기 난마을 지음
동양란 재배의 첫걸음부터 전시회 출품까지 동양란의 모든 것
수록. 동양란의 구조·특장·종류·감상법, 꽃대 관리·꽃 피우
기·발색 요령 등 건강하고 아름다운 동양란 만들기로 구성.
4×6배판 변형 / 184쪽 / 12,000원

수영 100% 즐기기 김종만 지음
물 적응하기부터 수영용품, 수영과 건강, 응용수영 및 고급 수영
기술에 이르기까지 주옥 같은 수중촬영 연속사진으로 자세히 설
명해 주는 수영기법 Q&A. 4×6배판 변형 / 248쪽 / 13,000원

애완견114 황양원 엮음
애완견 길들이기, 애완견의 먹거리, 멋진 애완견 만들기, 애완견
의 질병 예방과 건강, 애완견의 임신과 출산, 애완견에 대한 기
타 관리 등 애완견을 기를 때 반드시 알아야 할 내용 수록.
4×6배판 변형 / 228쪽 / 13,000원

건강을 위한 웰빙 걷기 이강옥 지음
건강 운동으로서 많은 사람들의 관심을 모으고 있는 걷기운동을
상세하게 설명. 걷기시 필요한 장비, 올바른 걷기 자세를 설명하
고 고혈압·당뇨병·비만증·골다공증 등 성인병과 관련해 걷
기운동을 했을 때 얻을 수 있는 효과를 수록하여 성인병을 예방
하고 치료할 수 있도록 하였다. 대국전판 / 280쪽 / 10,000원

우리 땅 우리 문화가 살아 숨쉬는 옛터 이형권 지음
우리나라에서 가장 가보고 싶은 역사의 현장 19곳을 선정, 그
터에 어린 조상의 숨결과 역사적 증언을 만날 수 있는 시간 제

공. 맛있는 집, 찾아가는 길, 꼭 가봐야 할 유적지 등 핵심 내용
선별 수록. 대국전판 올컬러 / 208쪽 / 9,500원

아름다운 산사 이형권 지음
우리나라의 대표적인 산사를 찾아 계절 따라 산사가 주는 이미
지, 산사가 안고 있는 역사적 의미를 되새겨 본다. 동시에 산사
를 찾음으로써 생활에 찌든 현대인들이 삶의 활력을 되찾는 시
간을 갖게 한다. 대국전판 올컬러 / 208쪽 / 9,500원

골프 100타 깨기 김준모 지음
읽고 따라 하기만 해도 100타를 깰 수 있는 골프의 전략·전술
의 비법 공개. 뛰어난 골프 실력은 올바른 그립과 어드레스에서
비롯됨을 강조한 초보자를 위한 실전 골프 지침서.
4×6배판 변형 / 136쪽 / 10,000원

쉽고 즐겁게! 신나게! 배우는 재즈댄스 최재선 지음
몸치인 사람도 쉽게 따라 하고 배우는 재즈댄스 안내서. 이 책에
실려 있는 기본 동작을 익혀 재즈댄스를 하면 생활 속의 긴장과
스트레스를 털어버리고 활력을 되찾을 수 있으며, 다이어트 효
과도 얻을 수 있다. 4×6배판 변형 / 200쪽 / 12,000원

맛과 멋이 있는 낭만의 카페 박성찬 지음
가족끼리, 연인끼리 추억을 만들고 행복한 시간을 보낼 수 있는
서울 근교의 카페를 엄선하여 소개. 카페에 대한 인상 및 기본
정보, 인근 볼거리 등도 함께 수록하여 손안의 인터넷 정보서가
될 수 있게 했다. 대국전판 올컬러 / 168쪽 / 9,900원

한국의 숨어 있는 아름다운 풍경 이종원 지음
우리 나라의 숨어 있는 아름다운 풍경을 찾아 소개하는 여행서.
저자의 여행 감상과 먹거리, 볼거리, 사람 사는 이야기가 담겨
있어 안내서라기보다는 답사기라고 할 수 있다. 서정과 사진이
풍부하게 담겨 있는 그곳에 가고 싶다 시리즈 4번째 책.
대국전판 올컬러 / 208쪽 / 9,900원

사람이 있고 자연이 있는 아름다운 명산 박기성 지음
산을 좋아하는 사람들을 위한 산 안내서. 한번쯤 가보면 좋을
산을 엄선하여 그 산이 갖는 매력을 서정성 짙은 글로 풀어 놓
았다. 가는 방법과 둘러 보아야 할 곳도 덤으로 설명.
대국전판 올컬러 / 176쪽 / 12,000원

마음의 고향을 찾아가는 여행 포구 김인자 지음
일상 생활에서 벗어나고 싶다면 우리 국토의 진정한 아름다움을
느끼게 해주는 포구로 가보자. 그 곳에서 사람냄새, 자연이 어우
러진 역동성에 삶의 의욕을 되찾을 수 있을 것이다. 시인이자 여
행가인 김인자 님이 소개하는 가볼 만한 대표적인 포구 20곳 수
록. 볼거리, 먹거리와 함께 서정성 넘치는 글로 포구의 낭만, 삶
의 현장을 소개. 대국전판 올컬러 / 224쪽 / 14,000원

골프 90타 깨기 김광섭 지음
90타를 깨고 싱글로 진입할 수 있게 해주는 실전 골프 테크닉
서. 스트레칭, 세트 업, 드라이버 스윙, 샷, 어프로치, 퍼팅, 벙커
샷 등의 스윙 원리를 요점을 짚어 정리해 놓았으므로 골퍼 자신
의 잘못된 스윙을 바로잡는데 많은 도움이 될 것이다. 또한 연습
장에서 스윙 연습을 하는 방법도 수록해 골프의 재미를 한층 더
배가시켜 즐길 수 있게 하였다. 4×6배판 변형 / 148쪽 / 11,000원

세상에서 가장 아름다운 선물

2005년 6월 15일 제1판 1쇄 발행

지은이/김인자
펴낸이/강선희
펴낸곳/가림출판사

등록/1992. 10. 6. 제4-191호
주소/서울시 광진구 구의동 57-71 부원빌딩 4층
대표전화/458-6451　팩스/458-6450
홈페이지　http://www.galim.co.kr
e-mail　galim@galim.co.kr

값 9,000원

ISBN　89-7895-202-X　13040